Estudos de
CUSTEIO PREVIDENCIÁRIO

0354

Conselho Editorial
André Luís Callegari
Carlos Alberto Molinaro
César Landa Arroyo
Daniel Francisco Mitidiero
Darci Guimarães Ribeiro
Draiton Gonzaga de Souza
Elaine Harzheim Macedo
Eugênio Facchini Neto
Giovani Agostini Saavedra
Ingo Wolfgang Sarlet
José Antonio Montilla Martos
Jose Luiz Bolzan de Morais
José Maria Porras Ramirez
José Maria Rosa Tesheiner
Leandro Paulsen
Lenio Luiz Streck
Miguel Àngel Presno Linera
Paulo Antônio Caliendo Velloso da Silveira
Paulo Mota Pinto

Dados Internacionais de Catalogação na Publicação (CIP)

C268e   Cardoso, Alessandro Mendes.
        Estudos de custeio previdenciário / Alessandro Mendes Cardoso ; (coautores) Aimberê Almeida Mansur ... [et al.]. – Porto Alegre : Livraria do Advogado, 2017.
        271 p. ; 23 cm.
        ISBN 978-85-69538-63-9

        1. Contribuição previdenciária - Brasil. 2. Previdência social - Brasil - Legislação. 3. Justiça do Trabalho - Brasil. I. Mansur, Aimberê Almeida. II. Título.

CDU 349.3(81)
CDD 344.8102

Índice para catálogo sistemático:
1. Contribuição previdenciária : Brasil   349.3(81)

(Bibliotecária responsável: Sabrina Leal Araujo – CRB 10/1507)

Alessandro Mendes Cardoso

Estudos de
CUSTEIO PREVIDENCIÁRIO

Aimberê Almeida Mansur
Paulo Honório de Castro Júnior
Rafael Santiago Costa
Raphael Silva Rodrigues
Tathiana de Souza Pedrosa Duarte

(coautores)

Porto Alegre, 2017

©
Alessandro Mendes Cardoso
Aimberê Almeida Mansur
Paulo Honório de Castro Júnior
Rafael Santiago Costa
Raphael Silva Rodrigues
Tathiana de Souza Pedrosa Duarte
2017

(edição finalizada em setembro/2016)

Capa, projeto gráfico e diagramação
Livraria do Advogado Editora

Revisão
Rosane Marques Borba

Direitos desta edição reservados por
Livraria do Advogado Editora Ltda.
Rua Riachuelo, 1300
90010-273 Porto Alegre RS
Fone: 0800-51-7522
editora@livrariadoadvogado.com.br
www.doadvogado.com.br

Impresso no Brasil / Printed in Brazil

Prefácio

O livro examina questões fundamentais concernentes às contribuições previdenciárias, mediante a análise de suas espécies, natureza jurídica, elementos estruturais, e problemáticas situações afetas aos contribuintes e aos beneficiários.

O sumário abrange uma adequada temática desenvolvida nos estudos elaborados pelos autores, compreendendo tópicos de acentuada relevância, tais como (i) contribuições sobre a receita bruta; (ii) incidência sobre a participação nos lucros e nos resultados; (iii) o aviso-prévio indenizado; (iv) verbas integrantes do salário de contribuição; (v) responsabilidades; (vi) efeitos decorrentes de acidentes do trabalho e riscos ambientais; (vi) exportações; e (viii) ações regressivas.

A alentada doutrina assenta-se em segura metodologia, considerando os postulados jurídicos, os âmbitos do direito constitucional, previdenciário, tributário, administrativo; bem como a aplicação da legislação por parte dos colegiados administrativos e dos tribunais judiciários, procurando harmonizar-se com estudos jurídicos sobre a matéria.

Embora todos os trabalhos sejam primorosos, o restrito campo deste prefácio não possibilita adentrar em cada um deles, razão pela qual não se tornou viável examinar todos os temas abordados.

A *contribuição previdenciária substitutiva sobre a receita bruta* (CPRB) fora questionada no que se refere às verbas devidas a título de décimo terceiro salário e condenação trabalhista.

Esta matéria implica o conhecimento do conceito de *receita*, qualificada pelo "ingresso de recursos financeiros no patrimônio da pessoa jurídica, em caráter definitivo, proveniente dos negócios jurídicos que envolvam o exercício da atividade empresarial, que corresponda à contraprestação pela venda de mercadorias, e pela prestação de serviços; assim como pela remuneração de investimentos, ou pela cessão onerosa e temporária de bens e direitos a terceiros, aferido instantaneamente pela contrapartida que remunera cada um desses eventos", na magistral ótica de José Antonio Minatel (*Conteúdo do Conceito de Receita e Regime Jurídico para a sua Tributação*, MP/APET, 2005, p. 124). Nesse sentido, as indenizações (ressarcimento de ato ilícito) não constituiriam receitas para fins previdenciários.

A participação nos lucros e nos resultados das empresas, configurada como diretriz constitucional, não fora amplamente tipificada pela legislação ordinária, pela circunstância de a Lei federal nº 10.101/01 não haver previsto – de forma peremptória e exaustiva – os parâmetros válidos da instituição de um Programa de PLR. Fora acentuado que o diploma jurídico intentou outorgar maior autonomia às partes interessadas, não cabendo à autoridade fiscal instituir os respectivos requisitos de validade.

Por outro lado, o *aviso-prévio indenizado* consubstancia natureza ressarcitória, não caracterizando serviço prestado, e nem significando tempo que o empregado coloca à disposição do empregador, motivos pelos quais não tem condição jurídica de integrar o salário de contribuição, observando-se a diretriz firmada em precedente judicial (STJ – REsp nº 1.230.957/RS).

A figura jurídica do *salário de contribuição* fora objeto de análises específicas, sendo concluído que o requisito da "habitualidade" constitui mecanismo para se aferir a sua existência e a repercussão em benefícios previdenciários, tornando-se desnecessário no tocante à remuneração do serviço prestado sem vínculo trabalhista.

Precisas as conotações atinentes à habitualidade em que (i) o pagamento se repete em contexto temporal que pode ser até descontínuo; (ii) decorrente de previsibilidade inerente ao contrato laboral; e (iii) como regra excludente, a condição, mesmo prevista no contrato quando ainda não implementada, gerando mera expectativa do direito, e nunca direito adquirido.

Discorre acerca do tratamento específico relativo à exclusão do *auxílio-educação do salário de contribuição*, face às alterações trazidas pela Lei federal nº 12.513/2011; e a *evolução da jurisprudência e do entendimento fiscal*, como nos casos de fornecimento de assistência médica ou odontológica pelo empregador; ganhos eventuais e verbas desvinculadas do salário; seguro de vida em grupo disponibilizado pelo empregador; pagamento de auxílio-alimentação *in natura*; auxílio-creche disponibilizado aos trabalhadores; salário-maternidade; férias gozadas; bem como sistemática previdenciária no pagamento de abono de férias; e bônus de admissão, demissão e retenção.

A *responsabilidade solidária por grupo econômico*, conforme ponderado, não pode ser imputada a terceiros que não tenham vinculação efetiva com o fato gerador das contribuições previdenciárias, vinculado à qualidade de empregador ou tomador de serviços, no caso em que ocorra mero interesse econômico ou empresarial no resultado da atividade a este concernente.

O estudo conclui que a responsabilidade somente pode restar positivada nos casos em que ocorra a realização de prova, pela autoridade fazendária, da existência da situação fático-jurídica de direção, controle ou administração, de uma empresa em face das outras, com a composição de grupo empresarial.

Penso que o fato de a pessoa jurídica pertencer a um grupo de sociedades, por si só, não possibilita a atribuição de responsabilidade solidária no âmbito previdenciário – que mantém conotação com a esfera tributária -; porque o denominado interesse comum significa "interesse jurídico", que apenas se positiva mediante a participação conjunta, e idêntica, em atos, negócios, e situações pertinentes aos fatos geradores das contribuições. A solidariedade entre empresas do grupo econômico somente pode ser considerada em caráter excepcional.

A majoração das alíquotas pertinentes ao *risco ambiental do trabalho* sempre fora objeto de impugnação pelo fato de a legislação haver deixado de tipificar e qualificar os significados normativos de atividade preponderante; e os graus de risco leve, médio e grave, por constituírem conceitos indeterminados ou vazios de conteúdo (tipos abertos), quando deveriam ser jurídico-positivos (tipos fechados).

Também sofrera objeção porque o grau de risco levava em consideração cada estabelecimento da empresa, passando a tomar em conta a empresa de modo integral, sem distinguir os específicos níveis de risco efetivamente existentes em cada estabelecimento.

Todavia, o STF cristalizara o entendimento de que a legislação definira satisfatoriamente todos os elementos capazes de fazer nascer obrigação tributária válida. O fato de a lei deixar para o regulamento a complementação dos conceitos de atividade preponderante e os graus de risco, não implica ofensa ao princípio da legalidade tributária, genérica e estrita (RE 343.446-2 – Pleno – rel. Min Carlos Velloso – j. 20.3.03 – *DJU* 1 de 4.4.03, p. 40).

O próprio STJ firmara a diretriz de que "a alíquota de contribuição para o Seguro de Acidente do Trabalho (SAT) é aferida pelo grau de risco desenvolvido em cada empresa, individualizada pelo seu CNPJ, o pelo grau de risco da atividade preponderante quando houver apenas um registro" (súmula n° 351).

O estudo concluíra que a fixação das alíquotas de RAT, por meio da vinculação ao grau de risco correspondente à atividade econômica, somente será legal se estiver de acordo com os parâmetros previstos na lei (estatísticas de acidente de trabalho), e somente será constitucional se os critérios adotados na vinculação (dentro dos parâmetros previstos na lei) forem justificados e estiverem situados em patamares razoáveis e proporcionais.

Argumenta que, por força dos princípios da legalidade, irretroatividade, boa-fé objetiva, moralidade e segurança jurídica, não é correta a consideração de que os contribuintes que contem com segurados expostos aos ruídos se encontram automaticamente condenados a efetuarem o *recolhimento do adicional do RAT*.

As *receitas de exportação*, decorrentes de vendas para empresas comerciais exportadoras, foram consideradas como verbas excluídas da incidência das contribuições, porque o mero ato administrativo (Instrução Normativa) não poderia negar a plena eficácia da regra de imunidade.

Precisa a colocação jurídica, não somente porque os atos administrativos não podem extravasar o âmbito da lei do qual decorrem, em obediência ao princípio da hierarquia normativa; mas também porque referidas receitas se qualificam imunes à incidência das contribuições (art. 149, § 2°, da CF), caracterizando exclusão de competência da União para instituir tributo na apontada previsão constitucional.

Relativamente à *contribuição ao SENAR (Serviço Nacional de Aprendizagem Rural)* fora demonstrado que se classifica como contribuição social e geral ao Sistema "S", visando ao ensino da formação profissional rural e à promoção do trabalhador rural (art. 240 da CF).

Enquadrando-se a exação previdenciária na moldura do art. 149 da CF, não possui natureza jurídica de contribuição de interesse de categoria profissional ou econômica e, mesmo que seja considerada como contribuição de intervenção no domínio econômico, não pode ser objeto de exigibilidade no caso de decorrer de exportação de bens.

A ação regressiva previdenciária fora caracterizada como instrumento processual objetivando a devolução da verba despendida pelo poder público com o pagamento de benefícios previdenciários aos trabalhadores pelo fato de as empresas não respeitarem as normas de segurança e saúde do trabalho.

Constitui direito de regresso que deflui da negligência do empregador que, não cumprindo as normas de prevenção de acidentes do trabalho, acaba criando ambiente propício ao acontecimento de acidentes.

Em conclusão, não resta dúvida que esta significativa obra certamente oferecerá aos operadores do direito o importante conhecimento de diversificados temas do direito previdenciário, com implicações práticas e operacionais, de extrema utilidade para os profissionais do Direito.

Ressalto que os estudos foram elaborados com linguagem clara, precisa, e objetiva, cumprimentando o mestre Alessandro Mendes Cardoso, eminente jurista, docente, e autor de expressivos artigos doutrinários, bem como os coautores (Aimberê Mansur, Paulo Honório de Castro Júnior, Rafael Santiago Costa, Raphael Silva Rodrigues e Tathiana de Souza Pedrosa), que trouxeram sua experiência na advocacia empresarial.

São Paulo, agosto de 2016.

José Eduardo Soares de Melo
Mestre, Doutor e Livre-Docente em Direito.
Ex-Professor Titular e ex-Coordenador do Curso de
Pós-Graduação em Processo Tributário da Faculdade de
Direito da Pontifícia Universidade Católica de São Paulo.

Sumário

Apresentação..15
1. Evolução da jurisprudência a respeito da participação nos lucros e resultados...19
   1.1. Introdução..19
   1.2. A PLR nos termos da LEI n° 10.101/00..21
      1.2.1. Requisitos formais...22
      1.2.2. Requisitos materiais..29
   1.3. Conclusões...37
2. Responsabilidade solidária por grupo econômico na esfera previdenciária......39
   2.1. Previsão legal no campo previdenciário..39
   2.2. Correta fixação do âmbito de aplicação da responsabilidade previdenciária por grupo econômico...40
   2.3. Conclusão..50
3. Duas questões controvertidas sobre a contribuição previdenciária sobre a receita bruta...53
   3.1. Introdução...53
   3.2. Incidência sobre o Décimo Terceiro Salário..55
   3.3. Incidência no pagamento de condenação trabalhista.........................62
4. Encerramento da controvérsia sobre a tributação do aviso-prévio indenizado...71
   4.1. Introdução...71
   4.2. Síntese da controvérsia sobre o aviso-prévio.......................................73
   4.3. Encerramento da controvérsia...76
5. Ação regressiva exige comprovação de nexo causal....................................83
6. Ilegal pretensão de tributar as receitas da exportação indireta.....................89
   6.1. Introdução...89
7. A isenção da PLR dos diretores estatutários..95
8. Incidência da Contribuição ao SENAR sobre as receitas de exportações......107
   8.1. Introdução...107
   8.2. Evolução legislativa...107
   8.3. Natureza jurídica do SENAR...111
   8.4. Conclusão..117
9. A delimitação do conceito de habitualidade na integração de verbas ao salário de contribuição..119

9.1. Introdução..119
9.2. A competência consttucional para instituir contribuições previdenciárias sobre a remuneração 121
9.3. Tratamento infraconstitucional da habitualidade e a norma extraída do art. 28, § 9º, item 7, da Lei nº 8.212/1991..126
9.4. Os conceitos de habitualidade e eventualidade 127
9.5. Conclusão..133

10. Adicional da Contribuição sobre os Riscos Ambientais do Trabalho (RAT) e impactos oriundos do entendimento firmado pelo STF no ARE 664.335......135
10.1. Introdução 135
10.2. Aposentadoria especial e seu custeio, equipamento de proteção individual e perfil profissiográfico previdenciário: algumas premissas básicas..137
10.3. ARE 664.335: análise do caso..143
10.4. Ressalva necessária à aplicação do julgado..145
10.5. Conclusões..156

11. A exclusão do auxílío-educação do salário de contribuição e as alterações trazidas pela Lei nº 12.513/11 159
11.1. Introdução..159
11.2. Tratamento do auxílio-educação pela legislação previdenciária..............160
11.3. Entendimento jurisprudencial 164
11.4. Efeitos das alterações no tratamento legal do auxílio-educação 167
11.5. Conclusões..173

12. A delimitação do salário de contribuição: evolução da jurisprudência e do entendimento fiscal..175
12.1. Considerações iniciais 175
12.2. Do campo de incidência das contribuições previdenciárias: competência constitucional e delimitação legal..178
12.3. Controvérsias dirimidas pela jurisprudência e a alteração do entendimento fiscal...187
12.4. Conclusão..194

13. Pressupostos de validade da aferição indireta previdenciária...................195
13.1. Introdução...195
13.2. Pressupostos de validade da aferição indireta – especificidades para a construção civil..198
13.3. Aferição indireta – análise jurisprudencial...208
13.4. Considerações finais...214

14. Da ilegal utilização da ação regressiva previdenciária como uma nova fonte de custeio..217
14.1. Considerações iniciais: da previsão legal da ação de indenização regressiva e os seus pressupostos autorizativos....................................217
14.2. Da prescrição do direito de pleitear a restituição dos créditos exigidos pelo INSS em sede de ação regressiva..220
14.3. Pressupostos ao dever de indenizar..222
14.4. Ônus da prova em sede da ação regressiva..227
14.5. Conclusão..229

15. A inconstitucional majoração da alíquota do RAT por reenquadramento dos riscos da atividade econômica...231
    15.1. Introdução..231
    15.2. Contribuição sobre o grau de incidência de incapacidade laborativa decorrente dos Riscos Ambientais do Trabalho – RAT.........................235
    15.3. Reenquadramento do grau de risco efetuado pelo Decreto n° 6.957/09.....236

16. Tratamento previdenciário sobre os pagamentos de abono de férias e bônus de admissão, demissão e retenção...251
    16.1. Considerações iniciais...251
    16.2. Natureza jurídica dos pagamentos realizados a título de abono de férias e do bõnus de admissão, demissão e retenção............................252
    16.3. Abono de férias...260
    16.4. Bônus de admissão, demissão e retenção...265
        16.4.1. Bônus de admissão...265
        16.4.2. Bônus demissão (não concorrência).......................................267
        16.4.3. Bônus retenção..270

Apresentação

A Seguridade Social foi objeto de grande atenção pela Constituição Federal de 1988, estando definida como o conjunto integrado de ações de iniciativa dos Poderes Públicos e da sociedade, destinadas a assegurar os direitos relativos à saúde, à previdência e à assistência social. Além disso, o texto constitucional determinou que cabe ao Poder Público organizá-la com base nos objetivos da universalidade da cobertura e do atendimento; uniformidade e equivalência dos benefícios e serviços às populações urbanas e rurais; seletividade e distributividade na prestação dos benefícios e serviços; irredutibilidade do valor dos benefícios; equidade na forma de participação no custeio; diversidade da base de financiamento e caráter democrático e descentralizado da administração (artigo 194).

A eficácia dos direitos relativos à saúde, previdência e assistência social está inserida na consecução dos objetivos maiores da nossa República. É indiscutível que a Seguridade Social é ferramenta imprescindível para a busca da construção de uma sociedade livre, justa e solidária e para a erradicação da pobreza e da redução das desigualdades sociais.

Contudo, o seu financiamento é um desafio, não só no Brasil, mas na maioria das democracias mundiais. O seu custeio demanda cada vez mais dos cofres públicos, por diversos motivos, como o gradual envelhecimento da população, o aumento da expectativa de vida e o avanço tecnológico da medicina.

No Brasil, a Seguridade Social deve ser, por determinação constitucional, financiada por toda a sociedade, de forma direta e indireta, e pelos Orçamentos do Entes Federativos, sendo a sua principal fonte de custeio o recolhimento das contribuições sociais devidas pelos empregadores e pelos segurados.

As contribuições previdenciárias incidentes sobre a remuneração são a segunda maior fonte de arrecadação da União Federal. Além da importância para os cofres públicos, é grande o seu impacto na economia, tendo em vista o custo para os empregadores, o que produz consequências no nível de emprego e na evolução da massa salarial; e a sua importância para os segurados, já que viabiliza a manutenção dos segurados que recebem os benefícios previdenciários, sendo notório que para inúmeros municípios e a principal fonte de renda que movimente a sua economia.

Essa importância, como não poderia deixar de ser, reflete na atenção com a qual Fisco e contribuintes avaliam a regulamentação legal das contribuições previdenciárias. E pela sua natureza *sui generis*, uma vez que a sua incidência envolve elementos de diversos ramos do Direito (previdenciário, trabalhista, sindical e tributário), além de institutos vinculados à medicina e segurança do trabalho, a legislação do custeio previdenciário é bastante complexa e propicia diversidade de interpretação, gerando diversas controvérsias que opõe os dois polos da obrigação tributária e/ou obrigações acessórias decorrentes.

As controvérsias sobre o custeio previdenciário alimentam o contencioso administrativo e judicial. E apesar da extensa jurisprudência do Conselho Administrativo de Recursos Fiscais (CARF) e dos Tribunais, notadamente o Superior Tribunal de Justiça e o Supremo Tribunal Federal, estamos longe do estágio ideal de pacificação sobre a interpretação da sua legislação.

Discussões sobre a definição do conceito jurídico do salário-de--contribuição, por exemplo, ainda aguardam avaliação pelo Pleno do STF em recursos extraordinários que já tem repercussão geral reconhecida. Da mesma forma, as polêmicas com relação aos critérios de validade de majoração da Contribuição sobre os Riscos Ambientais do Trabalho e sobre a constitucionalidade ou não do Fator Acidentário de Prevenção (FAP), também aguardam avaliação pelos Tribunais Superiores.

Também geram autuações fiscais e discussões administrativas e judiciais as divergências entre contribuintes e autoridades fiscais sobre a aplicação das normas de exoneração de rubricas do salário de contribuição, previstas no § 9º do artigo 28 da Lei nº 8.212/91, e sobre os critérios de validação dos Programas de Participação nos Lucros e Resultados, em face da regulamentação constante da lei de custeio previdenciário e na Lei nº 10.101/00.

Complexa também se apresenta a interação do custeio previdenciário com as normas de medicina e segurança do trabalho. Os contribuintes estão vinculados ao cumprimento de diversas obrigações acessórias vinculados ao cumprimento das regras de prevenção de acidentes e de doenças do trabalho (PPP, PPRA, PCMSO, etc.), cuja avaliação pelas autoridades fiscais gera repercussão no custeio previdenciário. Além da dificuldade operacional, surge também dúvidas e divergências na intepretação da legislação, inclusive decorrente da necessidade de acompanhamento da evolução jurisprudencial. Exemplo relevante é a recente decisão do Pleno do Supremo Tribunal Federal, sobre a concessão de aposentadoria especial para o segurado sujeito ao agente ruído no seu ambiente de trabalho, independentemente do acesso a EPI. Apesar de ser uma decisão referente ao benefício previdenciário, a mesma tem implicações diretas no custeio (recolhimento do adicional ao RAT), que ainda não foram devidamente avaliadas e consolidadas. Ainda nesse âmbito, a recente prioridade da Procuradoria Federal no ajuizamento de Ações Regressivas Previdenciárias, provoca um novo risco de custeio para os empregadores, sendo que os pressupostos para esse dever de indenização do Poder Público ainda estão sendo consolidados pela jurisprudência.

Este livro está inserido nesse contexto, sendo fruto de anos de trabalho do autor e dos coautores na advocacia previdenciária, voltada para o custeio. A dedicação a essa especialidade do Direito trouxe naturalmente a necessidade de avaliação e tomada de posição em face de diversas controvérsias, como as já elencadas. E a conjugação da advocacia com atividades acadêmicas desaguou na elaboração dos artigos que compõe a obra. Alguns já anteriormente publicados em revistas especializadas, e cuja leitura deve levar em conta o momento em que elaborados, e outros inéditos. Mas todos abordando temas atuais, de inegável interesse para todos aqueles que na sua atividade profissional ou econômica lidam com o sistema de custeio previdenciário. Por isso, o objetivo de contribuir para o debate dos temas, trazendo análises e posicionamentos que são decorrentes de detida avaliação e ponderação dos temas em face das determinações da Constituição, da regulação infraconstitucional e infralegal, e da interpretação que vem sendo dada aos mesmos pela doutrina e jurisprudência.

Sem qualquer pretensão de esgotar os temas, esperamos contribuir para o seu debate, trazendo subsídios jurídicos para a melhor compreensão para os problemas abordados; cujo enfrentamento pelos Tribunais deve caminhar para a pacificação das controvérsias, o que irá melhor sobremaneira o ambiente empresarial e as relações fisco-contribuinte e empregador-segurados.

Alessandro Mendes Cardoso

1. Evolução da jurisprudência a respeito da participação nos lucros e resultados[1]

1.1. Introdução

A Constituição Federal de 1988 trouxe em seu artigo 7º, XI, inserto no Capítulo dos Direitos Sociais, a previsão do direito dos trabalhadores à participação nos lucros ou resultados das empresas, desvinculada da sua remuneração.

O instituto da Participação dos Lucros e Resultados, a partir de sua previsão constitucional, foi paulatinamente se inserindo de forma mais efetiva na dinâmica capital e trabalho, sendo atualmente um importantíssimo mecanismo tanto de política de remuneração e recursos humanos das empresas, quanto de aumento dos ganhos dos trabalhadores, através da sua participação nos lucros, resultados ou metas vinculadas ao seu desempenho e ao da empresa.

Entretanto, devido às repercussões fiscais e previdenciárias do pagamento da PLR, também se avolumaram as discussões administrativas e judiciais entre o Fisco Federal e os contribuintes, no que se refere à adequação dos específicos Planos de PLR à sua regulamentação legal.

E a evolução da jurisprudência administrativa e judicial a respeito da PLR é muito importante, já que aumenta o grau de segurança dos empregadores na sua aplicação, o que contribui certamente para a sua ainda maior difusão.

Já o presente artigo tem como objetivo central a análise do instituto da Participação nos Lucros e Resultados após a sua regulamentação pela Lei nº 10.101/00, tendo em vista a evolução da jurisprudência administrativa e judicial, no que se refere à sua interpretação.

---

[1] Artigo publicado originalmente em: *Contribuições previdenciárias sobre a remuneração*/Leandro Paulsen, Alessandro Mendes Cardoso (organizadores) – Porto Alegre: Livraria do Advogado, 2013, p. 97/114.

A partir da promulgação da Constituição de 1988, que traz a previsão constitucional da PLR, vieram rapidamente à tona duas discussões jurídicas: a primeira se o dispositivo em questão era autoaplicável ou de eficácia limitada, na consagrada terminologia de José Afonso da Silva;[2] a outra, se a PLR tinha natureza de salário, contrato específico, remuneração ou seria uma figura *sui generis*.

A regulamentação da PLR se deu através da Medida Provisória nº 194/94, que teve treze reedições, até o advento da norma atualmente em vigor, a Lei nº 10.101/00 (conversão da Medida Provisória nº 1.982-77 de 2000).

Com a sua regulamentação em lei, a definição da sua eficácia tendeu na jurisprudência para a de norma constitucional de eficácia limitada, que somente teria aplicabilidade, principalmente para a exclusão da verba da base de cálculo das contribuições previdenciárias, a partir da edição da legislação infraconstitucional.[3]

Nesse sentido, cite-se trecho do voto do Ministro Eros Grau no julgamento do Recurso Extraordinário nº 351.506-RS:[4]

> Conforme se infere dos votos proferidos no Mandado de Injunção 102-PE, Plenário, DJ de 25.10.2002, Redator para o acórdão o Ministro Carlos Velloso, somente com a superveniência da Medida Provisória nº 794, sucessivamente reeditada, foram implementadas as condições indispensáveis ao exercício do direito dos trabalhadores no lucro das empresas. Dessa maneira, embora o inciso XI do artigo 7º da Constituição assegurasse o direito dos empregados à participação nos lucros da empresa e previsse que essa parcela – participação nos lucros – é algo desvinculado da remuneração, o exercício desse direito não prescinde de lei disciplinadora que definisse o modo e os limites de sua participação, bem assim a natureza jurídica dessa benesse, quer para fins tributários, quer para fins de incidência de contribuição previdenciária.

Entretanto, recentemente, os Ministros do STF reconheceram a repercussão dessa questão na análise de Recurso Extraordinário nº 569441, no qual o Instituto Nacional do Seguro Social (INSS) contesta acórdão do Tribunal Regional Federal da 4ª Região, que considerou isenta de contribuição previdenciária a verba paga aos trabalhadores a título de participação nos lucros ou resultados (PLR) das empresas, mesmo no período anterior à sua primeira regulamentação.

---

[2] SILVA, José Afonso da. *Aplicabilidade das normas constitucionais*. 6ª ed., São Paulo: Malheiros, 2003.

[3] No Superior Tribunal de Justiça, a jurisprudência oscilou, mas atualmente vem seguindo o entendimento prevalecente no STF. Em sentido da eficácia limitada cite-se o julgamento do REsp 856.160/PR, Rel. Ministra ELIANA CALMON, Segunda Turma, julgado em 04/06/2009, DJe 23/06/2009. Já no sentido da eficácia da norma constitucional, no que se refere à desvinculação da PLR da remuneração, mesmo antes da regulamentação, cite-se o REsp 675.433/RS, Rel. Ministra DENISE ARRUDA, Primeira Turma, julgado em 03/10/2006, DJ 26/10/2006, p. 226.

[4] RT v. 99, n. 896, 2010, p. 112-114.

É bastante relevante a decisão pela repercussão geral dessa questão, já que existem sólidos argumentos jurídicos para se defender que a Participação nos Lucros e Resultados não tem a natureza jurídica remuneratória do trabalho, independente da regulamentação dada à previsão constitucional.[5]

Isso porque, tendo em vista os objetivos que informam esse instituto, de integração do capital e do trabalho, permitindo que o empregado participe do resultado da atividade econômica, é defensável que a PLR, independentemente da sua regulamentação, faz parte daquelas parcelas que vêm sendo classificadas como não salariais, entendidas como sendo aquelas que, embora entregues pelo empregador a seu empregado, não o são com a qualidade e objetivo contra-prestativos, sendo transferidas efetivamente com distintas naturezas e finalidade jurídicas.

Nesse sentido é a sempre relevante doutrina de Arnaldo Süssekind:[6]

> A obrigatoriedade da participação, tantos nos lucros, ou resultados, como na gestão, ficou dependendo de lei regulamentadora dessa norma. Não obstante, ela gerou, desde logo, efeitos jurídicos no tocante à natureza da prestação paga, a título de participação, seja em virtude de convenção ou de acordo coletivo, seja em decorrência de estatuto ou regulamento de empresa. Porque "desvinculada da remuneração", os valores da participação nos lucros, ou nos resultados, não mais constituem salários e, assim, não podem ser computados: a) para complementar o salário devido ao empregado; b) da base de incidência dos depósitos do FGTS, das contribuições previdenciárias e de outros tributos cujo fato gerador seja a remuneração do empregado; c) no cálculo de adicionais, indenizações e outras prestações que incidem sobre a remuneração ou o salário. Daí ter o TST cancelado o seu Enunciado n. 251.

Nesse contexto, espera-se que o Supremo Tribunal Federal analise a questão com a atenção que esta demanda, visando a dar prevalência aos objetivos que informaram o constituinte com relação à PLR, reconhecendo a sua natureza de benefício social, *a priori* desvinculado do salário ou remuneração do trabalhador, com o que dará fim às duas controvérsias supraindicadas.

1.2. A PLR nos termos da LEI n° 10.101/00

A Lei n° 10.101/00 foi bastante sucinta ao regulamentar a Participação nos Lucros e Resultado (PLR), no claro intuito de permitir que

---
[5] Destaque-se que a Repercussão Geral foi reconhecida, com base no entendimento que a questão possui densidade constitucional que justifica a sua apreciação pelo STF.
[6] SUSSEKIND, Arnaldo Lopes; MARANHÃO, Délio; VIANNA, Segadas. *Instituições de direito do trabalho*, 13. ed. São Paulo: LTr, 1993, v. 1.

as partes, respeitados certos parâmetros, tenham a liberdade de definir o plano mais compatível com a sua realidade e os seus interesses.

O pressuposto inicial é de que a PLR não é um complemento ou substituto à remuneração normal do empregado, mesmo que habitualmente paga, nos termos expressos do seu artigo terceiro.

E para incentivar que os empregadores instituam planos de participação nos lucros e resultados, a norma expressamente desvinculou a verba dos encargos trabalhistas e previdenciários; sendo, ainda, despesa operacional dedutível da base de cálculo do IRPJ e da CSLL para a empresa.

A norma regulamentadora apresenta, então, de forma bem direta, o procedimento formal a ser seguido na fixação da PLR. A sua fixação deve decorrer do livre acordo entre o empregador e os seus empregados, através dos trabalhos de comissão escolhida pelas partes, integrada, também, por um representante indicado pelo sindicato da respectiva categoria ou diretamente por acordo ou convenção coletivos.[7]

Já com relação aos requisitos materiais, a lei determina que da negociação deverá surgir um instrumento de PLR que deverá conter regras claras e objetivas com relação ao seu pagamento. Entretanto, a norma não fixa conteúdos obrigatórios para o regramento dos programas específicos de PLR, optando apenas por indicar critérios que considera pertinentes à natureza do instituto e capazes de refletirem elementos definidores e quantificadores do direito do empregado, como índices de produtividade, qualidade ou lucratividade da empresa (inciso I do artigo 1º) e programas de metas, resultados e prazos (inciso II do artigo 2º).

E exatamente sobre o atual entendimento da jurisprudência administrativa e judicial sobre esses dois espectros, formal e material, da regulamentação legal que se deterá o presente artigo.

1.2.1. Requisitos formais

A Lei nº 10.101/00 estipula os requisitos formais a serem cumpridos pelo empregador e seus funcionários na estipulação do Acordo de pagamento da PLR.

---

[7] "Art. 2º A participação nos lucros ou resultados será objeto de negociação entre a empresa e seus empregados, mediante um dos procedimentos a seguir descritos, escolhidos pelas partes de comum acordo: I – comissão escolhida pelas partes, integrada, também, por um representante indicado pelo sindicato da respectiva categoria; II – convenção ou acordo coletivo. (...) § 2º O instrumento de acordo celebrado será arquivado na entidade sindical dos trabalhadores."

A primeira regra é o procedimento de negociação entre as partes, que deverá ocorrer através de comissão escolhida pelas partes, integrada, também, por um representante indicado pelo sindicato da respectiva categoria; ou por convenção ou acordo coletivo (artigo 2º, I e II).

Já o instrumento que formaliza o acordo celebrado será arquivado na entidade sindical dos trabalhadores (artigo 2º, § 2º).

E na eventualidade de impasse na negociação da PLR, as partes poderão utilizar-se da mediação ou da arbitragem de ofertas finais, para a sua solução (artigo 4º).

O legislador buscou privilegiar a livre negociação entre as partes, instituindo a participação do Sindicato da categoria, como uma garantia de que os empregados terão representatividade e apoio institucional para negociar no mesmo patamar do seu empregador.

Contudo, a previsão da participação do sindicato ou de seu representante no acordo que institui a PLR não pode ser aplicada de forma peremptória, devendo ser relativizada em determinadas situações, principalmente quando se apresentar impeditiva da concretização desse direito dos trabalhadores. Isso ocorre, por exemplo, em situações nas quais o Sindicato se recusa a assinar ou arquivar o acordo PLR, normalmente por exigir que o mesmo esteja atrelado a outros elementos de sua pauta de reinvindicações, que contudo não tem relação direta com o programa de participação nos lucros e resultados.

Nesses casos, deve-se dar prevalência à livre vontade dos empregados, exteriorizada através de sua Comissão, de forma a se viabilizar o fruimento da remuneração adicional vinculada ao Plano PLR. Isso, logicamente, desde que o acordo esteja de acordo aos demais pressupostos previstos pela Lei nº 10.101/01, de forma que haja nos seus termos regras objetivas que permitam aos empregados a fiscalização e exigência do seu cumprimento.

A própria CLT, no seu artigo 617, outorga prevalência ao direito de negociação dos empregados, não permitindo que a recusa ou omissão do respectivo Sindicato seja óbice intransponível ao seu exercício. Trata-se de norma, que por analogia pode ser aplicada à negociação PLR.[8]

---

[8] Art. 617. Os empregados de uma ou mais empresas que decidirem celebrar Acordo Coletivo de Trabalho com as respectivas empresas darão ciência de sua resolução, por escrito, ao Sindicato representativo da categoria profissional, que terá o prazo de 8 (oito) dias para assumir a direção dos entendimentos entre os interessados, devendo igual procedimento ser observado pelas empresas interessadas com relação ao Sindicato da respectiva categoria econômica. § 1º Expirado o prazo de 8 (oito) dias sem que o Sindicato tenha-se desincumbido do encargo recebido, poderão os interessados dar conhecimento do fato à Federação a que estiver vinculado o Sindicato e, em

A jurisprudência do Conselho Administrativo de Recursos Fiscais não é consolidada sobre o caráter inafastável ou não da participação do Sindicato na consecução do acordo PLR.

Localizam-se, nesse contexto, precedentes que invalidam a natureza de PLR aos pagamentos efetuados com base em acordos efetuados sem a participação do Sindicato (seja na assinatura de Acordo e Convenção Coletiva, ou de participação de um representante na Comissão dos empregados, ou ainda pela falta de arquivamento do Acordo). Citem-se:

> CONTRIBUIÇÕES SOCIAIS PREVIDENCIÁRIAS Período de apuração: 01/01/2002 a 31/12/2004 PARTICIPAÇÃO NOS LUCROS E RESULTADOS. COMISSÃO DE EMPREGADOS SEM REPRESENTANTE DO SINDICATO. DESCUMPRIMENTO DA LEI ESPECÍFICA. INCIDÊNCIA DE CONTRIBUIÇÕES. A comissão de empregados eleita para negociar com o empregador o pagamento de PLR deve necessariamente contar com a presença de representante do sindicato, sem a qual resta desatendida a lei de regência, acarretando a incidência de contribuição sobre a verba. PREVIDÊNCIA PRIVADA. NÃO ABRANGÊNCIA A TODOS OS EMPREGADOS E DIRIGENTES. INCIDÊNCIA DE CONTRIBUIÇÃO. Está sujeita a incidência de contribuição previdenciária os valores pagos pela empresa para custeio de plano de previdência privada, quando este não abrange todos os seus empregados e dirigentes. Recurso Voluntário Negado. (CARF, Quarta Câmara/Segunda Seção de Julgamento, Acórdão 2401-001.758, 15/04/11)

> PARTICIPAÇÃO NOS LUCROS E RESULTADOS. COMISSÃO DE EMPREGADOS SEM REPRESENTANTE DO SINDICATO. DESCUMPRIMENTO DA LEI ESPECÍFICA. INCIDÊNCIA DE CONTRIBUIÇÕES. A comissão de empregados eleita para negociar com o empregador o pagamento de PLR deve necessariamente contar com a presença de representante do sindicato, sem a qual resta desatendida a lei de regência, acarretando a incidência de contribuição sobre a verba. (CARF 2ª Seção / 1ª Turma da 4ª Câmara / ACÓRDÃO 2401-01.758 em 13/04/2010)

Contudo, deve-se destacar o Acórdão nº 206-00.853,[9] do então Segundo Conselho de Contribuintes do Ministério da Fazenda, no qual se reconheceu a eficácia de acordo complementar, mesmo sem a participação do Sindicato, devido ao fato de o contribuinte ter comprovado que este foi notificado a participar do acordo complementar, que melhorava a situação dos empregados, mas preferiu se recusar a participar da negociação. Cite o seguinte trecho, por esclarecedor do acórdão:

> Não obstante a existência da Convenção Coletiva de Trabalho acima referida, o Banco Merryl Lynch celebrou com uma Comissão de Empregados, mas sem o Representante do

---

falta dessa, à correspondente Confederação, para que, assuma a direção dos entendimentos. Esgotado esse prazo, poderão os interessados prosseguir diretamente na negociação coletiva até o final. § 2º Para o fim de deliberar sobre o Acordo, a entidade sindical convocará Assembléia dos diretamente interessados, sindicalizados ou não, nos termos do art. 612.

[9] Segundo Conselho, Sexta Câmara, Processo n. 36624.015848/2006-47, sessão de 08/05/08.

Sindicato, um Instrumento (acordo) para Participação dos Trabalhadores nos Lucros e/ou Resultados, com periodicidade anual, tendo como mínimo o estipulado na Convenção Coletiva de Trabalho. Não foi estipulado o valor máximo.
(...)
Pois bem. No presente caso, a Participação dos Empregados nos Lucros ou Resultados do Banco Merryl Lynch está prevista nas duas formas determinadas por lei, o que, em um primeiro momento, leva a crer que houve descumprimento do preceito legal.
Todavia, existem peculiaridades nos presentes autos que afastam qualquer ilegalidade quanto a este ponto. Veja-se.
(...)
Pelas transcrições acima, verifica-se que o Banco Merryl Lynch teve interesse em alterar a sua forma de Participação dos Empregados nos Lucros e notificou regularmente o Sindicato da categoria para participar.
Entretanto, não se sabe por qual razão, até porque não consta dos autos, o Sindicato da Categoria se recusou a participar da negociação com o Banco Merryl Lynch S/A., o que de forma alguma poderia ser óbice para a realização do acordo que, inclusive, é de interesse dos empregados da empresa.
Diante disso, entendo que não há como descaracterizar a PLR neste aspecto, tendo em vista que restou sanada qualquer irregularidade quanto a convocação do representante do Sindicato da categoria.
Por outro lado, dentro da liberdade e autonomia das partes, isto é, Banco e Empregados, restou decidido pela alteração do cálculo da distribuição dos Lucros nos exatos termos do Instrumento de Acordo celebrado entre ambos que, conforme será demonstrado adiante, é mais benéfico aos empregados.
Quanto a alegação de que o contrato não teria sido arquivado na sede da entidade sindical, em suposto descumprimento do § 2º, do artigo 2º, da Lei n. 10.101/2000, entendo que este aspecto deve ser analisado pela ótica da recusa do Sindicato da categoria em participar das negociações com o Banco Merryl Lynch.
Ora, se o Sindicato da categoria sequer teve interesse em participar das negociações da PLR, como é que arquivaria um documento celebrado sem a sua anuência.

Perfeito o raciocínio jurídico da decisão, que outorgou prevalência ao princípio da livre negociação trabalhista, dando eficácia a acordo PLR que somente não contou com a participação do respectivo Sindicato, devido a sua injustificada recusa em compor a negociação.

Já no âmbito judicial, a jurisprudência tem caminhado para relativizar a obrigatoriedade do requisito da participação do Sindicato para validação do acordo PLR. E nesse sentido é paradigmático o acórdão proferido pela Primeira Turma do STJ, no julgamento do Recurso Especial nº 865.489/RS,[10] no qual, ao final, se decidiu que "a

---

[10] PROCESSUAL CIVIL E TRIBUTÁRIO. CONTRIBUIÇÃO PREVIDENCIÁRIA. PARTICIPAÇÃO NOS LUCROS OU RESULTADOS. CARACTERIZAÇÃO. MATÉRIA FÁTICO-PROBATÓRIA. INCIDÊNCIA DA SÚMULA 07/STJ. PROCESSO CIVIL. TRIBUTÁRIO. CONTRIBUIÇÃO PREVIDENCIÁRIA. PARTICIPAÇÃO NOS LUCROS. SÚMULA 07/STJ. 1. A isenção fiscal sobre os valores creditados a título de participação nos lucros ou resultados pressupõe a observância da legislação específica a que refere a Lei nº 8.212/91. 2. Os requisitos legais inseridos em di-

ausência de homologação de acordo no sindicato, por si só, não descaracteriza a participação nos lucros da empresa a ensejar a incidência da contribuição previdenciária".

Nos termos do voto do Ministro Relator Luiz Fux, considerou-se que a falta da homologação do Sindicato não desnatura a natureza da PLR da verba, produzindo efeito apenas na sua eficácia vinculativa aos empregados, que em tese poderiam rediscutir os seus termos. Cite-se:

> Destarte, a evolução legislativa da participação nos lucros ou resultados destaca-se pela necessidade de observação da livre negociação entre os empregados e a empresa para a fixação dos termos da participação nos resultados.

---

plomas específicos (arts. 2º e 3º, da MP 794/94; art. 2º, §§ 1º e 2º, da MP 860/95; art. 2º, § 1º e 2º, MP 1.539-34/ 1997; art. 2º, MP 1.698-46/1998; art. 2º, da Lei nº 10.101/2000), no afã de tutelar os trabalhadores, não podem ser suscitados pelo INSS por notória carência de interesse recursal, máxime quando deduzidos para o fim de fazer incidir contribuição sobre participação nos lucros, mercê tratar-se de benefício constitucional inafastável (CF, art. 7º, IX). 3. A evolução legislativa da participação nos lucros ou resultados destaca-se pela necessidade de observação da livre negociação entre os empregados e a empresa para a fixação dos termos da participação nos resultados. 4. A intervenção do sindicato na negociação tem por finalidade tutelar os interesses dos empregados, tais como definição do modo de participação nos resultados; fixação de resultados atingíveis e que não causem riscos à saúde ou à segurança para serem alcançados; determinação de índices gerais e individuais de participação, entre outros. 5. O registro do acordo no sindicato é modo de comprovação dos termos da participação, possibilitando a exigência do cumprimento na participação dos lucros na forma acordada. 6. A ausência de homologação de acordo no sindicato, por si só, não descaracteriza a participação nos lucros da empresa a ensejar a incidência da contribuição previdenciária. 7. O Recurso Especial não é servil ao exame de questões que demandam o revolvimento do contexto fático-probatório dos autos, em face do óbice erigido pela Súmula 07/STJ. 8. *In casu*, o Tribunal local afastou a incidência da contribuição previdenciária sobre verba percebida a título de participação nos lucros da empresa, em virtude da existência de provas acerca da existência e manutenção de programa espontâneo de efetiva participação nos lucros da empresa por parte dos empregados no período pleiteado, vale dizer, à luz do contexto fático-probatório engendrado nos autos, consoante se infere do voto condutor do acórdão hostilizado, *verbis*: "Embora com alterações ao longo do período, as linhas gerais da participação nos resultados, estabelecidas na legislação, podem ser assim resumidas: a) deve funcionar como instrumento de integração entre capital e trabalho, mediante negociação; b) deve servir de incentivo à produtividade e estar vinculado à existência de resultados positivos; c) necessidade de fixação de regras claras e objetivas; d) existência de mecanismos de aferição dos resultados. Analisando o Plano de Participação nos Resultados (PPR) da autora, encontram-se as seguintes características: a) tem por objetivo o atingimento de metas de resultados econômicos e de produtividade; b) há estabelecimento de índices de desempenho econômico para a unidade e para as equipes de empregados que a integram; c) fixação dos critérios e condições do plano mediante negociação entre a empresa e os empregados, conforme declarações assinadas por 38 (trinta e oito) funcionários (fls. 352/389); d) existência de regras objetivas de participação e divulgação destas e do desempenho alcançado. Comparando-se o PPR da autora com as linhas gerais antes definidas, bem como com os demais requisitos legais, verifica-se que são convergentes, a ponto de caracterizar os valores discutidos como participação nos resultados. Desse modo, estão isentos da contribuição patronal sobre a folha de salários, de acordo com o disposto no art. 28, § 9º, alínea "j", da Lei nº 8.212/91". (fls. 596/597) 9. Precedentes:AgRg no REsp 1180167/RS, Rel. Ministro LUIZ FUX, Primeira Turma, DJe 07/06/2010; AgRg no REsp 675114/RS, Rel. Ministro HUMBERTO MARTINS, DJe 21/10/2008; AgRg no Ag 733.398/RS, Rel. Ministro JOÃO OTÁVIO DE NORONHA, DJ 25/04/2007; REsp 675.433/RS, Rel. Ministra DENISE ARRUDA, DJ 26/10/2006; 10. Recurso especial não conhecido. (REsp 865489/RS, Rel. Ministro LUIZ FUX, Primeira Turma, julgado em 26/10/2010, DJe 24/11/2010)

Não obstante, conforme bem destacou a Corte de Origem, a intervenção do sindicato na negociação tem por finalidade tutelar os interesses dos empregados, tais como definição do modo de participação nos resultados; fixação de resultados atingíveis e que não causem riscos à saúde ou à segurança para serem alcançados; determinação de índices gerais e individuais de participação, entre outros. Vale dizer, o registro do acordo no sindicato é modo de comprovação dos termos da participação, possibilitando a exigência do cumprimento na forma acordada.

O desrespeito a tais exigências afeta os trabalhadores, que poderiam, eventualmente, ser prejudicados numa negociação desassistida, não obtendo tudo aquilo que alcançariam com a presença de um terceiro não vulnerado pela relação de emprego.

Com efeito, atendidos os demais requisitos da legislação que tornem possível a caracterização dos pagamentos como participação nos resultados, a ausência de intervenção do sindicato nas negociações e a falta de registro do acordo apenas afastam a vinculação dos empregados aos termos do acordo, podendo rediscuti-los novamente.

Deveras, mencionadas irregularidades não afetam a natureza dos pagamentos, que continuam sendo participação nos resultados: podem interferir, tão-somente, na forma de participação e no montante a ser distribuído, fatos irrelevantes para a tributação sobre a folha de salários.

Portanto, a efetivação de Programa de Participação nos Lucros e Resultados legalmente pressupõe a sua formalização em instrumento decorrente da negociação entre as partes, empregador e empregados, seja através de Comissão escolhidas pelas partes ou Acordo/Convenção Coletiva. E a participação do Sindicato da categoria é requisito inerente ao seu procedimento negocial.

Contudo, o mesmo pode ser relativizado, em prol da livre negociação, quando se tratar de acordo decorrente de efetiva negociação com os trabalhadores e aos mesmos favorável, e com o cumprimento dos requisitos materiais necessários. Ou quando menos, relativizado quando comprovada a recusa ou omissão do Sindicato em participar, já que o direito dos empregados em ter viabilizado esse direito social não pode ser por este embaraçado. E nessa segunda situação, é relevante que o empregador construa base documental que comprove a livre negociação e a recusa/omissão do sindicato, como forma de se resguardar em caso de questionamento pelas autoridades fiscais.

Outro requisito objetivo é a limitação a periodicidade do pagamento da PLR, previsto no § 2º do artigo 3º da Lei nº 10.101/01, que expressamente dispõe que "é vedado o pagamento de qualquer antecipação ou distribuição de valores a título de participação nos lucros ou resultados da empresa em periodicidade inferior a um semestre civil, ou mais de duas vezes no mesmo ano civil".

A jurisprudência administrativa[11] e judicial[12] é iterativa no sentido de que o pagamento em periodicidade que extrapola o limite legal desnatura a verba, fazendo a mesma integrar a remuneração.

[11] PARTICIPAÇÃO NOS LUCROS E RESULTADOS. DESOBEDIÊNCIA AOS DISPOSITIVOS LEGAIS. A participação nos lucros e resultados não integrará o salário-de-contribuição quando paga de acordo com a lei específica. Pagamentos excedentes à periodicidade de um semestre civil violam a Lei nº 10.101/00.' (Conselho Administrativo de Recursos Fiscais – CARF – 2ª Seção – 2ª Turma da 3ª Câmara, Acórdão n" 2302-00.256, Sessão de 29/ 10/2009)

[12] TRIBUTÁRIO. PARTICIPAÇÃO NOS LUCROS E RESULTADOS. PERIODICIDADE MÍNIMA DE SEIS MESES. ART. 3º, § 2º, da Lei 10.101/2000 (CONVERSÃO DA MP 860/1995) C/C O ART. 28, § 9º, "j", DA LEI 8.212/1991. REDUÇÃO DA MULTA MORATÓRIA. ART. 27, § 2º, DA LEI 9.711/1998. EXIGÊNCIA DE PAGAMENTO INTEGRAL. ART. 35 DA LEI 8.212/1991. REDAÇÃO DADA PELA LEI 9.528/1997. DISCUSSÃO ACERCA DA CONSTITUCIONALIDADE. NÃO-CONHECIMENTO. 1. Hipótese em que se discute a incidência de contribuição previdenciária sobre parcelas distribuídas aos empregados a título de participação nos lucros e resultados da empresa. 2. O Banco distribuiu parcelas nos seguintes períodos: a) outubro e novembro de 1995, a título de participação nos lucros; e b) dezembro de 1995 a junho de 1996, como participação nos resultados. 3. As participações nos lucros e resultados das empresas não se submetem à contribuição previdenciária, desde que realizadas na forma da lei (art. 28, § 9º, "j", da Lei 8.212/1991, à luz do art. 7º, XI, da CF). 4. O art. 3º, § 2º, da Lei 10.101/2000 (conversão da MP 860/1995) fixou critério básico para a não-incidência da contribuição previdenciária, qual seja a impossibilidade de distribuição de lucros ou resultados em periodicidade inferior a seis meses. 5. Caso realizada ao arrepio da legislação federal, a distribuição de lucros e resultados submete-se à tributação. Precedentes do STJ. 6. A norma do art. 3º, § 2º, da Lei 10.101/2000 (conversão da MP 860/1995), que veda a distribuição de lucros ou resultados em periodicidade inferior a seis meses, tem finalidade evidente: impedir aumento salarial disfarçado cujo intuito tenha sido afastar ilegitimamente a tributação previdenciária. 7. O Banco realizou pagamentos aos empregados de modo absolutamente contínuo durante nove meses, de outubro de 1995 a junho de 1996, o que implica submissão à contribuição previdenciária, nos termos do art. 3º, § 2º, da Lei 10.101/2000 (conversão da MP 860/1995) c/c o art. 28, § 9º, "j", da Lei 8.212/1991. 8. Irrelevante o argumento de que as parcelas de outubro e novembro de 1995 referem-se à participação nos lucros, e as demais, nos resultados. 9. As expressões "lucros" e "resultados", ainda que não indiquem realidades idênticas na técnica contábil, referem-se igualmente a ganhos – percebidos pelo empregador em sua atividade empresarial – que, na forma da lei, são compartilhados com seus empregados. 10. Para fins tributários e previdenciários, importa o percebimento de parcela do ganho empresarial pelos funcionários, seja ela contabilizada como lucro ou como resultado. 11. Ademais, in casu, ainda que houvesse distinção entre a participação nos lucros (outubro e novembro de 1995) e a participação nos resultados (dezembro de 1995 a junho de 1996), ocorreram múltiplos pagamentos em periodicidade inferior a seis meses em ambos os casos, o que afasta o argumento recursal. 12. Escapam da tributação apenas os pagamentos que guardem, entre si, pelo menos seis meses de distância. Vale dizer, apenas os valores recebidos pelos empregados em outubro de 1995 e abril de 1996 não sofrem a incidência da contribuição previdenciária, já que somente esses observaram a periodicidade mínima prevista no art. 3º, § 2º, da Lei 10.101/2000 (conversão da MP 860/1995). 13. O Recurso do Banco deve ser parcialmente provido, exclusivamente para afastar a tributação sobre o pagamento realizado em abril de 1996. O Recurso do INSS deve ser parcialmente provido para reconhecer a incidência da contribuição sobre aquele ocorrido em novembro de 1995. 14. O art. 27, § 2º, da Lei 9.711/1998 é claro ao condicionar a redução da multa à "liquidação do valor total da notificação fiscal de lançamento". A intenção do legislador foi premiar o pagamento imediato e desestimular a litigiosidade. Nesse aspecto, inviável equiparar depósito judicial à liquidação do valor total da notificação. 15. O TRF afastou a restrição "para os fatos geradores ocorridos a partir de 1º de abril de 1997", prevista no art. 35 da Lei 8.212/1991 (na redação dada pela Lei 9.528/1997), por entendê-la inconstitucional. Questão que não pode ser apreciada em Recurso Especial, sob pena de invasão da competência do STF. 16. Recurso Especial do Banco parcialmente provido. Recurso Especial do INSS parcialmente conhecido e, nessa parte, parcialmente provido. (REsp 496949/PR, Rel. Ministro HERMAN BENJAMIN, Segunda Turma, julgado em 25/08/2009, DJe 31/08/2009)

Destaque-se a existência de precedentes trabalhistas[13] e fiscais[14] que relativizam esse requisito; entretanto, é recomendável o seu acatamento, para se evitar contingências e contenciosos a respeito.

1.2.2. Requisitos materiais

A Lei nº 10.101/00 não prevê de forma peremptória e exaustiva quais os parâmetros válidos de instituição de um Programa de PLR, preferindo determinar que devam estar formalizadas regras claras e objetivas quanto aos direitos substantivos de participação, consoante a redação do § 1º do seu artigo segundo:

Artigo 2º
(...)
1º Dos instrumentos decorrentes da negociação deverão constar regras claras e objetivas quanto à fixação dos direitos substantivos da participação e das regras adjetivas, inclusive mecanismos de aferição das informações pertinentes ao cumprimento do acordado, periodicidade da distribuição, período de vigência e prazos para revisão do acordo, podendo ser considerados, entre outros, os seguintes critérios e condições:
I – índices de produtividade, qualidade ou lucratividade da empresa;
II – programas de metas, resultados e prazos, pactuados previamente.

A indicação dos índices de produtividade, qualidade ou lucratividade da empresa ou programas de metas, resultados e prazos, como parâmetros válidos para a fixação do direito, a PLR é exemplificativa,

---

[13] PARTICIPAÇÃO NOS LUCROS. PARCELAMENTO. PREVISÃO EM ACORDO COLETIVO. VOLKSWAGEN. NATUREZA INDENIZATÓRIA DA PARCELA. A SBDI-1 deste col. TST, em seus recentes pronunciamentos, firmou, por maioria, o entendimento de que deveria ser prestigiada a norma coletiva que determinou o parcelamento da participação nos lucros e resultados paga aos empregados da Volkswagen, sem que com isso fosse desnaturado o seu caráter indenizatório. Afirmou-se que o instrumento coletivo refletia a real vontade do sindicato profissional e da empresa, e a sua não observância poderia acabar por desestimular a aplicação dos instrumentos coletivos, como forma de prevenção e solução de conflitos. Verifica-se, ademais, a existência de posicionamento sedimentado no âmbito da SBDI-1 acerca da matéria, como revela a OJT nº 73." (RR – 189500-92.2004.5.15.0102).

[14] CONTRIBUIÇÕES PREVIDENCIÁRIAS – PARTICIPAÇÃO DOS EMPREGADOS NOS LUCROS DA EMPRESA – LEI Nº 10.101/2000 – ACORDOS COLETIVOS DE TRABALHO. 1. A teor do art. 7º, XI, da Constituição, constitui direito dos trabalhadores urbanos e rurais a "participação nos lucros, ou resultados, desvinculada da remuneração, e, excepcionalmente, participação na gestão da empresa, conforme definido em lei". 2. Os critérios para definir a participação dos empregados nos lucros da empresa não são exclusivamente aqueles determinados pela Lei 10.101/2000. 3. A Constituição reconhece amplamente a validade das convenções e acordos coletivos de trabalho (art. 7º, XXVI) e a função da negociação coletiva é obter melhores condições de trabalho e cobrir os espaços que a lei deixa em branco. A participação nos lucros ou resultados desvinculados do salário e suas regras de periodicidade de pagamento também podem ser negociados e não necessitam atender estritamente ao figurino legal. 4. Verba honorária elevada." (TRF4, AC 200372000113860, DJ 26/04/2006 p. 927)

já que a própria norma indica que outros podem ser os critérios a serem previstos.

E agiu com acerto o legislador, ao buscar dar maior autonomia às partes interessadas, tendo em vista a dinâmica e as peculiaridades de cada relação empregador e empregados. O meio produtivo é muito diversos, havendo realidades muito diferentes, entre os diversos ramos de produção e também no que se refere ao porte e políticas de remuneração das empresas.

Assim, as partes têm liberdade para definir o plano que melhor se adeque à sua realidade, desde que mantida a compatibilidade com a natureza e os objetivos da PLR (integração capital e trabalho, não sendo forma de substituição da remuneração normal).

Por outro lado, o fato da norma regulamentar não fixar parâmetros obrigatórios para a construção das regras que determinarão a obrigação dos empregadores de efetuar pagamentos a título de PLR tem gerado, não só dúvidas às partes envolvidas, mas também dado ensejo a interpretações de autoridades fiscais que, discordando dos parâmetros fixados em acordos concretos, desnaturam os pagamentos, considerando-os como parcelas salariais e integrantes da base de cálculo das contribuições previdenciárias.

Em diversas oportunidades, as autoridades fiscais têm adentrado no mérito do acordo PLR firmado entre empresas e funcionários, questionando os parâmetros convencionados para o surgimento do direito substantivo ao recebimento da verba. Entretanto, ao assim proceder, em diversas oportunidades ocorre uma extrapolação do poder de fiscalização, com a abusiva desconsideração de acordos PLR válidos, com base em critérios discricionários e interpretações irrazoáveis da natureza da participação dos lucros e resultados, e na desconsideração que o próprio legislador privilegiou a liberdade negocial.

Felizmente, a jurisprudência, principalmente administrativa, tem interpretado corretamente a regulação jurídica da PLR, reconhecendo que o critério legal é a existência de regras claras e objetivas, que criem um sistema compatível com os objetivos da participação nos lucros e resultados; sendo que o requisito intransponível é o de que não se utilize da PLR como meio substitutivo da remuneração contraprestativa do trabalho.

No âmbito do CARF, é paradigmático o Acórdão n° 244.566 proferido pela Segunda Turma da Câmara Superior de Recursos Fiscais,[15] que se pauta exatamente pela linha interpretativa indicada acima.

---

[15] CSRF, 2ª Turma, Processo 10.680.009628/07-05, julgamento em 09/03/10.

Veja-se a ementa do acórdão que é autoexplicativa do seu entendimento:

> PREVIDENCIÁRIO. CUSTEIO. NFLD. PARTICIPAÇÃO NOS LUCROS OU RESULTADOS. OBSERVÂNCIA DA LEGISLAÇÃO REGULAMENTADORA.
> A teor do art. 7°, XI, da Constituição, constitui direito dos trabalhadores urbanos e rurais a "participação nos lucros, ou resultados, desvinculada da remuneração, e, excepcionalmente, participação na gestão da empresa, conforme definido em lei".
> Devem ser tributadas parcelas distribuídas a título de participação nos lucros ou resultados ao arrepio da legislação federal.
> Os critérios para a fixação dos direitos de participação nos resultados da empresa devem ser fixados, soberanamente, pelas partes interessadas. O termo usado – podendo – é próprio das normas facultativas, não das normas cogentes. A lei não determina que, entre tais critérios, se incluam os arrolados nos incisos I (índices de produtividade, qualidade ou lucratividade da empresa) e II (programas de metas, resultados e prazos, pactuados previamente) do § 1 0 do art. 2° da Lei n° 10.101/00, *apenas o autoriza ou sugere*.
> Constituição reconhece amplamente a validade das convenções e acordos coletivos de trabalho (art. 7 0, XXVI) e a função da negociação coletiva é obter melhores condições de trabalho e cobrir os espaços que a lei deixa em branco.
> O legislador ordinário, procurando não interferir nas relações entre a empresa e seus empregados e atento ao verdadeiro conteúdo do inciso XI do art. 7° da Constituição, limitou-se a prever que dos instrumentos decorrentes da negociação deverão constar regras claras e objetivas quanto à fixação dos direitos substantivos da participação e das regras adjetivas, inclusive mecanismos de aferição das informações pertinentes ao cumprimento do acordado, periodicidade da distribuição, período de vigência e prazos para revisão do acordo.
> A lei não prevê a obrigatoriedade de que no acordo coletivo negociado haja a expressa previsão fixação do percentual ou montante a ser distribuído em cada exercício.
> Existe sim, a obrigação de se negociar com os empregados regras claras e objetivas, combinando de que forma e quando haverá liberação de valores, caso os objetivos e metas estabelecidas e negociadas forem atingidas.
> Considerando as cláusulas do acordo coletivo firmado há de se concluir que foram atendidas as exigências de que dos instrumentos decorrentes da negociação entre empregador e empregados constem regras claras e objetivas quanto à fixação dos direitos substantivos da participação e das regras adjetivas, inclusive mecanismos de aferição das informações pertinentes ao cumprimento do acordado, periodicidade da distribuição, período de vigência e prazos para revisão do acordo.

No caso concreto, a Fiscalização desconsiderou a natureza de PLR de verbas pagas por grande construtora a seus funcionários, a esse título, por considerar que não haveria regras claras e objetivas que fundamentassem o pagamento, sendo que o sistema de metas coletivas e individuais apresentadas teriam conotação de remuneração variável e premiação, e não de um programa de participação nos lucros e resultados. Questiona, também, os fatos de que nem todos os funcionários terem recebido a verba e de que haveria grande discrepância entre os valores recebidos pelos funcionários de cargos gerencias e diretivos e os operacionais.

Contudo, o voto vencedor que originou o acórdão reconheceu o equívoco da autuação que desconsiderou que o figurino legal da PLR privilegia a livre negociação, e também que extrapolou a autoridade fiscal a sua competência, ao instituir requisitos não positivados na norma regulamentadora.

Citem-se trechos relevantes do acórdão, cuja extensão se justifica pela relevância do paradigma:

> A regulamentação inserida na Lei nº 10.101/00, a partir da leitura dos dispositivos legais encimados, denota uma acentuada preocupação em se garantir que o pagamento da PLR seja, antes mais nada, discutido entre as partes diretamente envolvidas. A Lei prestigia a negociação entre empresa e empregados, seja indiretamente através dos respectivos sindicatos, seja diretamente através de comissão escolhida por eles, mas não parece aceitar uma fixação unilateral de critérios e valores.
>
> Vale mencionar ainda que além dessa negociação entre as partes diretamente interessadas, exige a regulamentação da PLR que do acordo de que dela resultar, estejam fixadas regas claras e objetivas, no que diz respeito aos direitos substantivos e adjetivos.
>
> A propósito dessa clareza e objetividade exigida pelo § 1º do art. 2º ut mencionado, é de se afirmar que tal obrigação, a nosso ver, visa precipuamente assegurar que o instrumento do acordo entre empresa e empregado não traga preceitos que impeçam a qualquer das partes envolvidas o direito a observar o quanto fora acordado. É dizer, a previsão em estudo nada mais pretende do que se garantir que não haja dúvidas que impeçam ou dificultem o cumprimento do acordado, vale dizer, o direito a divisão dos lucros e na proporção negociada, sendo este, o ponto relevante que a regulamentação nos parece realmente pretender impedir.
>
> (...)
>
> Não se olvide ainda, que muito se tem discutido que o § 1º acima, exigiria a previsão, no acordo eventualmente celebrado, de planos de metas ou resultados a serem alcançados pelos empregados, para que haja a distribuição dos lucros, o que é um equívoco grave, porque o dispositivo legal em questão não quer impor as partes acordantes àqueles critérios arrolados nos seus incisos, onde estão consignadas as indigitadas metas e resultados.
>
> Tanto isso é verdade, que na parte final, o caput do § 1º usa a expressão "podendo ser considerados, entre outros (...)", que nos leva a uma interpretação de que os incisos concedem meros caminhos que podem ou não ser eleito pelas partes aderentes, portanto, sem qualquer repercussão na natureza da verba a ser paga.
>
> Em verdade, tal entendimento pretende fazer de uma mera faculdade legal, uma obrigação a ser observada por quem tiver a pretensão de implementar um programa de PLR, em flagrante contrariedade da Lei, que conferiu as partes envolvidas em negociação, o direito de adotar, desde de que claros e objetivos, os critérios e condições que entenderem mais justos, mas não necessariamente os sugestionados pela lei regulamentadora.

No caso trazido pela presente NFLD, a empresa negociou a forma com que se daria a repartição de seus lucros com os seus funcionários, estando devidamente previsto em Convenção Coletiva de Trabalho. Por outro lado, o instrumento de acordo optou pela previsão de individualização de resultados, estando, portanto, perfeitamente observado a exigência legal de negociação entre as partes quanto à divisão dos lucros da empresa, e fixação de critérios e regras claros e objetivos, e de conhecimento prévio dos empregados.

Com efeito, não há dúvidas de que os lucros foram distribuídos de acordo com que fora acordado entre empregados e empresa, o que no assegura que dos instrumentos de negociação não duvidas que pudesse frustrar o direito do empregado a percepção dos lucros, na proporção que lhe caberia. No caso em exame, os direitos subjetivos e adjetivos previstos na norma legal estão dispostos de forma objetiva e clara, na medida em que não há omissão quanto ao que o trabalhador receberá a título de participação nos lucros, nem quanto à forma com que se dará essa participação.

Há que se mencionar ainda que o acordo em questão prevê regras e critérios, e até mesmo metas, e que estes foram devidamente instituídos pelos interessados na distribuição ora questionada. Sem dúvida que essas regras e esses critérios podem, numa avaliação pessoal, serem considerados como não sendo ideais para implementação de um programa de distribuição de lucros. Contudo, o que não se pode aceitar é que essa avaliação pessoal se contraponha à vontade das partes externada no instrumento de negociação coletiva, e ferindo sua autonomia, e assim, contrariando o que a regulamentação da PLR mais valoriza, venha a ser pretexto para a desqualificação da natureza de um pagamento.

Na mesma linha do precedente da CSRF, é relevante o Acórdão nº 2301-00.548, da 1ª Turma da 3ª Câmara Ordinária da Segunda Seção do CARF, no qual se decidiu, com acerto, que não cabe ao Fisco fazer juízos de valor sobre os termos utilizados pelas partes para a definição da PLR, desde que não haja um vício de vontade ou extrema incompatibilidade entre o acordado e os objetivos que permeiam o instituto da PLR. Cite-se trecho da ementa do acórdão:

No que se refere à participação nos lucros, o que se exige é que o termo acordado traga previsão de regas e critérios, e até mesmo metas de conhecimento dos trabalhadores. É bem verdade que essas regras e esses critérios podem, numa avaliação pessoal, serem considerados como não sendo ideais para implementação de um programa de distribuição de lucros.

Contudo, o que não se pode aceitar é que essa avaliação pessoal por parte do fisco se contraponha à vontade das partes externada no instrumento de negociação ferindo sua autonomia, contrariando assim o que a regulamentação da participação nos lucros mais valoriza, venha a ser pretexto para a desqualificação da natureza de um benefício.

Não cabe a autoridade fiscal instituir requisitos de validade para a PLR não previstos na Lei nº 10.101/00, mesmo que os considere razoáveis em face da natureza do instituto.

Um exemplo desse tipo de equívoco é a desnaturação do pagamento pelo fato de determinado acordo PLR não abranger a totalidade dos empregados da empresa.¹⁶ Isso ocorre, por exemplo, quando a PLR está direcionada apenas aos cargos operacionais e não aos diretivos, ou vice-versa. Ou quando existem planos específicos para diferentes categorias.

É inequívoco que as Leis 10.101/00 e 8.212/91 não trazem expressa a obrigatoriedade de extensão da PLR a todos os empregados. A literalidade da previsão previdenciária não deixa margem para outra interpretação, haja vista a literalidade da alínea j do § 9º do artigo 28 da Lei nº 8.212/91: "j) a participação nos lucros ou resultados da empresa, quando paga ou creditada de acordo com lei específica".

Reforça tal entendimento a sistemática adotada pela lei previdenciária, que sempre que considerou a extensão a todos os empregados, requisito para o tratamento fiscal de determinada verba, expressamente o consignou, como exemplifica a previsão para a previdência privada (alínea j do § 9º do artigo 28 da Lei nº 8.212/91):

> p) o valor das contribuições efetivamente pago pela pessoa jurídica relativo a programa de previdência complementar, aberto ou fechado, desde que disponível à totalidade de seus empregados e dirigentes, observados, no que couber, os arts. 9º e 468 da CLT

E ao analisar o critério de interpretação da regra de exclusão da incidência das contribuições previdenciárias, prevista no § 9º do artigo 28 da Lei nº 8.212/91, a Câmara Superior de Recursos Fiscais decidiu que a autoridade fiscal não pode se afastar da interpretação literal, instituindo critério não previsto no texto legal. Dessa forma, se a norma prevê apenas que a verba deve ser disponibilizada a todos os empregados, não é validamente possível se estender o critério para a obrigatoriedade de que a forma de disponibilização também seja uniforme.¹⁷

---

¹⁶ "O legislador não fez previsão de exigência no sentido de que as parcelas pagas a título de participação de lucros ou resultados fossem extensivas a todos os empregados da empresa para que houvesse a não incidência de contribuição previdenciária." (Acórdão nº 244.566, 2ª Turma da CSRF, 09.02.2010). "A legislação regulamentadora da PLR não exige que a distribuição de Lucros deva, necessariamente, ser dirigida a totalidade dos empregados, exigência essa que não pode advir da interpretação subjetiva de quem aplica a legislação." (CARF, 4º Câmara / 1ª Turma Ordinária, Acórdão 2401-00.066, 04/03/09).

¹⁷ CONTRIBUIÇÕES PREVIDENCIÁRIAS. ASSISTÊNCIA MÉDICA – PLANO DE SAÚDE. EXTENSÃO/COBERTURA À TOTALIDADE DO EMPREGADOS/FUNCIONÁRIOS. REQUISITO LEGAL ÚNICO. De conformidade com a legislação previdenciária, mais precisamente o artigo 28, § 9º, alínea "q", da Lei nº 8.212/91, o Plano de Saúde e/ou Assistência Médica concedida pela empresa tem como requisito legal, exclusivamente, a necessidade de cobrir, ou seja, ser extensivo à totalidade dos empregados e dirigentes, para que não incida contribuições previdenciárias sobre tais verbas. A exigência de outros pressupostos, como a necessidade de planos idênticos à todos os empregados, é de cunho subjetivo do aplicador/intérprete da lei, extrapolando os limites da legislação específica em total afronta aos preceitos dos artigos 111, inciso II e 176, do Código

Os precedentes do CARF indicam a forte linha jurisprudencial de se buscar uma análise mais teleológica da PLR, visando, sempre que possível, a privilegiar o seu pagamento. E o norte interpretativo mais relevante é a existência de metas concretas que permitam ao empregado entender qual o programa de participação que está sendo instituído e fiscalizar o seu cumprimento.

São também critérios de validação a comprovação da existência de mecanismos de divulgação interna das metas PLR, do resultado do seu aferimento, e do cálculo da participação. A prova de que existe transparência no cumprimento do acordo, de forma que os funcionários possam fiscalizar e fazer valer o seu direito subjetivo, é relevante, não só para a validação perante as autoridades fiscais e trabalhistas, mas também para que os objetivos de integração capital e trabalho sejam alcançados.

A construção de planos mais sofisticados de participação nos lucros e resultados, por exemplo, com a fixação de metas globais, setoriais e individuais, não alteram a natureza da verba, desde que todos os parâmetros estejam fixados de forma expressa e clara no instrumento de acordo.

Nesse sentido, cite-se mais uma vez a jurisprudência do CARF:[18]

> 21. Vale destacar que, no caso concreto, os documentos constantes dos autos denominados "avaliação de desempenho", dentre outros, informam claramente as metas estabelecidas a serem atingidas e a forma de avaliação de cada uma delas, inclusive as fichas administrativas estão postas com a assinatura dos avaliados, o que demonstra que o sistema implantado para a mensuração de desempenho e tratamento dos resultados eram de pleno conhecimento dos empregados.
>
> 22. Considero aceitável que a recorrente imponha previamente determinadas metas e critérios para que os empregados possam atingi-las, considerando os setores (administrativo, vendas, etc) e o nível dos cargos ocupados dentro da empresa (gerentes, coordenadores, chefes, etc), sem que tais exigências possam descaracterizar a PLR. É próprio da organização da empresa poder conciliar o pagamento do benefício aos seus objetivos.
>
> 23. A confecção de um "manual de avaliação de desempenho" também confirma que a empresa se preocupou efetivamente com a adoção de um método justo e único para todos os funcionários, no que toca ao julgamento das informações sobre cada empregado.

Ainda na linha de se privilegiar a instituição e pagamento de PLR, destacam-se os precedentes que validam que o acordo seja fir-

---

Tributário Nacional, os quais estabelecem que as normas que contemplam isenções devem ser interpretadas literalmente, não comportando subjetivismos. Recurso especial negado. (Câmara Superior de Recursos Fiscais – CSRF – 2ª Turma da 2ª Câmara – Recurso n° 246.376 Especial do Procurador – Acórdão n° 9202-00.295 – 2a Turma – Sessão de 22 de setembro de 2009)

[18] Acórdão n° 2301-00.548, da 1ª Turma da 3ª Câmara Ordinária da Segunda Seção do CARF.

mado entre as partes após a aferição do lucro, mas desde que seja anterior ao pagamento. Tal entendimento incentiva as empresas que, tendo aferido resultado relevante, se proponham a disponibilizar parcela aos seus colaboradores, mesmo que anteriormente a produção da riqueza não se tenha firmado um plano PLR. Cite-se:[19]

> Outro ponto importante que não pode simplesmente ser desprezado por este Colegiado, é saber se o lucro almejado pela empresa, somente poderá ser repartido com seus empregados, se houver negociação antes de ocorrer o seu implemento. Mais uma vez aqui, insisto que o enfoque da análise da tributação previdenciária da PLR deve sempre partir da sua regulamentação, de forma que qualquer limitação quanto ao seu pagamento, para ser válida, deve nela estar expressa.
>
> Nesse ideal, e caminhando pela Lei regulamentadora da PLR, não vejo qualquer exigência ou previsão no sentido de que antes mesmo de se alcançar o lucro pretendido, necessariamente deve haver a negociação de como ele será distribuído entre os empregados. Com efeito a distribuição, sim, deve ser precedida de acordo entre as partes, e como já mencionado jamais poderá ser fixada unilateralmente, mas nada na Lei impede que alcançado o lucro, seja posteriormente sua distribuição negociada entre os beneficiados e a fonte pagadora. Ao menos para nós, é perfeitamente viável que a negociação quanto à distribuição do lucro, seja concretizada após sua realização, em outras palavras, a negociação deve preceder ao pagamento, mas não necessariamente ao advento do lucro.

No outro lado da mesma moeda, a inexistência de regras claras e objetivas que fundamentem o pagamento da PLR, de forma que a sua distribuição se deu ao livre talante do empregador, é reconhecidamente um vício que desnatura a verba para remuneratória, fazendo incidir sobre a mesma as contribuições previdenciárias e reflexos trabalhistas. Mais uma vez é ilustrativa a jurisprudência do CARF:[20]

> As regras claras e objetivas quanto ao direito substantivo referem-se à possibilidade de os trabalhadores conhecerem previamente, no corpo do próprio instrumento de negociação, quanto irão receber a depender do lucro auferido ou do resultado obtido pelo empregador-se os objetivos forem cumpridos. Apesar de terem sido objeto de acordo coletivo, não há disciplina quanto à forma de recebimento, os requisitos que devem ser atendidos pelos empregados.
>
> Os termos de acordos juntados são sempre posteriores aos resultados obtidos, portanto não provam que os empregados possuíam conhecimento prévio dos instrumentos celebrados. Além do mais, os valores pagos eram fixos e independiam de qualquer tarefa executada pelos empregados, para ter direito à verba bastaria ter o vínculo empregatício.
>
> Não cumprindo os requisitos previstos na lei específica há que se considerar a parcela paga em desacordo com o ordenamento jurídico, como parcela integrante do salário-de-contribuição.

---

[19] CARF, 4° Câmara, 2ª Turma Ordinária, Acórdão n° 2402-00.508, sessão de 22/02/10.
[20] CARF, 3ª Câmara, 2ª Turma, Acórdão 2302-00256, 29/10/09.

A existência desse arcabouço jurisprudencial deve ser considerada por todos os envolvidos na sistemática da PLR, principalmente as partes acordantes e as autoridades fiscais e trabalhistas, de forma a se privilegiar, sempre que possível, o instituto.

1.3. Conclusões

A solidificação de jurisprudência a respeito da correta interpretação dos requisitos formais e materiais para o pagamento de valores a título de participação nos lucros e resultados é extremamente relevante, já que proporciona mais segurança para as empresas instituírem os seus planos PLR, além de fornecer critérios às autoridades fiscais, dificultando a aplicação discricionária de interpretações dissociadas da melhor exegese da legislação de regência.

A Participação nos Lucros e Resultados pressupõe a livre negociação entre empregadores e empregados, com a formalização de termo específico, o qual traga regras claras e objetivas sobre o direito substantivo que institui. O acordo pressupõe a participação do Sindicato da categoria, como garantia e suporte dos empregados na negociação. Contudo, tal requisito não é peremptório, podendo ser relativizado quando se comprove que o Sindicato não participou por sua omissão ou recusa, ou, ainda, quando se ateste que o acordo instituído é favorável aos empregados, não havendo cláusula ou previsão que atente aos objetivos do instituto.

A Lei nº 10.101/00 não prevê de forma peremptória e exaustiva quais os parâmetros válidos de instituição de um Programa de PLR, já que o legislador intentou outorgar maior autonomia às partes interessadas, que são as mais capacitadas para construir um acordo que seja compatível com os seus interesses singulares e mútuos. O limite a essa liberdade é a manutenção da compatibilidade com a natureza e os objetivos da PLR, que visa à integração capital e trabalho, não podendo ser utilizada como forma de substituição da remuneração contraprestativa do trabalho.

Não cabe à autoridade fiscal instituir requisitos de validade para a PLR não previstos na Lei nº 10.101/00, mesmo que os considere razoáveis em face da natureza do instituto. Como, por exemplo, a exigência de que todos os empregados sejam abarcados pelo acordo PLR ou que não seja válido acordo que traga diferenciação entre categorias profissionais. Da mesma forma, não compete à fiscalização criticar os parâmetros de fixação e cálculo da PLR, desde que os mesmos guardem a já referida compatibilidade com o instituto.

2. Responsabilidade solidária por grupo econômico na esfera previdenciária

2.1. Previsão legal no campo previdenciário[1]

A Lei nº 8.212/91, em seu art. 30, IX, prevê a responsabilidade solidária de grupos econômicos pelas contribuições e demais importâncias devidas à Previdência Social. Transcreve-se:

> Art. 30. A arrecadação e o recolhimento das contribuições ou de outras importâncias devidas à Seguridade Social obedecem às seguintes normas:
> (...)
> IX – as empresas que integram grupo econômico de qualquer natureza respondem entre si, solidariamente, pelas obrigações decorrentes desta Lei;

A fiscalização previdenciária, ao aplicar o dispositivo legal, normalmente também traz como fundamentação da responsabilização solidária a previsão constante do artigo 124 do Código Tributário Nacional:

> Art. 124. São solidariamente obrigadas:
> I – as pessoas que tenham interesse comum na situação que constitua o fato gerador da obrigação principal;
> II – as pessoas expressamente designadas por lei.
> Parágrafo único. A solidariedade referida neste artigo não comporta benefício de ordem.

A norma do art. 30, IX, da Lei nº 8.212/91 não traz uma definição de grupo econômico, e a sua regulamentação é atualmente efetuada pelos artigos 494 e 495 da Instrução Normativa RFB nº 971, de 13 de novembro de 2009, *verbis*:

---

[1] Artigo publicado originalmente em: *Direito Empresarial atual*: nacional e internacional. vol. 2. Belo Horizonte: Del Rey, 2013.

> Art. 494. Caracteriza-se grupo econômico quando 2 (duas) ou mais empresas estiverem sob a direção, o controle ou a administração de uma delas, compondo grupo industrial, comercial ou de qualquer outra atividade econômica.
>
> Art. 495. Quando do lançamento de crédito previdenciário de responsabilidade de empresa integrante de grupo econômico, as demais empresas do grupo, responsáveis solidárias entre si pelo cumprimento das obrigações previdenciárias na forma do inciso IX do art. 30 da Lei nº 8.212, de 1991, serão cientificadas da ocorrência.

O conceito do artigo 494 define que o parâmetro de configuração de grupo econômico está centrado na existência de direção, controle ou administração comum entre as empresas.

A regulamentação previdenciária guarda compatibilidade com o conceito de grupo econômico utilizado pelo Direito do Trabalho, nos termos do § 2º, do art. 2º da CLT:

> Art. 2º Considera-se empregador a empresa, individual ou coletiva, que, assumindo os riscos da atividade econômica, admite, assalaria e dirige a prestação pessoal de serviço.
>
> (...)
>
> § 2º Sempre que uma ou mais empresas, tendo, embora, cada uma delas, personalidade jurídica própria, estiverem sob a direção, controle ou administração de outra, constituindo grupo industrial, comercial ou de qualquer outra atividade econômica, serão, para os efeitos da relação de emprego, solidariamente responsáveis a empresa principal e cada uma das subordinadas.

Entretanto, a aplicação nos casos concretos deste instituto, que produz inequívoca repercussão nos campos de interesse do Fisco e dos contribuintes, tem gerado inúmeras controvérsias.

Além disso, trata-se de tema que tem sido objeto de análise pela doutrina e pela jurisprudência, tanto trabalhista quanto tributária, o que justifica a sua abordagem no presente artigo.

2.2. Correta fixação do âmbito de aplicação da responsabilidade previdenciária por grupo econômico

A doutrina trabalhista é mais farta no que se refere à análise da responsabilização solidária de empresas pela caracterização da existência de grupo econômico.

Uma corrente doutrinária parte de uma interpretação mais literal do artigo 2º, § 2º, da CLT, para considerar que somente caracteriza o grupo econômico a existência de direção ou administração comum ou interligada entre duas ou mais empresas, independentemente do fato de estas terem personalidades jurídicas próprias.

Conforme leciona o Professor Sérgio Martins Pinto, a relação que deve haver entre empresas para a configuração de grupo econômico é a de dominação, na qual explicitamente se identifica uma empresa principal, que assume a posição de controladora das demais. Sendo que essa dominação é caracterizada pelo exercício de poderes de direção, controle ou administração. E a caracterização do controle se evidencia por fatores indicativos, como a existência de empregados comuns entre uma ou mais empresas, ou acionistas comuns, ou ainda quando as empresas funcionam no mesmo local físico ou compartilham da mesma finalidade econômica.[2]

Na mesma linha de raciocínio é o magistério de Wladmir Novaes Martinez:[3]

> Grupo econômico pressupõe a existência de duas ou mais pessoas jurídicas de direito privado, pertencentes às mesmas pessoas, não necessariamente em partes iguais ou coincidindo os proprietários, compondo um conjunto de interesses econômicos subordinados ao controle do capital. (...) O importante, na caracterização da reunião dessas empresas, é o comando único, a posse de ações ou quotas capazes de controlar a administração, a convergência de políticas mercantis, a padronização de procedimentos e, se for o caso, mas sem ser exigência, o objetivo comum.

Contudo, outra corrente da doutrina trabalhista, que inclusive atualmente é majoritária, entende que a configuração de grupo econômico não pressupõe obrigatoriamente o controle ou administração por uma delas, podendo estar presente mesmo quando há mera relação de coordenação entre empresas, como no caso em que se planifica de forma sinérgica a forma de atuação econômica e de utilização da mão de obra.

Nesse sentido leciona Amauri Mascaro Nascimento:[4]

> (...) basta uma relação de coordenação entre as diversas empresas sem que exista uma em posição predominante, critério que nos parece melhor, tendo-se em vista a finalidade do instituto (...), que é a garantia da solvabilidade dos créditos trabalhistas.

O Ministro do Tribunal Superior do Trabalho e Professor Maurício Delgado Godinho disserta sobre as diferentes óticas do grupo econômico na doutrina trabalhista:[5]

> O grupo econômico aventado pelo Direito do Trabalho define-se como figura resultante da vinculação justrabalhista que se forma entre dois ou mais entes favorecidos direta ou indiretamente pelo mesmo contrato de trabalho, em decorrência de existir entre

---

[2] MARTINS, Sérgio Pinto. *Direto do Trabalho*, 13ª ed. São Paulo: Atlas, 2001, p. 168/169.
[3] MARTINEZ, Wladmir Novaes. *Comentários à Lei Básica da Previdência Social*, tomo I, Plano de Custeio, Lei nº 8.212/91. 5ª ed. São Paulo: LTr, p. 460.
[4] NASCIMENTO, Amauri Mascaro. *Manual de Direito do Trabalho*, 2ª ed., vol. II, p. 64.
[5] GODINHO, Maurício Delgado. *Curso de Direito do Trabalho*, 8ª ed. São Paulo: LTr, 2009, p. 378-382.

esses entes laços de direção ou coordenação em face de atividades industriais, comerciais, financeiras, agroindustriais ou de qualquer outra natureza econômica.
(...).
Na caracterização dessa figura deve-se examinar a abrangência objetiva do grupo, sua abrangência subjetiva e, finalmente, o nexo relacional entre as empresas dele integrantes.
(...)
Noutras palavras, o grupo econômico para fins justrabalhistas não necessita se revestir das modalidades jurídicas típicas ao Direito Econômico ou Direito Comercial/Empresarial (*holdings*, consórcios, *pools*, etc.).
(...)
O componente do grupo não pode ser qualquer pessoa física, jurídica ou ente despersonificado; não se trata, portanto, de qualquer empregador, mas somente certo tipo de empregador, diferenciado dos demais em função de sua atividade econômica.
(...)
Ao lado da delimitação subjetiva dos componentes do grupo, estabelece a lei uma modalidade específica de nexo relacional entre os entes integrantes do grupo econômico, apta a consumar a existência desse tipo legal justrabalhista. A modalidade de nexo relacional entre as empresas desponta, assim, como o segundo requisito do grupo econômico justrabalhista.
(...)
A segunda vertente considera, porém, que a verificação da simples relação de coordenação interempresarial atende ao sentido essencial vislumbrado pela ordem justrabalhista. A própria informalidade conferida pelo Direito do Trabalho à noção de grupo econômico seria incompatível com a ideia de se acatar a presença do grupo somente à luz de uma relação hierárquica e assimétrica entre os seus componentes. A par disso, se a intenção principal do ramo justrabalhista foi ampliar a garantia incidente sobre os créditos obreiros, não há por que restringir-se a figura do grupo econômico em função de um aspecto que é, em substância, irrelevante do ponto de vista dos contratos empregatícios firmados. De todo modo, essa ampliação também potenciaria a prerrogativa de utilização pelos membros do grupo da prestação de trabalho pactuada com o mesmo trabalhador.

Efetivamente, no Direito do Trabalho, devido a seu caráter mais protecionista, hoje se admite a configuração de grupo econômico independente da comprovada existência de controle e fiscalização pela chamada empresa líder, reconhecendo-se o grupo econômico mesmo quando inexiste a subordinação de uma ou mais de uma empresa a outra. É o denominado "grupo composto por coordenação" em que as empresas atuam horizontalmente, no mesmo plano, participando todas do mesmo empreendimento (TRT-RO-19827/97 – 4ª T. – Rel. Juiz Luiz Ronan Neves Koury – Publ. MG. 22.07.98).

E neste contexto, a jurisprudência trabalhista admite diversas formas de caracterização da existência de grupo econômico, como demonstram os procedentes listados em nota.[6] Da análise das decisões é possível se depreender que o elemento considerado essencial para a configuração da existência de grupo econômico é a "existência de nexo relacional entre as empresas, ou seja, de uma relação de coordenação ou elo interempresarial, independentemente da diversidade das pessoas jurídicas" (TRT3. 01368-2007-113-03-00-8 RO. Rel. Luiz Otávio Linhares Renault)

Entretanto, essa linha de interpretação do conceito de grupo econômico é determinada pelos princípios que direcionam a aplicação das normas do campo trabalhista, sempre visando à efetividade dos direitos e garantias que a legislação outorga aos trabalhadores.

Nessa lógica, busca-se impedir que a possibilidade do empregador se utilizar da liberdade na definição da forma de atuação e contratação de diversas empresas como mecanismos para se subtrair ou minorar o custo com o cumprimento de obrigações trabalhistas.

Contudo, quando se trata da aplicação da responsabilidade solidária no campo do custeio previdenciário (vinculado à normatividade tributária), essa linha principiológica protecionista não pode ser aplicada de forma direta ou irrefletida, já que no polo ativo dessa relação não se encontra o trabalhador (objeto de proteções especiais pelo legislador), e sim o Fisco.

---

[6] "AGRAVO DE PETIÇÃO. GRUPO ECONÔMICO. Diante da farta documentação coligida aos autos, ainda que não se possa enquadrar no conceito clássico de grupo econômico, restou evidenciada a comunhão de interesses entre as empresas executadas que tinham como sócios membros de uma mesma família, mesmo objeto social, sendo que uma foi criada por cisão da outra, enquadrando-se perfeitamente na concepção moderna do referido instituto jurídico. " (TRT3. 00637-2006-059-03-00-7 AP. Rel. Luiz Ronan Neves Koury. DEJT 30/09/09, p. 81).

"GRUPO ECONÔMICO. EXISTÊNCIA. O chamado grupo econômico consubstancia-se através de um conjunto ou conglomerado de empresas, as quais, ainda que detenham diferentes personalidades jurídicas e possuam objetivos econômicos próprios, não deixam de estar, entre si, sob controle administrativo e/ou acionário, constituindo um grupo solidariamente responsável pelas obrigações trabalhistas atinentes aos seus empregados. O conceito de grupo econômico aplicável na seara trabalhista é, portanto, bastante abrangente, transcendendo os rigores do instituto, conforme estudados nos ramos comercial e civil do Direito, uma vez que aqui se visa, precipuamente, a reforçar as garantias creditícias do trabalhador hipossuficiente lesado em seus direitos básicos. No caso destes autos, há prova suficiente da existência do grupo econômico formado entre os Reclamados, restando acertada a decisão primeva que os condenou de forma solidária, com base no art. 2°, § 2°, da CLT. " (TRT3. 00344-2009-016-03-00-4 RO. Rel. Márcio Ribeiro do Valle. DEJT 28/09/09, p. 197).

"GRUPO ECONÔMICO – RELAÇÃO DE INTERDEPENDÊNCIA – Muito embora o art. 2° da CLT, em seu § 2°, refira-se a uma empresa principal e suas subordinadas, é necessário ultrapassar a interpretação apenas literal da norma para alcançar seu verdadeiro sentido. No Direito do Trabalho, a concepção de grupo econômico prescinde da relação de dominação entre as sociedades que integram o grupo, bastando que as empresas estejam interligadas em alguma forma de interdependência, em virtude da qual realizam as mesmas finalidades pelo auxílio mútuo ou coadjuvação recíproca, o que se vislumbra na existência da relação confessada e na exploração de atividade econômica comum, como no caso dos autos." (TRT3. 00900-2008-098-03-00-2 AP. Rel. Paulo Roberto de Castro. DEJT 25/06/09, p. 51).

A diferença de enfoque interpretativo é dada pela natureza da obrigação tributária, que impõe maior rigidez na aplicação das regras referentes à responsabilidade tributária, que são regulamentadas pelo Código Tributário Nacional.

A responsabilidade tributária é determinada pela forma de vinculação do sujeito passivo ao fato gerador da obrigação tributária. Enquanto contribuinte ou substituto, o sujeito passivo tem relação econômica, direta ou indireta, que exterioriza capacidade para contribuir, ou a possibilidade de repassar o ônus econômico a terceiro com quem mantenha relação que lhe permita essa operacionalização.

A falta dessa vinculação com o fator econômico que exterioriza a capacidade econômica pressuposta pelo fato gerador da obrigação tributária impede a responsabilização válida de quem não apresente esse pressuposto.

Já no caso da responsabilização de terceiro por transferência, prevista nos artigos 134 e 135 do Código Tributário Nacional, a sua aplicação válida pressupõe o comprovado descumprimento de obrigação legalmente vinculada ao sujeito passivo, por ação ou omissão, da qual tenha decorrido o descumprimento do dever de recolher tributo ou de obrigação instrumental pelo sujeito passivo original (contribuinte ou substituto).

Ou seja, deve haver uma obrigação legalmente imposta à terceiro, cujo descumprimento provoque como consequência a sua responsabilização pelo crédito tributário, ou exclusivamente pelo pagamento de penalidade pecuniária.

Esse contexto leva à interpretação doutrinária e jurisprudencial restritiva da regra "aberta" do artigo 124 do Código Tributário Nacional, que vincula ao crédito tributário àqueles que têm interesse comum na situação que constitua o fato gerador da obrigação principal.

Isso porque a melhor doutrina e jurisprudência delimitam que o parâmetro de "interesse comum", que fundamenta essa forma de responsabilidade fiscal, somente pode ser considerado como decorrente do fato de que os contribuintes envolvidos efetivamente sejam sujeitos da situação fático-jurídica que deu ensejo ao surgimento da relação tributária. Assim, as pessoas indicadas como solidárias devem ter participado do ato ou fato que configura o fato gerador ensejador do surgimento da obrigação tributária.

Paulo de Barros Carvalho[7] se manifesta com propriedade a respeito:

> (...) o interesse comum dos participantes no acontecimento factual não representa um dado satisfatório para a definição do vínculo da solidariedade. Em nenhuma dessas circunstâncias cogitou o legislador desse elo que aproxima os participantes do fato, o que ratifica a precariedade do método preconizado pelo inc. I do art. 124 do Código. Vale, sim, para situações em que não haja bilateralidade no seio do fato tributado, como, por exemplo, na incidência do IPTU, em que duas ou mais pessoas são proprietárias do mesmo imóvel. Tratando-se, porém, de ocorrências em que o fato se consubstancie pela presença de pessoas, em posições contrapostas, com objetivos antagônicos, a solidariedade vai instalar-se entre os sujeitos que estiveram no mesmo polo da relação, se e somente se for esse o lado escolhido pela lei para receber o impacto jurídico da exação. É o que se dá no imposto de transmissão de imóveis, quando dois ou mais são os compradores; no ISS, toda vez que dois ou mais sujeitos prestarem um único serviço ao mesmo tomador.

E demonstrando o posicionamento do Tribunal, são representativos os seguintes julgados do Superior Tribunal de Justiça:

> PROCESSUAL CIVIL. TRIBUTÁRIO. RECURSO ESPECIAL. ISS. EXECUÇÃO FISCAL. LEGITIMIDADE PASSIVA. EMPRESAS PERTENCENTES AO MESMO CONGLOMERADO FINANCEIRO. SOLIDARIEDADE. INEXISTÊNCIA. VIOLAÇÃO DO ART. 124, I, DO CTN. NÃO-OCORRÊNCIA. DESPROVIMENTO.
>
> 1. "Na responsabilidade solidária de que cuida o art. 124, I, do CTN, não basta o fato de as empresas pertencerem ao mesmo grupo econômico, o que por si só, não tem o condão de provocar a solidariedade no pagamento de tributo devido por uma das empresas" (HARADA, Kiyoshi. "Responsabilidade tributária solidária por interesse comum na situação que constitua o fato gerador").
>
> 2. Para se caracterizar responsabilidade solidária em matéria tributária entre duas empresas pertencentes ao mesmo conglomerado financeiro, é imprescindível que ambas realizem conjuntamente a situação configuradora do fato gerador, sendo irrelevante a mera participação no resultado dos eventuais lucros auferidos pela outra empresa coligada ou do mesmo grupo econômico.
>
> 3. Recurso especial desprovido.
>
> (REsp 834.044/RS, Rel. Ministra Denise Arruda, Primeira Turma, julgado em 11/11/2008, DJe 15/12/2008)
>
> PROCESSUAL CIVIL. TRIBUTÁRIO. RECURSO ESPECIAL. ISS. EXECUÇÃO FISCAL. LEGITIMIDADE PASSIVA. EMPRESAS DO MESMO GRUPO ECONÔMICO. SOLIDARIEDADE. INEXISTÊNCIA. VIOLAÇÃO DO ART. 535 DO CPC. INOCORRÊNCIA.
>
> 1. A solidariedade passiva ocorre quando, numa relação jurídico-tributária composta de duas ou mais pessoas caracterizadas como contribuintes, cada uma delas está obrigada pelo pagamento integral da dívida. Ad exemplum, no caso de duas ou mais pessoas serem proprietárias de um mesmo imóvel urbano, haveria uma pluralidade de

---

[7] CARVALHO, Paulo de Barros. *Curso de Direito Tributário*. 8ª ed. São Paulo: Saraiva, 1996, p. 220.

contribuintes solidários quanto ao adimplemento do IPTU, uma vez que a situação de fato – a co-propriedade – é-lhes comum.
(...)
6. Deveras, o instituto da solidariedade vem previsto no art. 124 do CTN, *verbis*: "Art. 124. São solidariamente obrigadas: I – as pessoas que tenham interesse comum na situação que constitua o fato gerador da obrigação principal;
II – as pessoas expressamente designadas por lei.
7. Conquanto a expressão "interesse comum" – encarte um conceito indeterminado, é mister proceder-se a uma interpretação sistemática das normas tributárias, de modo a alcançar *a ratio essendi* do referido dispositivo legal. Nesse diapasão, tem-se que o interesse comum na situação que constitua o fato gerador da obrigação principal implica que as pessoas solidariamente obrigadas sejam sujeitos da relação jurídica que deu azo à ocorrência do fato imponível. Isto porque feriria a lógica jurídico-tributária a integração, no pólo passivo da relação jurídica, de alguém que não tenha tido qualquer participação na ocorrência do fato gerador da obrigação.
(...)
9. Destarte, a situação que evidencia a solidariedade, quanto ao ISS, é a existência de duas ou mais pessoas na condição de prestadoras de apenas um único serviço para o mesmo tomador, integrando, desse modo, o pólo passivo da relação. Forçoso concluir, portanto, que o interesse qualificado pela lei não há de ser o interesse econômico no resultado ou no proveito da situação que constitui o fato gerador da obrigação principal, mas o interesse jurídico, vinculado à atuação comum ou conjunta da situação que constitui o fato imponível.
10. "Para se caracterizar responsabilidade solidária em matéria tributária entre duas empresas pertencentes ao mesmo conglomerado financeiro, é imprescindível que ambas realizem conjuntamente a situação configuradora do fato gerador, sendo irrelevante a mera participação no resultado dos eventuais lucros auferidos pela outra empresa coligada ou do mesmo grupo econômico." (REsp 834044/RS, Rel. Ministra DENISE ARRUDA, PRIMEIRA TURMA, julgado em 11/11/2008, DJe 15/12/2008).
(...)
(REsp 884.845/SC, Rel. Ministro Luiz Fux, Primeira Turma, julgado em 05/02/2009, DJe 18/02/2009)

Apesar dos julgados se referirem a processos que tratam de questões referentes ao Imposto sobre Serviço de Qualquer Natureza (ISSQN), o raciocínio jurídico elaborado é totalmente aplicável ao campo do custeio previdenciário, uma vez que por sua natureza tributária as contribuições previdenciárias patronais se encontram vinculadas aos princípios da legalidade estrita, tipicidade e capacidade contributiva, que limitam o campo de possibilidade de responsabilização de terceiro que não tenha efetivamente relação com o fato gerador da obrigação tributária.

Muito feliz o posicionamento do Ministro Luiz Fux, no voto condutor do acórdão cuja ementa se encontra acima, de que "nesse diapasão, tem-se que o interesse comum na situação que constitua o fato gerador da obrigação principal implica que as pessoas solidariamente obrigadas sejam sujeitos da relação jurídica que deu azo à ocorrência do fato imponível. Isto porque feriria a lógica jurídico-tributária a integração, no polo passivo da relação jurídica, de alguém que não tenha tido qualquer participação na ocorrência do fato gerador da obrigação".

E se tratando de contribuições incidentes sobre a remuneração dos empregados-segurados, o "interesse comum" e o vínculo entre empresas que caracteriza o "grupo econômico", devem se dar em face da utilização da mão de obra. Ou seja, deve estar presente o direcionamento da utilização dos trabalhadores em face do interesse comum do grupo ou conforme deliberação de controle da empresa líder. Isso se dá, por exemplo, quando uma empresa se utiliza da força de trabalho de outra, em favor da consecução da sua atividade econômica, em decorrência do seu controle ou poder de gestão. O contexto da manipulação da mão de obra, com empresas trabalhando de forma integrada, com os mesmos ou alguns sócios comuns, e muitas vezes funcionando no mesmo endereço, é a situação que busca abarcar o legislador. Já o simples vínculo societário, a vinculação comum a uma empresa controladora, ou a apresentação ao mercado como "grupo econômico", por si só não basta para a configuração da situação que enseja a responsabilização previdenciária solidária.

O precedente abaixo é bem explicitativo do reconhecimento correto de situação configuradora de grupo econômico para fins previdenciários:

> TRIBUTÁRIO. CONTRIBUIÇÕES PREVIDENCIÁRIAS. RESPONSABILIDADE TRIBUTÁRIA. ARTIGO 30, IX, DA LEI Nº 8.212/91. GRUPO ECONÔMICO. CONFIGURAÇÃO. – O art. 146, III, a, da CF não exige lei complementar para dispor sobre novos casos de responsabilidade tributária, além do que sequer diz respeito a contribuições, restringindo-se à indicação dos contribuintes possíveis dos impostos nominados. – Configurada a hipótese do art. 30, IV, da Lei 8.212/91, que diz que "as empresas que integram grupo econômico de qualquer natureza respondem entre si, solidariamente, pelas obrigações" porquanto restou evidenciado que se trata de empresas que atuam no mesmo endereço, com sócios ou mandatários em comum, no mesmo ramo de confecções, que há admissão e demissão de empregados com sucessiva admissão em uma das demais empresas deixando contribuições impagas, dentre outros fatos que revelam a unidade de atuação empresarial. – Não conhecimento do argumento da decadência trazido pelo Autor em apelação, sendo que o art. 267, § 3º, do CPC admite tal conhecimento quando matéria de defesa. (Tribunal Regional Federal da 4ª Região, Segunda Turma, AC 200370010016160, DJ 18/01/2006, p. 631)

Por outro lado, localizam-se precedentes que validam a configuração do grupo econômico para fins previdenciários com base simplesmente na existência de vínculo societário.

PROCESSUAL CIVIL. PREVIDENCIÁRIO E TRIBUTÁRIO. EXECUÇÃO FISCAL. AGRAVO LEGAL. GRUPOS EMPRESARIAIS. RESPONSABILIDADE SOLIDÁRIA PELAS OBRIGAÇÕES PREVIDENCIÁRIAS. LEI N° 8.212/1991. GRUPO DE QUALQUER NATUREZA. INCLUSÃO DA SIMPLES PARTICIPAÇAO SOCIETÁRIA. PENHORA DE ATIVOS FINANCEIROS. LOCALIZAÇÃO DE OUTROS BENS PENHORÁVEIS. DESNECESSIDADE. JURISPRUDÊNCIA DO SUPERIOR TRIBUNAL DE JUSTIÇA. AGRAVO IMPROVIDO. I. A formação de grupos empresariais implica a participação, a influência coletiva no exercício de atividade econômica de cada integrante. As decisões tomadas pelo conglomerado financeiro produzem efeitos na estrutura produtiva dos agentes econômicos envolvidos, fazendo-o praticar atos, negócios que provocam o nascimento de relações jurídicas. Justifica-se que a responsabilidade pelas obrigações surgidas recaia sobre todos os componentes do grupo. II. A Lei n° 8.212/1991, no artigo 30, IX, prevê expressamente a responsabilidade solidária das sociedades integrantes de grupo econômico pelo pagamento das contribuições à Seguridade Social. Não se trata de responsabilidade tributária de terceiros ou por infrações, mas de solidariedade obrigacional, decorrente da consumação de fatos geradores de interesse comum, nos termos do artigo 124, I, do Código Tributário Nacional. III. Ademais, o legislador, ao empregar a expressão "grupo de qualquer natureza", dispensou a formalização da interação empresarial. Assim, todas as formas de coligação, inclusive a simples participação acionária (artigo 1.097 do Código Civil), justificam a atribuição de responsabilidade tributária aos agentes econômicos interligados. (...) (Tribunal Regional Federal da Terceira Região, Quinta Turma, AI 00102119020114030000, DJF3 Judicial 1 DATA:14/07/2011, p. 734)

Essa linha de julgamento também repercute no âmbito do Conselho Administrativo de Recursos Fiscais:

SOLIDARIEDADE PASSIVA – INEXISTÊNCIA DOS ELEMENTOS CARACTERIZADORES – LANÇAMENTO CANCELADO – A solidariedade tributária se caracteriza pela existência de interesse jurídico, e não econômico, vinculado à atuação comum ou conjunta da situação que constitui o fato imponível. Para que exista solidariedade, em matéria tributária, deve haver, numa mesma relação jurídica, duas ou mais pessoas caracterizadas como contribuintes, situação em que cada uma delas estará obrigada pelo pagamento integral da dívida.

- O interesse comum na situação que constitua o fato gerador da obrigação principal implica que as pessoas solidariamente obrigadas sejam sujeitos da relação jurídica que deu azo à ocorrência do fato imponível. Fere a lógica jurídico-tributária a integração, no pólo passivo da relação jurídica, de alguém que não tenha tido qualquer participação na ocorrência do fato gerador da obrigação. O procurador de pessoa jurídica, por lhe faltar a condição de sujeito passivo nos atos em que intervém, não pode ser caracterizado como responsável solidário. (Primeiro Conselho de Contribuintes, Segunda Câmara, Acórdão 102-49.245, sessão de julgamento de 10/09/08)

GRUPO ECONÔMICO. COMUNHÃO SOCIETÁRIA. CRITÉRIO INSUFICIENTETE PARA CARACTERIZAÇÃO.

A simples comunhão societária não é suficiente para configurar o grupo de fato, A presença de sócios em comum em entidades distintas não é suficiente para caracterizar grupo econômico, pois o que caracteriza é que uma das empresas controle a outra, fato que não restou evidenciado nos autos. A demonstração da existência de grupo econômico depende de prova contábil, como empréstimos de uma sociedade a outra, assunção de despesas por urna das empresas, investimos na coligada ou controlada. (CARF 2ª Seção / 2ª Turma da 3ª Câmara / ACÓRDÃO 2302-00.512 em 05/07/2010)

Contudo, existem outros precedentes do CARF, que não exigem o vínculo jurídico de direção e controle, para a configuração do grupo econômico para fins previdenciários, consignando que: "Empresas integrantes de grupo econômico de qualquer natureza respondem entre si pelo cumprimento das obrigações estabelecidas pela legislação previdenciária".[8]

Ou, ainda, dando prevalência ao contexto puramente fático: "Se a auditoria fiscal verificar a existência de grupo econômico de fato, deverá caracterizá-lo e atribuir a responsabilidade pelas contribuições não recolhidas ou infrações cometidas aos participantes".[9]

Dessa forma, no âmbito do CARF ainda se espera um posicionamento mais consistente da Câmara Superior de Recursos Fiscais, que possa representar o entendimento consolidado do tribunal administrativo.

No que se refere aos Tribunais Regionais Federais, apesar de estes admitirem a responsabilidade solidária de empresas do mesmo conglomerado econômico, não se nota nas decisões a análise específica dos requisitos necessários à caracterização te tal instituto jurídico, como acontece no Direito do Trabalho.

Na maioria das decisões, o reconhecimento da solidariedade entre as empresas parte de diversos elementos de prova da existência do grupo econômico, vários deles claramente equivocados, como a simples juntada dos atos societários das empresas envolvidas.

Destaquem-se alguns precedentes:

EMBARGOS À EXECUÇÃO FISCAL. DECADÊNCIA. PRESCRIÇÃO. INOCORRÊNCIA. GRUPO ECONÔMICO. CONFIGURAÇÃO. INCRA. SAT. EXIGIBILIDADE.
O artigo 124, I, do CTN e o artigo 30, IX, da Lei n° 8.212/91, admitem a responsabilidade solidária por dívida fiscal entre componentes do mesmo grupo econômico. Havendo prova de que as empresas são integrantes do mesmo grupo econômico e que possuem interesse comum na situação que constituiu o fato gerador da obrigação principal, devem elas permanecerem no pólo passivo da execução. O art. 30, IX, da Lei n° 8.212/91 não macula nenhum preceito constitucional e encontra-se em perfeita consonância com os princípios insculpidos na Magna Carta, pelo quê, rejeito a alegação de inconstitucionalidade desse normativo legal. (Tribunal Regional Federal da Quarta Região, Primeira Turma, AC 200672040030462, julgamento em 07/07/2009)

---

[8] CARF – 2ª Seção. 6ª Turma Especial. Acórdão 2806-00.135 em 02/06/2009.

[9] CARF – 2ª Seção. 4ª Turma. Acórdão 2401.002.254 em 07/02/12.

TRIBUTÁRIO. EMBARGOS DE DECLARAÇÃO. LEI Nº 8.212/91, ART. 30. INC. IX. CONTRIBUIÇÕES SOCIAIS. RESPONSABILIDADE TRIBUTÁRIA. SOLIDARIEDADE. GRUPO ECONÔMICO. CARACTERIZAÇÃO. VEEMÊNCIA DE INDÍCIOS. POSSIBILIDADE.

1 – A responsabilidade tributária frente ao adimplemento de contribuições devidas à Seguridade Social é solidária em se tratando de grupo econômico. Inteligência do disposto no art. 30, inciso IX, da Lei de Custeio.

2 – A veemência de indícios hábeis a caracterizar as empresas como integrantes do mesmo grupo econômico reflete situação apta a respaldar a autuação fiscal, ensejando a responsabilidade tributária solidária.

3 – A presunção juris tantum relativa à existência de grupo econômico pode ser rebatida mediante elementos capazes de fragilizar essa situação, a serem colacionados no âmbito de processo que comporte dilação probatória, o que não é o caso da execução fiscal, mormente no instante em que se última a constrição de bem. (Tribunal Regional Federal da Quarta Região, Segunda Turma, AG 2007.04.00.022987-3, D.E. 28/10/2009)

No segundo acórdão supratranscrito, o relator do processo, em seu voto, destacou com acerto "que a existência de grupo econômico pressupõe, para além da existência de sócio comum, o controle de uma empresa pela outra ou a administração conjunta de ambas, ou seja, é necessário que haja coordenação dos entes empresariais, fato que não restou demonstrado nos autos".

Pelo que foi exposto, entendemos que a discussão sobre a correta aplicação da responsabilidade solidária no campo previdenciário ainda não está pacificada nos Tribunais, havendo decisões que aplicam parâmetros diversos para atestar ou afasta a configuração da existência de um grupo econômico.

Contudo, é comum a exigência de que a fiscalização comprove a existência de alguma forma de interligação, seja a de controle ou administração comum ou de coordenação da atividade das empresas de forma unificada para a caracterização do grupo econômico.

Assim, por exemplo, o simples fato de que várias empresas se apresentam como um grupo econômico para o mercado, devido a controle comum no exterior, mas sem que se demonstre que existe uma unidade de controle ou planificação de atividade de forma que seja interligada a utilização da mão de obra, por si só não pode caracterizar validamente a hipótese de aplicação de responsabilidade solidária.

2.3. Conclusão

A normatividade própria do campo tributário, vinculado fortemente aos princípios da legalidade estrita, tipicidade e capacidade contributiva, impede a responsabilização de terceiros que não tenha vinculação efetiva com o fato gerador da obrigação de recolhimento das contribuições previdenciárias, vinculado à qualidade de empregador ou tomador de serviços.

E nesse contexto, os entendimentos doutrinários e jurisprudenciais existentes no campo trabalhista, que validam a responsabilidade por grupo econômico, com base na coordenação de atividades ou compartilhamento de mão de obra, sem que haja o vínculo jurídico de controle ou direção, não são aplicáveis ao campo do custeio previdenciário. O que é reforçado inclusive pelo entendimento do Superior Tribunal de Justiça, que limita o âmbito de aplicação da regra do artigo 124 do Código Tributário Nacional àqueles contribuintes que atuam conjuntamente na consecução do fato gerador do tributo, não podendo ser utilizada como meio de vinculação daqueles que têm mero interesse econômico ou empresarial no resultado da atividade a este concernente.

E com base nesse pressuposto, concluímos que a válida responsabilização previdenciária pela caracterização de grupo econômico pressupõe sempre a prova pela autoridade tributária da existência no caso concreto da situação fático-jurídica de direção, controle ou administração de uma empresa em fase das outras, com a composição de grupo empresarial.

3. Duas questões controvertidas sobre a contribuição previdenciária sobre a receita bruta

3.1. Introdução[1]

Com o objetivo de iniciar a desoneração da tributação sobre a folha de pagamentos de alguns setores da economia, o Governo Federal editou a Medida Provisória nº 540 em 02/08/2011, instituindo a sistemática substitutiva da incidência da contribuição patronal de 20% sobre a folha de pagamentos dos empregados, prevista no art. 22, I e II, da Lei n. 8.212/91, pela incidência sobre a receita bruta, sendo excluídas as vendas canceladas e descontos incondicionais e as receitas de exportação. De acordo com a Medida Provisória, seriam beneficiadas as empresas que prestassem exclusivamente serviços de Tecnologia da Informação (TI) e Tecnologia de Informação e Comunicação (TIC) (artigo 7º, com alíquota de 2,5%) e setores como o calçadista, de vestuário, de couro (artigo 8º, com alíquota de 1,5%), e sua vigência seria limitada a 31/12/2012.

Após alterações no seu texto, a MP foi convertida na Lei nº 12.546, de 14/12/2011, que estendeu a vigência da substituição da nova contribuição social para dezembro de 2014 e também incluiu as empresas de *Call Center* no rol das que estão submetidas ao novo regime de tributação da contribuição para a seguridade social à alíquota de 2,5% sobre a receita bruta.

Posteriormente, foi publicada a MP 563, recentemente convertida na Lei nº 12.715, de 17 de setembro de 2012. A nova legislação ampliou ainda mais o rol das empresas beneficiadas pelo novo regime de tributação, incluindo as atividades: plásticos, materiais elétricos, transporte rodoviário e aéreo, autopeças, naval, móveis e hotéis. Cabe

---
[1] Publicado originalmente no *site* FISCOSOFT em 18/01/13.

ressaltar que de acordo com a Lei nº 12.715/2012, as alíquotas determinadas sobre a receita bruta foram divididas em: 1% para as empresas que produzem determinados produtos industriais (identificados pelo código da Tabela de Incidência do Imposto sobre Produtos Industrializados – TIPI) e 2% para o setor de serviços como *Call Center*, TI, TIC, hoteleiro e *design houses*. Mais recentemente, no dia 28/12/12, foi editada a Medida Provisória nº 601, que entre outras alterações, incluiu novos setores na sistemática substitutiva, como as empresas de manutenção e de reparação de embarcações e as de varejo que exercem as atividades listadas no seu Anexo. Além disso, excluiu da sistemática substitutiva as empresas aéreas internacionais de bandeira estrangeira de países que estabeleçam, em regime de reciprocidade de tratamento, isenção tributária às receitas geradas por empresas aéreas brasileiras.

A nova contribuição sobre a receita bruta substitui apenas a contribuição patronal de 20% sobre a folha de pagamentos para as atividades vinculadas, não substituindo as demais contribuições incidentes sobre a folha de salário como: salário-educação, seguro de acidente do trabalho – RAT/SAT –, FGTS, e contribuições do Sistema "S" – SEBRAE, SESC/SENAC, SESI/SENAI. Além disso, o empregador deverá continuar retendo e recolhendo a contribuição da parte do empregado sobre a folha de salários.

Existe, ainda, a possibilidade de o contribuinte ficar em regime misto, com a conjugação dos dois sistemas de tributação, isso na hipótese em que o contribuinte aferir outras receitas que não as provenientes das atividades elencadas nos artigos 7º e 8º da Lei nº 12.546/11, em percentual superior a 5% (cinco por cento) do total de suas receitas. Nesse caso, tributarão na sistemática substitutiva as receitas das atividades vinculadas a esse regime; e também manterá a tributação via o regime de folha, reduzindo-se o valor da contribuição a recolher ao percentual resultante da razão entre a receita bruta de atividades não relacionadas aos serviços de que trata o *caput* do art. 7º ou à fabricação dos produtos de que trata o *caput* do art. 8º e a receita bruta total, apuradas no mês.

Ocorre que várias dúvidas e questionamento têm surgido nas empresas vinculadas ao sistema substitutivo, no que se refere a sua correta operacionalização. E a partir de Consultas Fiscais apresentadas por contribuintes, a Receita Federal tem exteriorizado o seu entendimento sobre os questionamentos formulados.

E nesse contexto, foram publicadas recentemente as Soluções de Consulta nº 160 e 161, que trouxeram o entendimento da Receita Federal sobre dois pontos controversos da incidência da contribuição substitutiva sobre a receita bruta: a) a primeira, sobre a incidência ou não da contribuição previdenciária sobre a remuneração, total ou parcialmente, para a competência do Décimo Terceiro Salário, caso no curso do ano a empresa teve período sujeito a essa incidência; b) e, ainda, sobre a incidência ou não da contribuição previdenciária sobre a remuneração, quando do pagamento de condenação trabalhista, ocorrido em período que a empresa está, total ou parcialmente, vinculada ao regime substitutivo.

O presente artigo tem como objetivo a análise do posicionamento externado pela Receita Federal sobre os dois temas, tendo em vista a legislação aplicável.

3.2. Incidência sobre o Décimo Terceiro Salário

A respeito da incidência ou não da contribuição previdenciária sobre a remuneração, de forma total ou parcial, para a competência do Décimo Terceiro Salário, caso no curso do ano a empresa teve período sujeito a essa sistemática de tributação, a Receita Federal do Brasil recentemente publicou a Solução de Consulta nº 160/12, que apresenta a seguinte ementa:

> CONTRIBUIÇÃO SUBSTITUTIVA. EMPRESAS QUE EXERCEM OUTRAS ATIVIDADES ALÉM DAQUELAS SUJEITAS AO REGIME SUBSTITUTIVO. BASE DE CÁLCULO. CONTRIBUIÇÃO SOBRE O DÉCIMO TERCEIRO SALÁRIO. 1. A empresa que exerce, conjuntamente, atividade sujeita à contribuição substitutiva prevista no artigo 8º da Lei nº 12.546, de 2011, e outras atividades não submetidas à substituição, deve recolher: a) a contribuição sobre a receita bruta em relação aos produtos que industrializa e que se acham submetidos ao referido regime; b) a contribuição previdenciária incidente sobre a folha de pagamento prevista no art. 22, incisos I e III, da Lei nº 8.212, de 1991, mediante aplicação de redutor resultante da razão entre a receita bruta dos produtos/atividades não sujeitos ao regime substitutivo e a receita bruta total, utilizando, para apuração dessa razão, o somatório das receitas de todos os estabelecimentos da empresa (matriz e filiais). 2. Se a receita bruta decorrente de atividades não contempladas no art. 8º da Lei nº 12.546, de 2011, for igual ou inferior a 5% (cinco por cento) da receita bruta total, o recolhimento da contribuição previdenciária deverá ser feito sobre a receita bruta total auferida no mês, não sendo devida a contribuição sobre a folha de pagamento prevista nos incisos I e III do art. 22 da Lei nº 8.212, de 1991, e, se a receita bruta oriunda de atividades não previstas no art. 8º for igual ou superior a 95% (noventa e cinco por cento) da receita bruta total, as contribuições previdenciárias deverão ser recolhidas integralmente nos termos do art. 22 da Lei nº 8.212, de 1991, não sendo devida a contribuição sobre a receita bruta. 3. A base de cálculo da contribuição substitutiva prevista nos artigos 7º e 8º da Lei nº 12.546, de 2011, é a receita bruta, considerada sem o ajuste de que trata o inciso VIII do art. 183

da Lei nº 6.404, de 1976, e com exclusão das vendas canceladas, dos descontos incondicionais concedidos, da receita bruta de exportações, do IPI, se incluído na receita bruta, e do ICMS, quando cobrado pelo vendedor dos bens ou prestador dos serviços na condição de substituto tributário. 4. A receita bruta que constitui a base de cálculo da contribuição substitutiva a que se referem os arts. 7º a 9º da Lei nº 12.546, de 2011, compreende a receita decorrente da venda de bens nas operações de conta própria, a receita decorrente da prestação de serviços e o resultado auferido nas operações de conta alheia. 5. Em cada ano-calendário, no período em que a empresa não estiver submetida ao regime substitutivo previsto no art. 8º da Lei nº 12.546, de 2011, ou ao regime misto de que trata o § 1º do art. 9º da referida Lei, será devida a contribuição previdenciária sobre o décimo terceiro salário na forma do art. 22 da Lei nº 8.212, de 1991, apurada proporcionalmente a esse período, sem incidência do redutor de que trata o inciso II do § 1º do art. 9º da Lei nº 12.546, de 2011. 6. Em cada ano-calendário, no período em que a empresa estiver submetida exclusivamente ao regime substitutivo previsto no art. 8º da Lei nº 12.546, de 2011, não será devida a contribuição previdenciária sobre o valor do décimo terceiro salário proporcionalmente a esse período. 7. Em cada ano-calendário, no período em que a empresa estiver submetida ao regime misto previsto no § 1º do art. 9º da Lei nº 12.546, de 2011, será devida a contribuição previdenciária sobre o décimo terceiro salário na forma do art. 22 da Lei nº 8.212, de 1991, apurada proporcionalmente a esse período, com incidência do redutor descrito no inciso II do § 1º do art. 9º da Lei nº 12.546, de 2011, utilizando-se para cálculo desse redutor a receita bruta acumulada nos doze meses anteriores ao mês de dezembro. DISPOSITIVOS LEGAIS: Constituição Federal de 1988, art. 195, § 13; Medida Provisória nº 540, de 2011, arts. 8º e 9º; Medida Provisória nº 563, de 2012, art. 45; Medida provisória nº 582, de 2012, arts. 1º e 2º; Lei nº 12.546, de 2011, arts. 8º e 9º; Lei nº 12.715, de 2012, arts. 55, 56, 78 e 79; Lei nº 8.212, de 1991, art. 22, I e III e art. 28, § 7º; Instrução Normativa RFB nº 971, de 2009, art. 94; Instrução Normativa RFB nº 1.110, de 2010, art. 6º; Parecer Normativo RFB nº 3, de 2012; Ato Declaratório Executivo Codac nº 86, de 2011, art. 1º; Ato Declaratório Executivo Codac nº 93, de 2011, arts. 3º, 4º, 5º e 6º; Ato Declaratório Executivo Codac nº 47, de 2012, art. 1º. MÁRIO HERMES SOARES CAMPOS – Chefe – 6ª Região Fiscal

A Solução de Consulta apresenta o entendimento da Receita Federal sobre o corte temporal e a necessidade de proporcionalização de regimes, no que se refere à competência do Décimo Terceiro Salário. Em síntese, foi apresentado o seguinte posicionamento:

1) no período em que o contribuinte estiver sujeito exclusivamente ao regime substitutivo, não haverá incidência da contribuição sobre folha na competência do Décimo Terceiro Salário;

2) já no período em que o contribuinte não estiver submetido ao regime substitutivo previsto no art. 8º da Lei nº 12.546, de 2011, ou ao regime misto de que trata o § 1º do art. 9º da referida Lei, será devida a contribuição previdenciária de 20% sobre a remuneração, em face do décimo terceiro salário, apurada proporcionalmente a esse período;

3) por fim, no período em que a empresa estiver submetida ao regime misto previsto no § 1º do art. 9º da Lei nº 12.546, de 2011, será

devida a contribuição previdenciária de 20% sobre a remuneração, em face do Décimo Terceiro Salário, apurada proporcionalmente a esse período, e com a incidência do redutor descrito no inciso II do § 1º do art. 9º da Lei nº 12.546, de 2011.

A base legal da incidência proporcional sobre o Décimo Terceiro Salário se encontra nos §§ 3º e 4º do artigo 9º da Lei nº 12.546/11:

> Art. 9º Para fins do disposto nos arts. 7º e 8º desta Lei: § 3º Relativamente aos períodos anteriores à tributação da empresa nas formas instituídas pelos arts. 7º e 8º desta Lei, mantém-se a incidência das contribuições previstas no art. 22 da Lei no 8.212, de 24 de julho de 1991, aplicada de forma proporcional sobre o 13º (décimo terceiro) salário.
>
> § 4º Para fins de cálculo da razão a que se refere o inciso II do § 1º, aplicada ao 13º (décimo terceiro) salário, será considerada a receita bruta acumulada nos 12 (doze) meses anteriores ao mês de dezembro de cada ano-calendário.

Dessa forma, em cada ano-calendário, o contribuinte deverá identificar qual regime de tributação previdenciária no qual esteve vinculado (exclusivamente sobre a folha, exclusivamente sobre a receita, ou misto), para definir o tratamento a ser dado à remuneração paga aos seus empregados, a título de Décimo Terceiro Salário.

Nos casos em que durante todo o curso do ano-calendário o contribuinte estiver sujeito apenas um dos regimes, folha ou receita, não há dúvida, com a aplicação da regra concernente ao sistema de tributação exclusivo.

Contudo, dúvida surge sobre a legalidade da referida disposição legal, na situação em que o contribuinte, no curso do mesmo ano-calendário, teve alterada a sua tributação para o regime substitutivo ou o regime misto, previstos nos artigos 8º e 9º da Lei nº 12.546/11.

No entendimento da Receita Federal, nesta situação haverá a incidência da contribuição previdenciária de 20% sobre a remuneração, que deverá incidir proporcionalmente ao período no qual o contribuinte esteve sujeito exclusivamente a esse sistema de tributação, mesmo que ao final do ano-calendário, quando normalmente ocorre o pagamento efetivo do Décimo Terceiro ou de sua última parcela, o contribuinte já esteja abarcado pela contribuição substitutiva ou o regime misto. A única diferença, no caso do regime ser misto, é a aplicação do redutor previsto no inciso II do § 1º do art. 9º da Lei nº 12.546, de 2011, no cálculo da parcela correspondente a aplicação desse regime.

A determinação legal citada e a sua interpretação pela Receita Federal partem do princípio de que o Décimo Terceiro Salário teria uma espécie de "fato-gerador complexivo", que vai sendo constituído no curso do ano-calendário, com o seu encerramento com o pagamento efetuado em dezembro de cada ano-calendário.

Entretanto, além de questionável, tal determinação produz consequências relevantes para os contribuintes que foram inseridos no sistema substitutivo de tributação previdenciária pela Lei nº 12.715/12, com eficácia a partir de agosto de 2012.

Para essas empresas, quando do pagamento do Décimo Terceiro do ano-calendário de 2012 aos seus funcionários, o seu sistema de tributação previdenciário, exclusivo ou misto, é o da incidência sobre a receita bruta em substituição ao regime original sobre a remuneração.

E apesar de já eficaz o regime substitutivo, a Receita Federal entende que a empresa deverá proporcionalizar a tributação sobre a competência do Décimo Terceiro Salário, com a incidência da contribuição sobre folha no período anterior a entrada em vigor do regime substitutivo.

Assim, tendo entrado em vigor o regime substitutivo, no exemplo considerado, em agosto de 2012, a empresa deverá proporcionalizar o valor do Décimo Terceiro Salário aos seis meses de incidência do regime de folha (janeiro a julho de 2012), com a incidência da contribuição de 20% sobre o resultado dessa proporção.

Na prática, a Receita Federal busca reduzir o efeito da chamada "desoneração da folha" sobre o pagamento do Décimo Terceiro, com a manutenção da tributação de 20% sobre parcela dessa remuneração.

Ocorre que é defensável que o entendimento da Receita Federal é juridicamente incorreto e abusivo.

No caso do Décimo Terceiro Salário, o fato gerador da contribuição previdenciária sobre folha ocorre no momento do seu pagamento, nos termos expressos dos artigos 52, III, "h", e 96 da Instrução Normativa RFB nº 971/09, com exceção da antecipação no caso de rescisão do contrato de trabalho. Cite-se:

> Art. 52. Salvo disposição de lei em contrário, considera-se ocorrido o fato gerador da obrigação previdenciária principal e existentes seus efeitos:
> (...)
> III – em relação à empresa:
> h) no mês do pagamento ou crédito da última parcela do décimo terceiro salário, observado o disposto nos arts. 96 e 97;
> Art. 96. O vencimento do prazo de pagamento das contribuições sociais incidentes sobre o décimo terceiro salário, exceto no caso de rescisão, dar-se-á no dia 20 de dezembro, antecipando-se o prazo para o dia útil imediatamente anterior se não houver expediente bancário naquele dia.

Parágrafo único. Caso haja pagamento de remuneração variável em dezembro, o pagamento das contribuições referentes ao ajuste do valor do décimo terceiro salário deve ocorrer no documento de arrecadação da competência dezembro, considerando-se para apuração da alíquota da contribuição do segurado o valor total do décimo terceiro salário.

Para essa análise não é necessário, nem mesmo, se lançar mão do entendimento de que o fato gerador da contribuição previdenciária sobre a remuneração ocorre sempre no seu pagamento, e não na data da execução do trabalho, tema do próximo item; já que mesmo se entendendo que o fato gerador é aferido no regime de competência (momento em que a remuneração se torna legalmente devida), não se tem dúvida de que o pagamento do Décimo Terceiro somente é exigível pelo empregado em novembro (vencimento da primeira parcela) e no dia 20/12 (vencimento da segunda parcela).

Sobre a vinculação do fato gerador da contribuição previdenciária ao regime de competência, materializando-se no momento em que exigível o pagamento da remuneração, recentemente se manifestou a Segunda Turma do Supremo Tribunal Federal, em decisão relatada pelo Ministro Joaquim Barbosa, e assim ementada:

> PROCESSUAL CIVIL. PREQUESTIONAMENTO. AUSÊNCIA. TRIBUTÁRIO. CONTRIBUIÇÃO SOCIAL DESTINADA AO CUSTEIO DA PREVIDÊNCIA SOCIAL. REMUNERAÇÃO. DEFINIÇÃO DO CRITÉRIO TEMPORAL: REGIME DE COMPETÊNCIA OU REGIME DE CAIXA. 1. Falta ao acórdão recorrido o debate acerca das questões específicas invocadas nas razões de recurso extraordinário. 2. Aplica-se à tributação da pessoa jurídica, para as contribuições destinadas ao custeio da seguridade social, calculadas com base na remuneração, o regime de competência. Assim, o tributo incide no momento em que surge a obrigação legal de pagamento, independentemente se este irá ocorrer em oportunidade posterior. Agravo regimental ao qual se nega provimento. (RE 419612 AgR/PR – AG.REG. NO RECURSO EXTRAORDINÁRIO – Rel. o Min. Joaquim Barbosa do STF – julgado em 01.03.2011 – DJe-065 DIVULG 05-04-2011 PUBLIC 06-04-2011)

O Superior Tribunal de Justiça também apresenta precedentes nesse sentido:

> TRIBUTÁRIO. CONTRIBUIÇÃO PREVIDENCIÁRIA. LEI 9.783/99. FATO GERADOR. PERCEPÇÃO DA REMUNERAÇÃO. GRATIFICAÇÃO NATALINA. MÊS DE DEZEMBRO. 1. O fato gerador da contribuição previdenciária prevista na Lei 9.783/99 é a percepção da remuneração pelo servidor ou pensionista. 2. A regra é aplicável à gratificação natalina, sendo irrelevante, para esse fim, que a aquisição do direito à referida verba dê-se ao longo do ano, a cada mês ou fração superior a 15 dias (Lei 8.112/90, art. 63). 3. Sendo assim, nos moldes do art. 144 do CTN, a tributação da verba deve ser feita em conformidade com a lei vigente no momento do pagamento, que é ordinariamente o mês de dezembro (Lei 8.112/90, art. 64). 4. Recurso especial provido. (REsp 462986/RS, Rel. Ministro TEORI ALBINO ZAVASCKI, Primeira Turma, julgado em 17/05/2005, DJ 30/05/2005, p. 214)

TRIBUTÁRIO. CONTRIBUIÇÃO PREVIDENCIÁRIA. SERVIDORES PÚBLICOS. DÉCIMO TERCEIRO SALÁRIO (GRATIFICAÇÃO NATALINA). ANO DE 1999. INCIDÊNCIA SOBRE A TOTALIDADE DA GRATIFICAÇÃO. 1. "O fato gerador da contribuição previdenciária prevista na Lei 9.783/99 é a percepção da remuneração pelo servidor ou pensionista. A regra é aplicável à gratificação natalina, sendo irrelevante, para esse fim, que a aquisição do direito à referida verba dê-se ao longo do ano, a cada mês ou fração superior a 15 dias (Lei 8.112/90, art. 63)" (REsp 462.986/RS, Rel. Ministro TEORI ALBINO ZAVASCKI, PRIMEIRA TURMA, DJ de 30.05.2005, p. 214). No mesmo sentido: REsp 873.308/RS, Rel. Ministro CASTRO MEIRA, Segunda Turma, DJ de 31.10.2006, p. 275). 2. Recurso Especial provido. (REsp 461030/SC, Rel. Ministro HERMAN BENJAMIN, Segunda Turma, julgado em 17/04/2007, DJe 03/09/2008)

O Ministro Teori Zavascki, ao proferir seu voto no julgamento do Recurso Especial nº 462.986/RS, corretamente diferenciou o fato gerador da incidência da contribuição previdenciária sobre o Décimo Terceiro Salário, que é o seu pagamento, do requisito legal da percepção do direito a este, que ocorre ao final do ano. Cite-se:

No caso dos autos, tem-se que o fato gerador da contribuição previdenciária é o efetivo recebimento da remuneração pelo servidor, que ocorre, normalmente, a cada mês de dezembro (Lei 8.112/90, art. 64). Não tem qualquer relevância, nesse âmbito, a circunstância de que a aquisição do direito ao décimo terceiro salário dê-se ao longo do ano, a cada mês ou fração superior a 15 dias (Lei 8.112/90, art. 63).

A evidenciar a impossibilidade de que se considere ocorrido mês a mês o fato gerador da contribuição incidente sobre o Décimo Terceiro, e constituído o respectivo crédito tributário, está o fato de que sua base de incidência somente é conhecida no mês de dezembro de cada ano, de acordo com a regra do art. 63, *caput*, da Lei 8.112/90, que dispõe que: "A gratificação natalina corresponde a 1/12 (um doze avos) da remuneração a que o servidor fizer jus no mês de dezembro, por mês de exercício no respectivo ano".

O Ministro traz na sua argumentação a regra do artigo 63 da Lei nº 8.112/90, por estar analisando uma questão vinculada ao regime de remuneração dos servidores públicos civis da União Federal. Mas a mesma lógica jurídica se aplica à remuneração dos trabalhadores do ramo privado, já que o artigo 1º da Lei nº 4.090/62 deixa expresso que o direito à percepção dessa verba ocorre em dezembro de cada ano, ao dispor que: "No mês de dezembro de cada ano, a todo empregado será paga, pelo empregador, uma gratificação salarial, independentemente da remuneração a que fizer jus".

A correta delimitação do momento da ocorrência da contribuição previdenciária sobre a remuneração não deixa dúvida que, havendo o pagamento da primeira e da segunda parcela do Décimo Terceiro em meses nos quais já vigente a contribuição substitutiva, não é possível a exigência, mesmo que proporcional, da contribuição de 20% sobre essa remuneração.

Caso contrário, teríamos a incidência da contribuição sobre um fato ocorrido quando não mais vigente, para o contribuinte vinculado à contribuição substitutiva, a norma de incidência do artigo 22 da Lei n° 8.212/91; ou, ainda, quando a sua vigência se dá pelo regime misto instituído pela Lei n° 12.546/11.

O artigo 22 da Lei n° 8.212/91 é expresso no sentido de que a contribuição incide sobre a remuneração paga, devida ou creditada, a qualquer título, durante o mês, aos segurados empregados e trabalhadores avulsos que prestem serviços ao contribuinte, e destinadas a retribuir o trabalho prestado.

Já o Décimo Terceiro Salário somente é devido na data legalmente fixada para o pagamento da primeira parcela e do seu complemento, que ocorrem, respectivamente até o mês de novembro e 20 de dezembro. Antes disso, não ocorreu nenhum dos fatos que geram a incidência tributária, que é o pagamento/creditamento ou a possibilidade de sua exigibilidade pelo beneficiário da remuneração.

Não por outro motivo, o já citado artigo 52 da Instrução Normativa n° 971/09 diferencia o momento da incidência da contribuição sobre a remuneração mensal, daquele referente ao pagamento do décimo terceiro salário. Vide:

> Art. 52. Salvo disposição de lei em contrário, considera-se ocorrido o fato gerador da obrigação previdenciária principal e existentes seus efeitos: (...)
> III – em relação à empresa: a) no mês em que for paga, devida ou creditada a remuneração, o que ocorrer primeiro, a segurado empregado ou a trabalhador avulso em decorrência da prestação de serviço;
> (...)
> h) no mês do pagamento ou crédito da última parcela do décimo terceiro salário, observado o disposto nos arts. 96 e 97;

A norma, não de forma gratuita, não vinculou o momento da incidência da contribuição sobre o Décimo Terceiro ao momento em que é devida a verba, e sim exclusivamente ao seu pagamento ou crédito, confirmando que o fato do direito a sua percepção ocorrer no curso do ano, não elide que o seu fato gerador somente ocorre quando da sua liquidação.

A dissociação da exigência tributária da correta delimitação do aspecto temporal da norma de incidência, contraria o princípio da legalidade e a regra do artigo 144 do Código Tributário Nacional, segundo a qual: "O lançamento reporta-se à data da ocorrência do fato gerador da obrigação e rege-se pela lei então vigente, ainda que posteriormente modificada ou revogada".

Portanto, consideramos sólido o entendimento de que a inclusão do § 3º ao artigo 9º da Lei nº 12.546/11, pela Lei nº 12.715/12, é ilegal, por contrariar o próprio aspecto temporal da norma de incidência do artigo 22 da Lei nº 8.212/91, fazendo incidir a tributação sobre fato não mais alcançado pela sua previsão legal.

3.3. Incidência no pagamento de condenação trabalhista

A Receita Federal, ao exarar a Solução de Consulta nº 161/12, exteriorizou o seu entendimento sobre como se dá a incidência da contribuição previdenciária substitutiva sobre os pagamentos decorrentes de decisões trabalhistas, conforme a seguinte ementa:

CONTRIBUIÇÃO SUBSTITUTIVA. EMPRESAS QUE EXERCEM OUTRAS ATIVIDADES ALÉM DAQUELAS SUJEITAS AO REGIME SUBSTITUTIVO. BASE DE CÁLCULO. CONTRIBUIÇÃO DECORRENTE DE RECLAMATÓRIAS TRABALHISTAS. 1. A empresa que exerce, conjuntamente, atividade sujeita à contribuição substitutiva prevista no artigo 8º da Lei nº 12.546, de 2011, e outras atividades não submetidas à substituição, deve recolher: a) a contribuição sobre a receita bruta em relação aos produtos que industrializa e que se acham submetidos ao referido regime; b) a contribuição previdenciária incidente sobre a folha de pagamento prevista no art. 22, incisos I e III, da Lei nº 8.212, de 1991, mediante aplicação de redutor resultante da razão entre a receita bruta dos produtos/atividades não sujeitos ao regime substitutivo e a receita bruta total, utilizando, para apuração dessa razão, o somatório das receitas de todos os estabelecimentos da empresa (matriz e filiais). 2. Se a receita bruta decorrente de atividades não contempladas no art. 8º da Lei nº 12.546, de 2011, for igual ou inferior a 5% (cinco por cento) da receita bruta total, o recolhimento da contribuição deverá ser feito sobre a receita bruta total auferida no mês, não sendo devida a contribuição sobre a folha de pagamento prevista nos incisos I e III do art. 22 da Lei nº 8.212, de 1991. 3. Se a receita bruta oriunda de atividades não previstas no art. 8º for igual ou superior a 95% (noventa e cinco por cento) da receita bruta total, as contribuições previdenciárias deverão ser recolhidas integralmente nos termos do art. 22 da Lei nº 8.212, de 1991, não sendo devida a contribuição sobre a receita bruta. 4. A base de cálculo da contribuição substitutiva prevista nos artigos 7º e 8º da Lei nº 12.546, de 2011, é a receita bruta, considerada sem o ajuste de que trata o inciso VIII do art. 183 da Lei nº 6.404, de 1976, e com exclusão das vendas canceladas, dos descontos incondicionais concedidos, da receita bruta de exportações, do IPI, se incluído na receita bruta, e do ICMS, quando cobrado pelo vendedor dos bens ou prestador dos serviços na condição de substituto tributário. 5. A receita bruta que constitui a base de cálculo da contribuição substitutiva a que se referem os arts. 7º a 9º da Lei nº 12.546, de 2011, compreende a receita decorrente da venda de bens nas operações de conta própria, a receita decorrente da prestação de serviços e o resultado auferido nas operações de conta alheia. 6. Como nas reclamatórias trabalhistas o fato gerador da contribuição previdenciária ocorre na data da prestação dos serviços e rege-se pela legislação então vigente, sendo o período dessa prestação de serviços anterior àquele em que a empresa submete-se à contribuição substitutiva, o cálculo da contribuição será feito na forma do art. 22 da Lei nº 8.212, de 1991, utilizando-se como base de cálculo o valor da remuneração apurada judicialmente. 7. Quando o período da prestação de serviços recair sobre aquele em que a empresa sujeita-se ao regime substitutivo de que tratam os artigos 7º e 8º da Lei nº 12.546, de 2011, a contribuição previdenciária oriunda de ações trabalhistas: a) não será devida, se a receita bruta da empresa decorrer exclusivamente das atividades descritas nos arts. 7º ou 8º da Lei nº 12.546, de 2011, e b) será devida na forma dos incisos I e III do art. 22 da Lei nº 8.212, de 1991, sobre o valor da remuneração decorrente da sentença ou do acordo homologado, com incidência do redutor de que trata o inciso II do § 1º do art. 9º da Lei nº 12.546, de 2011, se a receita bruta da empresa for oriunda de atividades descritas nos arts. 7º ou 8º da Lei nº 12.546, de 2011, e de outras atividades não contempladas nesses dispositivos. MÁRIO HERMES SOARES CAMPOS – Chefe – 6ª Região Fiscal.

Para definir como deve ocorrer a incidência da contribuição previdenciária substitutiva sobre os pagamentos decorrentes de decisões trabalhistas, a Solução de Consulta parte do pressuposto de que: "nas reclamatórias trabalhistas o fato gerador da contribuição previdenciária ocorre na data da prestação dos serviços e rege-se pela legislação então vigente".

E a partir desse marco temporal, fixou-se que:

1) se a prestação de serviço, a que se refere à condenação trabalhista, ocorreu em período anterior à vigência da contribuição substitutiva, o valor do pagamento será tributado pela contribuição previdenciária sobre a remuneração, nos termos do artigo 22 da Lei nº 8.212/91;

2) por outro lado, se a prestação de serviço, a que se refere a condenação trabalhista, ocorreu em período em que já vigente a contribuição substitutiva, não haverá tributação previdenciária sobre o pagamento (caso a empresa esteja no regime exclusivo) ou haverá a tributação sobre a remuneração, nos termos do artigo 22 da Lei nº 8.212/91, com a aplicação do redutor previsto no art. 9º da Lei nº 12.546/11, se a empresa estiver no regime misto.

Contudo, a definição do momento temporal da ocorrência do fato gerador da contribuição previdenciária sobre a remuneração, notadamente quando vinculada a condenação trabalhista, não é pacífica na doutrina e na jurisprudência.

E essa controvérsia tomou novos contornos com a alteração do artigo 43 da Lei nº 8.212/91, efetuada pela Lei nº 11.941/09:

> Art. 43. Nas ações trabalhistas de que resultar o pagamento de direitos sujeitos à incidência de contribuição previdenciária, o juiz, sob pena de responsabilidade, determinará o imediato recolhimento das importâncias devidas à Seguridade Social.

§ 1º Nas sentenças judiciais ou nos acordos homologados em que não figurarem, discriminadamente, as parcelas legais relativas às contribuições sociais, estas incidirão sobre o valor total apurado em liquidação de sentença ou sobre o valor do acordo homologado. (Incluído pela Lei nº 11.941, de 2009). § 2º Considera-se ocorrido o fato gerador das contribuições sociais na data da prestação do serviço. § 3º As contribuições sociais serão apuradas mês a mês, com referência ao período da prestação de serviços, mediante a aplicação de alíquotas, limites máximos do salário-de-contribuição e acréscimos legais moratórios vigentes relativamente a cada uma das competências abrangidas, devendo o recolhimento ser efetuado no mesmo prazo em que devam ser pagos os créditos encontrados em liquidação de sentença ou em acordo homologado, sendo que nesse último caso o recolhimento será feito em tantas parcelas quantas as previstas no acordo, nas mesmas datas em que sejam exigíveis e proporcionalmente a cada uma delas.

A alteração normativa incluiu a determinação de que se considera ocorrido o fato gerador das contribuições previdenciárias na data da prestação do serviço, quando do pagamento de decisão trabalhista que reconheça direitos sujeitos à incidência previdenciária.

O seu objetivo foi elidir o entendimento então corrente na Justiça do Trabalho, que na execução das contribuições previdenciárias vinculadas ao pagamento da condenação trabalhista, considera-se ocorrido o fato gerador na data do pagamento, e não da prestação de serviço reconhecida. Nesse sentido:

> AGRAVO DE INSTRUMENTO – EXECUÇÃO – CONTRIBUIÇÃO PREVIDENCIÁRIA – FATO GERADOR – JUROS DE MORA E MULTA – NÃO PROVIMENTO – 1- Nos termos da jurisprudência consolidada desta Corte Superior, o fato gerador da contribuição previdenciária é o pagamento do crédito devido ao empregado e não a data da efetiva prestação dos serviços. 2- Recurso de revista obstado pela Súmula nº 333. 3- Agravo de instrumento a que se nega provimento. (TST – AIRR 2788/2005-031-02-40.3 – Rel. Min. Guilherme Augusto Caputo Bastos – DJe 21.05.2010 – p. 1601)
>
> FATO GERADOR DA INCIDÊNCIA DE JUROS DE MORA E MULTA SOBRE CONTRIBUIÇÕES PREVIDENCIÁRIAS ÓBICE DA SÚMULA 333 DO TST – 1- Consoante a jurisprudência consolidada desta Corte superior, o fato gerador da contribuição previdenciária é o pagamento do crédito devido ao empregado e não a data da efetiva prestação dos serviços, sendo que os juros e a multa moratória incidirão apenas a partir do dia dois do mês seguinte ao da liquidação da sentença (TST-AIRR-333/2005-013-03-40.6, Rel. Min. Lelio Bentes Corrêa, 1ª Turma, DJ de 29/08/08; TST-AIRR 3.569/1997-016-12-40.3, Rel. Min. Simpliciano Fernandes, 2ª Turma, DJ de 06/02/09; TST-AIRR782/2001-126-15-41.2, Rel. Min. Carlos Alberto, 3ª Turma, DJ de 13/02/09; TST-RR-668/2006-114-15-40.4, Rel. Min. Maria de Assis Calsing, 4ª Turma, DJ de 20/02/09; TST-RR-729/2002-022-03-40.1, Rel. Min. Emmanoel Pereira, 5ª Turma, DJ de 17/10/08; TST-RR11/2005-029-15-85.5, Rel. Min. Aloysio Corrêa da Veiga, 6ª Turma, DJ de 12/12/08; TST-AIRR-678/2006-114-15-40.0, Rel. Min. Caputo Bastos, 7ª Turma, DJ de 03/10/08; TST-AIRR-1.404/2005-105-0340.1, Rel. Min. Dora Maria da Costa, 8ª Turma, DJ de 28/11/08). 2- Assim sendo, a decisão recorrida não merece reforma, pois proferida em consonância com o entendimento atual e dominante desta

Corte, incidindo, portanto, sobre o recurso de revista o óbice da Súmula 333 do TST. Recurso de revista não conhecido. (TST – RR 171300-97.2007.5.20 – Rel. Min. Maria Doralice Novaes – DJe 09.04.2010 – p. 1712)

A definição do momento da ocorrência do fato gerador das contribuições previdenciárias sobre a remuneração é controversa, havendo duas linhas de entendimento, que o fixam na data da prestação do trabalho/serviço ou na data do pagamento ou creditamento da verba.

O entendimento mais exteriorizado é o de que o fato gerador ocorre quando da prestação do serviço ou trabalho, tendo em vista a determinação do artigo 22, I, da Lei nº 8.212/91, de que as contribuições previdenciárias incidem sobre as "remunerações pagas, devidas ou creditadas a qualquer título, durante o mês, aos segurados empregados e trabalhadores avulsos que lhe prestem serviços, destinadas a retribuir o trabalho".

E como a remuneração "devida", mesmo que não paga, já integraria o salário de contribuição, a ocorrência do fato gerador se daria na prestação do serviço que lhe dá ensejo.

Nesse sentido, é a doutrina de Wladimir Novaes Martinez:[2]

> Na verdade, o fato gerador da obrigação previdenciária acontece com o direito agregado ao patrimônio do trabalhador, confirmado pela quitação da remuneração, devendo-se, examinar, em particular, os casos onde ela não acontece por vontade do empregador ou empregado. A certeza de ser o crédito e não apenas o pagamento constituído a favor do trabalhador, a ele pertinente, mesmo não embolsado o numerário, aumentou com o artigo 3º da Lei nº 7.787/89, a primeira a fornecer expressamente elementos definidores do fato gerador. É crédito jurídico, não o contábil, ou seja, constituído o direito, ele determina o momento do aperfeiçoamento, não sendo relevante a declaração formal de sua existência. Basta ao trabalhador fazer jus.

O regime de incidência seria, então, o de competência ou não o de caixa, conforme consignou recentemente a Primeira Turma do Supremo Tribunal Federal, na decisão cuja ementa está transcrita no item anterior.

Na mesma linha se localizam precedentes do Superior Tribunal de Justiça:

> TRIBUTÁRIO. AGRAVO REGIMENTAL. AGRAVO DE INSTRUMENTO. CONTRIBUIÇÃO PREVIDENCIÁRIA SOBRE O PAGAMENTO DE SALÁRIOS. FATO GERADOR. DATA DO RECOLHIMENTO. I – O fato gerador da contribuição previdenciária não é o pagamento do salário, mas a relação laboral existente entre o empregador e o empregado, dessa forma o recolhimento da contribuição previdenciária deve ser efetuado a cada mês, após vencida a atividade laboral do período, independentemente da data

---

[2] MARTINEZ, Wladimir Novaes. *Comentários à lei básica da previdência social.* 4ª ed. São Paulo: LTr, 2003, p. 309-331.

do pagamento do salário. II – Agravo regimental improvido. (AgRg no Ag 618570/PR, Rel. Ministro FRANCISCO FALCÃO, PRIMEIRA TURMA, julgado em 02/12/2004, DJ 14/03/2005, p. 211)

Já a outra linha de entendimento defende que o fato gerador das contribuições previdenciárias ocorre quando a remuneração é paga ou creditada em favor do beneficiário, exteriorizando a capacidade contributiva a que vincula essa incidência.

Tal raciocínio busca amparo na regra de competência do artigo 195, I, "a", da Constituição Federal, que dispõe sobre a incidência da contribuição do empregador sobre:

> A folha de salários e demais rendimentos do trabalho pagos ou creditados, a qualquer título, à pessoa física que lhe preste serviço, mesmo sem vínculo empregatício.

A previsão constitucional se limitaria à incidência sobre rendimentos pagos ou creditados, não dispondo que o fato da verba ser juridicamente devida, por si só, implicaria a ocorrência do fato gerador da contribuição previdenciária. Nessa linha, a disposição da Lei nº 8.212/91 estaria em desacordo com o texto constitucional.

Tal raciocínio foi abarcado pelo Pleno do Supremo Tribunal Federal no julgamento do Recurso Extraordinário nº 569.056-3/PR, no qual o INSS buscou o reconhecimento de que caberia à Justiça Trabalhista a execução das contribuições previdenciárias, mesmo nas condenações em que não se apura valor devido, como no caso de exclusivo reconhecimento de vínculo empregatício. Cite-se trecho do voto do Ministro-Relator Menezes Direito:

> Em verdade, a conclusão a que chegou a decisão no sentido de que o fato gerador é a própria constituição da relação trabalhista inova em relação ao que foi previsto na lei e até na Constituição. Segundo o inciso I, "a", do art. 195, a contribuição social do empregador incide sobre: "A folha de salários e demais rendimentos do trabalho pagos ou creditados, a qualquer título, à pessoa física que lhe preste serviço, com ou sem vínculo empregatício".
> Ora, seja semanal, quinzenal ou mensal, a folha de salários é emitida periodicamente, e periodicamente são pagos ou creditados os rendimentos do trabalho. É sobre essa folha periódica ou sobre essas remunerações periódicas que incide a contribuição. E por isso ela é devida também periodicamente, de forma sucessiva, seu fato gerador sendo o pagamento ou creditamento do salário. Não se cuida de um fato gerador único, reconhecido apenas na constituição da relação trabalhista. Mas tampouco se cuida de um tributo sobre o trabalho prestado ou contratado, a exemplo do que se dá com a propriedade ou o patrimônio, reconhecido na mera existência da relação jurídica.
> Como sabido, não é possível, no plano constitucional, norma legal estabelecer fato gerador diverso para a contribuição social de que cuida o inciso I, "a", do art. 195 da Constituição Federal.
> O receio de que, sendo nosso sistema de previdência social contributivo e obrigatório, a falta de cobrança de contribuição nas circunstâncias pretendidas pelo INSS não

pode justificar toda uma argumentação que para atingir seu desiderato viole o art. 195 da Constituição e ainda passe ao largo de conceitos primordiais do Direito Processual Civil, como o princípio da *nulla executio sine titulo*, e do Direito das Obrigações, como os de débito e responsabilidade (*Schuld und Haftungn*) que, no Direito Tributário, distinguem virtualmente a obrigação do crédito tributário devidamente constituído na forma da lei.

Com base nas razões acima deduzidas, entendo não merecer reparo a decisão do Tribunal Superior do Trabalho no sentido de que a execução das contribuições previdenciárias atinentes ao vínculo de trabalho reconhecido na decisão, mas sem condenação ou acordo quanto ao pagamento de verbas salariais que lhe possam servir como base de cálculo. Conheço do extraordinário e lhe nego provimento.

No referido julgado, o Pleno de STF considerou que a regra de competência constitucional para a incidência da contribuição previdenciária seria o pagamento ou creditamento da remuneração, e não a existência do direito à sua percepção.

Consideramos que a compatibilização da locução "devida", constante da regra de incidência do artigo 22 da Lei nº 8.212/91, com a previsão constitucional, demanda que se considere como fato gerador aquela a remuneração já formalizada em folha de salário pelo empregador, mesmo que não paga. Nesse caso, já há a exteriorização do fato indicativo de capacidade contributiva, com o reconhecimento do empregador de que há determinado valor devido em face do trabalho prestado pelo beneficiário.

Contudo, se não há o pagamento efetivo ou a formalização pelo empregador, do reconhecimento de que é devida a remuneração (via de regra pelo seu lançamento em folha de salários), é juridicamente defensável que ainda não houve ainda a implementação do fato gerador das contribuições previdenciárias previstas reguladas pela Lei nº 8.212/91.

Tal situação é ainda mais patente no caso em que a remuneração tem o seu pagamento decorrente de decisão proferida pela Justiça do Trabalho, quando não anteriormente declarada como devida pelo empregador. Exemplo do caso de agregação à remuneração do trabalhador de utilidades como veículos ou habitação, quando do cálculo das verbas rescisórias; ou ainda a incorporação de adicional de insalubridade. Nessa hipótese, o empregador não considerava devida a incorporação de utilidade no cálculo da remuneração salarial, o que somente se implementou com a decisão da Justiça do Trabalho. A situação é diversa daquela em que o empregador, após declarar o valor da verba em sua folha de pagamentos, reconhecendo-a como devida, simplesmente deixa de efetuar o pagamento ao empregado.

E sendo a Justiça do Trabalho o ente competente para a execução das contribuições previdenciárias vinculadas à condenação laboral, é defensável que o fato gerador ocorre de forma concomitante ao pagamento das verbas, já que decorrente do ato judicial. Nesse sentido, cite-se a abalizada doutrina do Desembargador Jales Valadão Cardoso, do TRT da 3ª Região:[3]

> Mas, no âmbito da competência restrita da Justiça do Trabalho, a sentença que defere parcelas de natureza jurídica salarial, tributáveis pela incidência da contribuição previdenciária, tem dupla natureza (declaratória do direito e constitutiva da obrigação de pagar), tanto na área trabalhista quanto na tributária. Antes dessa sentença, o empregador não reconhecia o direito vindicado, portanto, existia apenas a pretensão do empregado, manifestada na petição inicial, normalmente contestada. Como mero objeto da litiscontestação, não pode ser considerado como obrigação exigível. A certeza sobre a existência desse direito (e dessa parcela tributável) surge com o trânsito em julgado da sentença proferida em ação reclamatória, ou daquela que homologa o termo de acordo judicial. E atrai a aplicação da regra da alínea "a" inciso I artigo 195 da Constituição Federal, que define o fato gerador da contribuição previdenciária, porque constitui o crédito trabalhista (ou, em outras palavras, credita seu valor no patrimônio jurídico do empregado).

Esse entendimento, conforme já visto, é tradicional no âmbito trabalhista, estando inclusive incorporado ao art. 83 da Consolidação dos Provimentos da Justiça do Trabalho:

> Art. 5º. O fato gerador da incidência da contribuição previdenciária, constitutiva do débito, é o pagamento de valores alusivos a parcelas de natureza remuneratória (salário-de-contribuição), integral ou parcelado, resultante de sentença condenatória ou de conciliação homologada, efetivado diretamente ao credor ou mediante depósito da condenação para extinção do processo ou liberação de depósito judicial ao credor ou seu representante legal.

E existem, ainda, precedentes considerando que a alteração do artigo 43 da Lei nº 8.212/91 pela Lei nº 11.941/09 produz efeito apenas para labor ocorrido posteriormente a sua introdução:

> CONTRIBUIÇÃO PREVIDENCIÁRIA – FATO GERADOR – LEI N. 11.941/2009 – PRINCÍPIO DA IRRETROATIVIDADE DA LEI. A aplicação do disposto no § 2º, do art. 43, da Lei n. 8.212/91, com a redação dada pela Lei n. 11.941/2009, que dispõe: "Considera-se ocorrido o fato gerador das contribuições sociais na data da prestação do serviço", está atada ao princípio da irretroatividade da lei. Assim, o fato gerador da contribuição previdenciária será o pagamento ao Reclamante, não havendo como incidir juros e multa desde a prestação dos serviços, época em que sequer se cogitava da existência do direito reconhecido pelo Judiciário. Aplica-se ao caso o disposto no art. 276, *caput*, do Decreto n. 3.048/99, que estabelece o prazo para recolhimento da contribuição social como sendo o dia 02 do mês seguinte ao do pagamento, sendo que

---

[3] Disponível em <http://www.trt3.jus.br/download/artigos/pdf/234_debitos_contribuicao_previdenciaria.pdf>.

as novas regras introduzidas só poderão incidir considerando a data da prestação de serviços no curso do contrato do trabalho, quando o labor ocorrer em data posterior à publicação da referida norma legal. (TRT 3ª Região, AP nº 40200-23.2008-5.03.0111, 9ª Turma, Rel. Juiz Conv. João Bosco Pinto Lara, DEJT 03.02.2010).

Portanto, há efetiva polêmica jurídica com relação à definição do momento da ocorrência do fato gerador das contribuições previdenciárias vinculadas ao pagamento de verba em cumprimento de decisão da Justiça do Trabalho.

E com a instituição da contribuição previdenciária substitutiva para a receita bruta para diversos ramos da atividade econômica, os efeitos da controvérsia se tornarão ainda mais relevantes.

Isso porque é possível se defender que, ocorrendo o pagamento da condenação trabalhista em momento no qual o empregador está sujeito à contribuição substitutiva, ao invés da contribuição patronal de 20% sobre a remuneração, o valor pago somente será base de incidência das demais contribuições (Contribuição ao RAT, contribuição de terceiros, INCRA e FGTS), já que quando ocorrido o fato gerador, não estava mais o empregador sujeito a contribuição do inciso I do artigo 22 da Lei nº 8.212/91 (ou estava sujeito ao regime misto de incidência).

Nessa situação, a desvinculação entre o fato gerador da contribuição previdenciária e a data da prestação do trabalho/serviço teria um efeito ainda mais drástico, de afastar a incidência da contribuição patronal, que seria devida caso paga a verba tempestivamente a prestação, devido à superveniente alteração legislativa. Um posicionamento alternativo, defensável juridicamente e mais razoável, seria o de conhecer a incidência da contribuição patronal de 20% sobre a remuneração, mas sem a incidência de multa e juros desde a data da prestação, devido ao caráter constitutivo do direito Fisco da decisão trabalhista, o que somente geraria mora se descumprido o prazo do artigo 276 do Decreto nº 3.048/91.[4]

E de toda a forma, caberá ao juiz executor da decisão trabalhista reconhecer ou não os efeitos da mudança da legislação, com a introdução da contribuição substitutiva, sobre a incidência da contribuição previdenciária patronal.

Além disso, a referida mudança legislativa trará um novo ônus para o juiz trabalhista, quando se tratar de empresa sujeita exclusivamente ou parcialmente ao sistema de tributação previdenciário sobre

---

[4] Art. 276. Nas ações trabalhistas de que resultar o pagamento de direitos sujeitos à incidência de contribuição previdenciária, o recolhimento das importâncias devidas à seguridade social será feito no dia dois do mês seguinte ao da liquidação da sentença.

a receita bruta, de confirmar a incidência das regras dos artigos 7º, 8º e 9º da Lei nº 12.546/11. Não sendo difícil de imaginar que tal constatação e aplicação normativa poderá, em casos concretos, gerar controvérsias entre o INSS e o contribuinte.

4. Encerramento da controvérsia sobre a tributação do aviso-prévio indenizado[1]

4.1. Introdução

Já dura muito anos a controvérsia entre contribuintes e o Fisco federal sobre a legalidade da inclusão de determinadas rubricas pagas pelo empregador aos seus empregados, no salário de contribuição, base de cálculo das contribuições previdenciárias sobre a remuneração.

Os contribuintes vêm buscando junto ao Poder Judiciário o reconhecimento de que verbas como terço constitucional de férias, aviso-prévio indenizado, auxílios acidente e doença, salários maternidade e paternidade, abono único de convenção, adicional de horas extras, entre outras, não possuem as características da contraprestabilidade, onerosidade e habitualidade, que informam o conceito legal do salário de contribuição.

Recentemente, a matéria teve a sua análise encerrada no Superior Tribunal de Justiça, com o julgamento do Recurso Especial nº 1.230.957/RS,[2] na sistemática dos recursos repetitivos (artigo 543-C do CPC).

Neste julgamento, que ficou conhecido como caso HIDROJET (razão social da recorrente), a Primeira Seção do STJ definiu:

i) Verbas não inclusas no salário de contribuição: aviso-prévio indenizado, terço constitucional de férias, auxílios doença e acidente;

ii) Verbas inclusas no salário de contribuição: salário maternidade e paternidade.

---

[1] Publicado originalmente no site Decisões, em dezembro de 2015.
[2] REsp 1230957/RS, Rel. Ministro MAURO CAMPBELL MARQUES, Primeira Seção, julgado em 26/02/2014, DJe 18/03/2014.

Complementar a este julgamento, e também vinculado à sistemática dos recursos repetitivos, o acórdão proferido pela Primeira Seção, na análise do Recurso Especial nº 1.358.281/SP,[3] no qual se decidiu pela inclusão no salário de contribuição dos adicionais noturno e de periculosidade e as horas extras.

Contudo, apesar da finalização do julgamento desta controvérsia no Superior Tribunal de Justiça, a matéria ainda não está pacificada no que se refere a diversas verbas. Isso porque existem no Supremo Tribunal Federal, pendentes de julgamento, recursos extraordinários com repercussão geral já reconhecida. A saber:

1) Recurso Extraordinário nº 593.068 (tema 163), relator Ministro Roberto Barroso – Análise da constitucionalidade da incidência da contribuição previdenciária sobre terço constitucional de férias, gratificação natalina, serviços extraordinários, adicional noturno e adicional de insalubridade;

2) Recurso Extraordinário nº 576.967 (tema 072), relator Ministro Roberto Barroso – Análise da constitucionalidade da incidência da contribuição previdenciária sobre o salário-maternidade;

3) Recurso Extraordinário nº 565.160 (tema 020), relator Ministro Marco Aurélio – Análise da constitucionalidade da incidência da contribuição previdenciária sobre o salário-maternidade.

O julgamento do RE nº 593.069 já foi iniciado, com o Ministro-Relator Roberto Barroso votando no sentido de que não incide contribuição previdenciária sobre verbas que não são incorporadas aos proventos de aposentadoria do servidor, caso do terço de férias, horas extras e os adicionais noturno e de insalubridade. Posicionamento até o momento acompanhado pelos Ministros Rosa Weber e Luiz Fux.

O Ministro Teori Zavascki abriu divergência, negando provimento ao recurso do contribuinte. O Ministro Dias Tofolli acompanhou a divergência e atualmente os autos estão com vista para a Ministra Cármen Lúcia.

Ocorre que, conforme será demonstrado, está pacificado no Judiciário o entendimento de que o aviso-prévio indenizado não integra o salário de contribuição, não sendo correta a diferenciação feita pela Procuradoria da Fazenda Nacional na Nota PGFN/CASTF/N.1153/2014, sobre essa situação, tendo em vista a forma como construídos os pedidos nos processos concretos.

---

[3] REsp 1358281/SP, Rel. Ministro HERMAN BENJAMIN, PRIMEIRA SEÇÃO, julgado em 23/04/2014, DJe 05/12/2014.

4.2. Síntese da controvérsia sobre o aviso-prévio

A Lei nº 8.212/91, em sua redação original, dispunha na alínea "e" do § 9º do art. 28, que a importância recebida pelo empregado a título de aviso-prévio indenizado não integrava o salário de contribuição:

> Artigo 28 (...)
> § 9º Não integram o salário-de-contribuição para os fins desta Lei, exclusivamente:
> (...)
> e) a importância recebida a título de aviso prévio indenizado, férias indenizadas, indenização por tempo de serviço e indenização a que se refere o art. 9º da Lei nº 7.238, de 29 de outubro de 1984;

Posteriormente, a Lei nº 9.528/97 excluiu essa previsão. Não obstante, restou mantida no Decreto nº 3.048/99 a exclusão do aviso-prévio indenizado da base de cálculo das contribuições:

> Art. 214. Entende-se por salário-de-contribuição:
> (...)
> § 9º Não integram o salário-de-contribuição, exclusivamente:
> (...)
> V – as importâncias recebidas a título de:
> (...)
> f) aviso prévio indenizado;

No início de 2009, para viabilizar a ilegal cobrança das contribuições incidentes em face da remuneração do trabalho sobre o valor de aviso-prévio indenizado, foi editado o Decreto nº 6.727/09, revogando o dispositivo acima transcrito.

Exatamente essa a interpretação que foi efetuada pela Receita Federal, que após a edição dos Decreto nº 6.727/09 considerou devida a inclusão do aviso-prévio indenizado no salário de contribuição, incidindo sobre esse valor as contribuições previdenciárias. Esse posicionamento foi externado em Soluções de Consulta como a abaixo:

> Contribuições Sociais Previdenciárias. O aviso prévio conhecido como "indenizado" e a parcela a ele correspondente da gratificação natalina (décimo terceiro salário) não sofriam incidência de contribuições previdenciárias, na vigência da redação original do art. 214, § 9º, inciso V, alínea "f", do Decreto nº 3.048, de 1999. No entanto, o Decreto nº 6.727, de 2009, revogou referida alínea, tendo em vista a redação dada pela Lei nº 9.528, de 1997, ao art. 28, inciso I, e § 9º, alínea "e", da Lei nº 8.212, de 1991, passando o referido aviso prévio e a sua correspondente parcela de décimo terceiro salário a integrar a base de cálculo de contribuições previdenciárias. Processo de Consulta nº 106/10 – 8ª RF – Sônia de Queiroz Accioly Burlo – Chefe.

Em face dessa alteração infralegal feita pelo Governo Federal, inúmeros contribuintes acessaram o Poder Judiciário buscando o reconhecimento da ilegalidade da inclusão do aviso-prévio indenizado na base de cálculo das contribuições previdenciárias sobre a remuneração.

A argumentação dos contribuintes centrou-se na demonstração da inequívoca natureza não remuneratória do aviso-prévio indenizado, uma vez que este indeniza o trabalhador pelo fato de o empregador não ter respeitado o prazo de 30 dias previsto no artigo 487 da CLT, não sendo pago em função de efetiva prestação do labor. A verba não tem como característica o pagamento pela contraprestação pelo trabalho. O empregado recebe suas verbas rescisórias, consequência da atividade laboral, e, também, uma indenização equivalente ao valor do seu salário mensal, como compensação pela extinção inesperada do vínculo empregatício. Trata-se de ressarcimento pela perda do direito a mais um mês de trabalho, reparando a perda imediata do trabalho.

A não incidência de contribuições previdenciárias sobre a referida verba não depende de previsão expressa na Lei nº 8.212/91 ou no Decreto nº 3.048/99, pois decorre da própria natureza da verba e da interpretação da regra de competência constitucional prevista no artigo 195, I, "a", da Constituição e do artigo 22, I e II, da Lei nº 8.212/91. Da mesma forma, a incidência não se coaduna com o próprio conceito de salário de contribuição previsto no artigo 28, I, daquela lei (incidência sobre os valores pagos pelo empregador destinados a retribuir o trabalho).

Com efeito, nos termos do artigo 195, I, "a", da Constituição, somente as parcelas consideradas como "salários e demais rendimentos do trabalho pagos ou creditados às pessoas físicas" poderão ser objeto da incidência das contribuições em análise. Ou seja, as contribuições sobre a folha de salários têm como base de cálculo as parcelas que remuneram, de forma habitual, o trabalho executado pelo empregado.

O fato de se ter excluído o reconhecimento expresso da não incidência das contribuições previdenciárias sobre o aviso-prévio indenizado não lhe outorgou a natureza remuneratória necessária à sua inclusão no campo de incidência. Afinal, tanto o art. 22, I, da Lei nº 8.212/91, quanto o art. 214 do Decreto nº 3.048/99, determinam que o salário de contribuição é composto pelos valores pagos como retribuição do trabalho, retirando a possibilidade de incidência sobre valores indenizatórios.

Inclusive antes do advento do Decreto nº 6.727/09, a jurisprudência trabalhista e previdenciária (TST e STJ) confirmava a impossibilidade de incidência das contribuições previdenciárias (a até do imposto de renda) sobre o aviso-prévio indenizado, justamente em face de sua natureza jurídica.[4]

E a jurisprudência majoritária dos Tribunais se manteve inalterada após o advento do Decreto nº 6.727/09, reiterando o entendimento da natureza indenizatória da verba.[5]

A evolução jurisprudencial desaguou no julgamento na sistemática do artigo 543-C do CPC do Recurso Especial nº 1.230.957/RS, no qual se pacificou que o aviso-prévio indenizado não integra o salário de contribuição. Vide a fundamentação do acórdão:

> 2.2 Aviso prévio indenizado.
>
> A despeito da atual moldura legislativa (Lei 9.528/97 e Decreto 6.727/2009), as importâncias pagas a título de indenização, que não correspondam a serviços prestados nem a tempo à disposição do empregador, não ensejam a incidência de contribuição previdenciária.
>
> A CLT estabelece que, em se tratando de contrato de trabalho por prazo indeterminado, a parte que, sem justo motivo, quiser a sua rescisão, deverá comunicar a outra a sua intenção com a devida antecedência. Não concedido o aviso prévio pelo empregador, nasce para o empregado o direito aos salários correspondentes ao prazo do aviso, garantida sempre a integração desse período no seu tempo de serviço (art. 487, § 1º, da CLT). Desse modo, o pagamento decorrente da falta de aviso prévio, isto é, o aviso prévio indenizado, visa a reparar o dano causado ao trabalhador que não fora alertado sobre a futura rescisão contratual com a antecedência mínima estipulada na Constituição Federal (atualmente regulamentada pela Lei 12.506/2011). Dessarte, não há como se conferir à referida verba o caráter remuneratório pretendido pela Fazenda Nacional, por não retribuir o trabalho, mas sim reparar um dano. Ressalte-se que, "se o aviso prévio é indenizado, no período que lhe corresponderia o empregado não presta trabalho algum, nem fica à disposição do empregador. Assim, por ser ela estranha à hipótese de incidência, é irrelevante a circunstância de não haver previsão legal de isenção em relação a tal verba" (REsp 1.221.665/PR, 1ª Turma, Rel. Min.
> Teori Albino Zavascki, DJe de 23.2.2011).
>
> A corroborar a tese sobre a natureza indenizatória do aviso prévio indenizado, destacam-se, na doutrina, as lições de Maurício Godinho Delgado e Amauri Mascaro Nascimento.

---

[4] A título ilustrativo: TST, RR nº 140/2005-003-01-00.4, 3ª Turma, Rel. Min. Rosa Maria Candiota da Rosa, DJ 17.09.2008 – REsp nº 1.024.188/PR, 1ª Turma, Rel. Min. Francisco Falcão, DJ 28.04.2008

[5] TRF 1ª Região, AGA 18586-71.2010.4.01.0000/DF, Rel. Des. Federal Reynaldo Fonseca, 7ª Turma, e-DJF1 p.285 de 13.08.2010 – TRF 2ª Região, AC 1999.51.01.017065-5, Rel. Des. Federal Alberto Nogueira, 4ª Turma Especializada, DJ 21.09.2010 – TRF 3ª Região, AI 2009.03.00.020106-7, Juíza Vesna Kolmar, 1ª Turma, DJ 02.09.2010 – TRF 4ª Região, AC 2009.71.07.001191-2, Rel. Des. Artur César de Souza, 2ª Turma, DJ 23.09.2009 – TRF 5ª Região, AC 2009.83.00.006957-0, Rel. Des. Federal Francisco Barros Dias, 2ª Turma, DJ 13.05.2010 TRF 5ª Região, AC 2009.83.00.006957-0, Rel. Des. Federal Francisco Barros Dias, 2ª Turma, DJ 13.05.2010.

Precedentes: REsp 1.198.964/PR, 2ª Turma, Rel. Min. Mauro Campbell Marques, DJe de 4.10.2010; REsp 1.213.133/SC, 2ª Turma, Rel. Min. Castro Meira, DJe de 1º.12.2010; AgRg no REsp 1.205.593/PR, 2ª Turma, Rel. Min. Herman Benjamin, DJe de 4.2.2011; AgRg no REsp 1.218.883/SC, 1ª Turma, Rel. Min. Benedito Gonçalves, DJe de 22.2.2011; AgRg no REsp 1.220.119/RS, 2ª Turma, Rel. Min. Cesar Asfor Rocha, DJe de 29.11.2011.

4.3. Encerramento da controvérsia

Com o julgamento do recurso repetitivo pela Primeira Seção do STJ, encerrou-se a controvérsia no âmbito infraconstitucional, restando, em tese, apenas a possibilidade de a Fazenda Nacional reverter o posicionamento favorável ao contribuinte no Supremo Tribunal Federal, via a interpretação constitucional da adequação da inclusão do aviso-prévio indenizado no salário de contribuição à regra constitucional de competência do inciso I do artigo 195 da Constituição.

Ocorre que, em 04/09/14, o Pleno do STF, ao analisar o ARE nº 745.901/RS, negou repercussão geral à discussão da inclusão do aviso-prévio no salário de contribuição, por ter sido considerado que a discussão é infraconstitucional, com base na previsão da Lei nº 8.212/91 e do Decreto nº 6.727/09. Vide:

> PROCESSUAL CIVIL. RECURSO EXTRAORDINÁRIO COM AGRAVO. AVISO PRÉVIO INDENIZADO. INCIDÊNCIA DE CONTRIBUIÇÃO PREVIDENCIÁRIA. NATUREZA JURÍDICA DA VERBA. MATÉRIA INFRACONSTITUCIONAL. AUSÊNCIA DE REPERCUSSÃO GERAL. 1. A controvérsia relativa à incidência de contribuição previdenciária sobre as verbas pagas a título de aviso prévio indenizado, fundada na interpretação da Lei 8.212/91 e do Decreto 6.727/09, é de natureza infraconstitucional. 2. É cabível a atribuição dos efeitos da declaração de ausência de repercussão geral quando não há matéria constitucional a ser apreciada ou quando eventual ofensa à Carta Magna ocorra de forma indireta ou reflexa (RE 584.608 RG, Min. ELLEN GRACIE, DJe de 13/03/2009). 3. Ausência de repercussão geral da questão suscitada, nos termos do art. 543-A do CPC.

A impossibilidade das Turmas julgadoras do STF analisarem recursos que tratem de matéria cuja repercussão geral foi negada pelo Tribunal é expressa no artigo 543 do CPC e no Regimento Interno do Tribunal. Vide:

> A. 543-A. O Supremo Tribunal Federal, em decisão irrecorrível, não conhecerá do recurso extraordinário, quando a questão constitucional nele versada não oferecer repercussão geral, nos termos deste artigo. (Incluído pela Lei nº 11.418, de 2006).
> (...) § 5º. Negada a existência da repercussão geral, a decisão valerá para todos os recursos sobre matéria idêntica, que serão indeferidos liminarmente, salvo revisão da

tese, tudo nos termos do Regimento Interno do Supremo Tribunal Federal. (Incluído pela Lei nº 11.418, de 2006).

Regimento Interno do STF:

Art. 326. Toda decisão de inexistência de repercussão geral é irrecorrível e, valendo para todos os recursos sobre questão idêntica, deve ser comunicada, pelo(a) Relator(a), à Presidência do Tribunal, para fins do artigo subseqüente e do art. 329.

Art. 327. A Presidência do Tribunal recusará recursos que não apresentem preliminar formal e fundamentada de repercussão geral, bem como aqueles cuja matéria carecer de repercussão geral, segundo precedente do Tribunal, salvo se a tese tiver sido revista ou estiver em procedimento de revisão.

§ 1º Igual competência exercerá o(a) Relator(a) sorteado(a), quando o recurso não tiver sido liminarmente recusado pela Presidência.

Portanto, a decisão que negou repercussão geral à discussão sobre a inclusão do aviso-prévio indenizado no salário de contribuição provocou, inexoravelmente, a pacificação do entendimento jurisprudencial nos termos do julgamento do Recurso Especial nº 1.230.957/RS, com a sua eficácia vinculante determinado pelo artigo 543-C do CPC.

Restaria apenas à Procuradoria da Fazenda Nacional, nos termos do disposto no artigo 19 da Lei nº 10.522/02, se manifestar pela pacificação jurisprudencial, dispensando os procuradores fazendários de contestar e recorrer em processos que tratam da matéria, e à Receita Federal reproduzir o mesmo entendimento nos processos administrativos, inclusive para rever de ofício lançamentos e validar a restituição/compensação dos valores indevidamente recolhidos pelos contribuintes, consoante §§ 5º e 7º do mesmo dispositivo legal.

Tal providência foi operacionalizada por meio da NOTA/PGFN/CASTF/N. 1153/2014, que, contudo, apresentou um posicionamento equivocado, buscando postergar o litígio com relação à tributação do aviso-prévio indenizado em determinadas situações processuais.

A Nota Técnica reconhece a pacificação do entendimento pela ilegalidade da não inclusão do aviso-prévio no salário de contribuição, após a decisão do repetitivo do STJ e o não reconhecimento de repercussão geral da matéria pelo STF.

Contudo, considera que a pendência de julgamento do Recurso Extraordinário nº 565.165, que tem como objeto a definição do alcance da expressão "folha de salários" para delimitação da base de incidência das contribuições previdenciárias poderia reverter esse quadro, quando o contribuinte está discutindo a tributação do aviso prévio em ação que trata também de outras verbas.

Veja-se a fundamentação da Nota Técnica:

8. Por outro lado, é também sabido que o próprio Supremo Tribunal Federal tem feito paradigma diverso, qual seja, RE 565.160, pendente de apreciação, em que restou reconhecida a repercussão geral acerca do alcance da expressão "folha de salários", situação que suscita dúvidas sobre a extensão da decisão que surgirá, se terá ela impacto na decisão de inexistência da repercussão geral do ARE 745.901, que ora se cuida.

9. Isso porque, ao se debruçar sobre o que seja folha de salários o Tribunal pode se manifestar acerca de quais verbas a integram, de forma a decidir sobre questão que, em tese, estaria posta em dois feitos que tratam de temas de repercussão geral distintos. E, como dito, no caso da folha de salários, há o reconhecimento da repercussão geral da questão. Confira-se os termos da repercussão geral reconhecida no RE 565.160:

Tema 20 – Alcance da expressão "folha de salários", para fins de instituição de contribuição social sobre o total das remunerações.

10. Dito isso, e considerada a existência desse mencionado RE 565.160 com as nuances que possam delimitar a extensão do debate que será travado pelo STF, é de se posicionar pela manutenção da recorribilidade extraordinária naqueles feitos em que o tema da incidência de contribuição sobre o aviso prévio indenizado for passível de ser discutido à luz das verbas que compõem a folha de salários, vez que esse tema possui repercussão geral reconhecida, de forma que será aplicável ao recurso a sistemática legal do art. 543-B do Código de Processo Civil.

11. Entendemos que essa possibilidade surgirá naqueles casos em que (i) o ponto relativo ao aviso prévio indenizado seja debatido no processo juntamente com outra verba, ou nos casos em que (ii) se puder extrair diretamente controvérsia jurídica acerca de quais verbas compõem a folha de salários, ainda que a partir da discussão iniciada relativamente ao aviso prévio indenizado. Pensamos que nessas duas hipóteses pode se apresentar viável processualmente o enquadramento jurídico do recurso extraordinário no âmbito do tema presente no RE 565.160, relativo ao alcance da folha de salários.

12. Por outro lado, caso a discussão posta no processo judicial diga respeito, de modo mais estrito, apenas à própria *incidência de contribuição previdenciária sobre o aviso prévio indenizado*, parece-nos muito improvável que se consiga tirar um apelo extremo sem caracterizar o óbice surgido no julgamento do ARE 745.901, a partir do exame do mérito do debate. Em outros termos, se a matéria passível de recurso versar exclusivamente acerca da questão levantada, a inviabilidade recursal se impõe à luz da regência legal citada (art. 543-A, § 5º, do CPC c/c art. 327, § 1º, do RISTF), a qual determina que o julgador indefira liminarmente a pretensão recursal. Assim, não se sugere a interposição de apelo extremo.

E a partir dessa análise, conclui a Procuradoria da Fazenda o seu entendimento sobre a pacificação "parcial" dessa discussão nos seguintes termos:

13. Portanto, e em resumo, orienta-se a interposição do recurso extraordinário apenas nos casos em que se puder obter o enquadramento do debate recursal nas balizas postas no RE 565.150 (folha de salários). Naqueles outros em que ficar evidenciado de forma insuperável a incidência do conteúdo decisório extraído do ARE 745.901 (aviso prévio indenizado) sobre a matéria recursal extraordinária, orienta-se a não interposição do apelo extremo, pelas razões expostas.

14. A partir dessas orientações, e nessa mesma perspectiva, sugere-se ademais a inclusão do tema incidência de contribuição previdenciária sobre a verba recebida por

empregado a título de aviso prévio indenizado na lista de dispensa de contestar/recorrer da PGFN.

Entretanto, o entendimento de que nas ações em que o contribuinte discute exclusivamente a ilegalidade da inclusão do aviso-prévio indenizado no salário de contribuição é equivocado.

A decisão do STF que negou a repercussão geral, considerando que a matéria é infraconstitucional não poderá ser relativizada pela decisão do RE n° 565.165, por ser específica com relação à discussão do aviso-prévio indenizado.

Inclusive, o Recurso Extraordinário n° 565.165 não trata especificamente do aviso-prévio indenizado, conforme comprova o relatório do acórdão recorrido proferido pelo Tribunal Regional Federal da Quarta Região:[6]

> Trata-se de ação ordinária ajuizada em face do INSS, objetivando a declaração da inexistência de relação jurídico-tributária que obrigue a parte autora a recolher a contribuição previdenciária incidente sobre o total das remunerações pagas ou creditadas a qualquer título aos segurados empregados, conforme art. 22, I, da Lei nº 8.212/91, com alterações impostas pela Lei nº 9.876/99, mas sim e tão-somente sobre o salário, excetuando as seguintes verbas: adicionais (de periculosidade e insalubridade), gorjetas, prêmios, adicionais noturnos, ajudas de custo e diárias de viagem (quando excederem a 50% do salário), comissões e quaisquer outras parcelas pagas habitualmente, ainda que em utilidades, previstas em acordo ou convenção coletiva ou mesmo que concedidas por liberalidade do empregador, com o reconhecimento do direito à compensação ou, sucessivamente, à restituição dos valores pagos indevidamente a esse título, atualizados monetariamente.

O referido julgamento a ser efetuado pelo STF avaliará quais os pressupostos que definem uma verba como inclusa no conceito de "folha de salários", ou mais especificamente "salário de contribuição", sem avaliação casuística de verbas, o que impede que qualquer que seja o seu teor possa haver uma alteração do entendimento com relação ao aviso-prévio indenizado.

O STF em outras oportunidades, não só referente ao aviso-prévio, já decidiu pela inexistência de repercussão geral de discussão que pressuponha a análise se determinada verba tem natureza remuneratória ou indenizatória.

> TRIBUTÁRIO. GRATIFICAÇÃO ESPECIAL DE LOCALIDADE (GEL), TRANSFORMADA EM VANTAGEM PESSOAL NOMINALMENTE IDENTIFICADA (VPNI). INCIDÊNCIA DE CONTRIBUIÇÃO PREVIDENCIÁRIA. NATUREZA DA VERBA. MATÉRIA INFRACONSTITUCIONAL. AUSÊNCIA DE REPERCUSSÃO GERAL. 1. A controvérsia relativa à incidência de contribuição previdenciária sobre a Gratificação Especial de Localidade, fundada na interpretação das Leis 9.527/97 e 9.783/99, é de natureza

---

[6] TRF4, AC 2005.72.05.001730-9, 2ª Turma, Rel. Otávio Roberto Pamplona, D.E. 06/06/2007.

infraconstitucional. 2. O Supremo Tribunal Federal vem reiteradamente rejeitando a repercussão geral de temas análogos, em que a incidência de tributo sobre determinada verba supõe prévia definição de sua natureza, se remuneratória ou indenizatória (AI 705.941-RG, Rel. Min. CEZAR PELUSO, DJe de 23/4/2010; RE 611.512-RG, Rel. Min. ELLEN GRACIE, DJe de 23/11/2010; RE 688.001-RG, de minha relatoria, DJe de 18/11/2013; ARE 802.082-RG, de minha relatoria, DJe de 29/4/2014; ARE 745.901-RG, de minha relatoria, DJe de 18/9/2014). 3. É cabível a atribuição dos efeitos da declaração de ausência de repercussão geral quando não há matéria constitucional a ser apreciada ou quando eventual ofensa à Carta Magna se dê de forma indireta ou reflexa (RE 584.608 RG, Min. ELLEN GRACIE, DJe de 13/03/2009). 4. Ausência de repercussão geral da questão suscitada, nos termos do art. 543-A do CPC. (RE 814204 RG, Relator (a): Min. TEORI ZAVASCKI, julgado em 09/10/2014, ACÓRDÃO DJe-215 DIVULG 31-10-2014 PUBLIC 03-11-2014)

Além disso, é totalmente irrazoável se pretender que o STF possa considerar que a competência constitucional para a instituição das contribuições previdenciárias sobre a remuneração abarque verbas de natureza indenizatória.

Inclusive o Tribunal poderá considerar posteriormente prejudicado o julgamento do Recurso Extraordinário nº 565.165, pela discussão ter sido abrangida pelo acórdão a ser proferido no Recurso Extraordinário nº 593.069, já em andamento no Plenário.

E confirmando o equívoco do posicionamento da PGFN, já existem decisões do próprio STF reconhecendo a inviabilidade da discussão em recurso extraordinário da tributação do aviso prévio, mesmo quando inserida em processo no qual se discute também outras verbas.

Nesse sentido se posicionou recente decisão da Segunda Turma do STF, que negou provimento parcial a RE da Fazenda Nacional, reconhecendo que a discussão sobre o aviso-prévio indenizado e o auxílio doença está definida pelo repetitivo do STJ, já que o Tribunal não reconheceu a repercussão geral do tema. O recurso extraordinário em questão foi sobrestado apenas com relação ao terço constitucional de férias, devido ao recurso com repercussão reconhecida, pendente de julgamento.

AGRAVO REGIMENTAL NO RECURSO EXTRAORDINÁRIO. CONTRIBUIÇÃO PREVIDENCIÁRIA. INCIDÊNCIA SOBRE OS PAGAMENTOS NOS PRIMEIROS QUINZE DIAS DO AUXÍLIO-DOENÇA E SOBRE AVISO PRÉVIO INDENIZADO: INEXISTÊNCIA DE REPERCUSSÃO GERAL. RECURSO EXTRAORDINÁRIO AO QUAL, NO PONTO, NEGA-SE PROVIMENTO. INCIDÊNCIA DE CONTRIBUIÇÃO PREVIDENCIÁRIA SOBRE TERÇO CONSTITUCIONAL DE FÉRIAS: NATUREZA. REPERCUSSÃO GERAL RECONHECIDA. Art. 543-B do Código de Processo civil. Art. 328, parágrafo único, do Regimento Interno do Supremo Tribunal Federal. Devolução dos autos à origem. (RE 858593 AgR, Relator(a): Min. CÁRMEN LÚCIA, Segunda Turma, julgado em 07/04/2015, PROCESSO ELETRÔNICO DJe-078 DIVULG 27-04-2015 PUBLIC 28-04-2015).

No mesmo sentido a decisão monocrática proferida pelo Ministro Celso de Mello,[7] negando seguimento a recurso extraordinário interposto pela União Federal, em face de acórdão que reconheceu a não inclusão do aviso-prévio no salário de contribuição, e determinando o sobrestamento do recurso do contribuinte, contra o mesmo acórdão, no que se refere às verbas que foram consideradas como inclusas na base de cálculo, como salário maternidade e horas extras.

A pesquisa no STF comprova que os recursos extraordinários da União Federal sobre o aviso-prévio têm tido reiteradamente o seu seguimento negado, sem qualquer ressalva sobre a possibilidade de reversão do entendimento da Corte.[8]

Pelo exposto, é equivocado o entendimento exteriorizado pela Procuradoria da Fazenda Nacional na NOTA/PGFN/CASTF/N. 1153/2014 de que a discussão sobre a inclusão do aviso prévio no salário de contribuição não estaria encerrada no caso em que essa discussão é efetuada de forma exclusiva em ação do contribuinte.

Tal posicionamento, além de buscar contornar o posicionamento pacificado pelo STJ e STF, produz efeito deletério de manter ativos processos judiciais que não possuem mais a possibilidade de ganho da União Federal.

Além disso, traz uma orientação dúbia para a Receita Federal, podendo provocar o surgimento de novos litígios desnecessários, via autuações fiscais exigindo o recolhimento de indevidas parcelas de contribuições previdenciárias sobre o aviso-prévio. O posicionamento da PGFN de que essa matéria, em tese, poderia ser revertida em favor da União Federal no julgamento do Recurso Extraordinário nº 565.165, induz a Receita Federal a continuar constituindo créditos dessa natureza, apesar de estar comprovada a inviabilidade jurídica da cobrança, nos termos da jurisprudência pacificada, e mais que isso, vinculante, do STJ e do STF.

Espera-se que, tendo em vista que o próprio STF, conforme comprovam as decisões acima citadas, já desautorizou esse entendimento, que a PGFN reverta o seu posicionamento, reconhecendo a finalização da controvérsia, em prol do interesse público e da segurança jurídica.

---

[7] RE 903315, Relator(a): Min. CELSO DE MELLO, julgado em 05/08/2015, publicado em PROCESSO ELETRÔNICO DJe-161 DIVULG 17/08/2015 PUBLIC 18/08/2015.

[8] Exemplos: RE 903416, Relator(a): Min. DIAS TOFFOLI, julgado em 10/08/2015, publicado em PROCESSO ELETRÔNICO DJe-163 DIVULG 19/08/2015 PUBLIC 20/08/2015; RE 892154, Relator(a): Min. CÁRMEN LÚCIA, julgado em 25/06/2015, publicado em PROCESSO ELETRÔNICO DJe-151 DIVULG 31/07/2015 PUBLIC 03/08/2015.

5. Ação regressiva exige comprovação de nexo causal[1]

As ações regressivas previdenciárias estão previstas desde 1991, conforme a disposição do artigo 120 da Lei 8.213: "Nos casos de negligência quanto às normas padrão de segurança e higiene do trabalho indicados para a proteção individual e coletiva, a Previdência Social proporá ação regressiva contra os responsáveis".

A previsão legal se refere à possibilidade de a Previdência Social buscar o ressarcimento junto ao empregador que tiver provocado, ou contribuído diretamente para a ocorrência, acidente de trabalho que tenha vitimado trabalhador a ele vinculado.

Contudo, somente a partir de 2008 que o Instituto Nacional do Seguro Social (INSS), através da Procuradoria Federal Especializada, começou a utilizar mais efetivamente esse direito de ação. Tanto que segundo dados da Advocacia da União, de 1997 a 2007, foram ajuizadas 223 ações regressivas no país. Já a partir de 2008, o número de ajuizamento se exponencia, com 1.021 ações ajuizadas entre 2008 e 2010. E apenas no dia 28 de abril de 2012, data em que se comemora o dia de combate ao acidente de trabalho, foram ajuizadas 226 novas ações.

O instituto da ação regressiva previdenciária é relevante, sendo importante mecanismo não só de responsabilização do empregador que descumpre as normas de medicina e segurança do trabalho, mas principalmente como mecanismo de indução ao cumprimento espontâneo dessas normas.

O Brasil, infelizmente, possui realidade acidentária bastante grave e desproporcional ao seu nível de desenvolvimento econômico e social. Algumas informações preocupantes: a) o Brasil é o 4º colocado mundial em número de acidentes fatais e o 15º em números de aci-

---

[1] Publicado originalmente no *site* CONJUR, em 15/06/13.

dentes gerais (dados da OIT); b) os gastos do INSS decorrentes dos acidentes de trabalho passam de R$ 14 bilhões por ano; c) em 2011, os riscos decorrentes dos fatores ambientais do trabalho geraram 711.164 acidentes do trabalho, cerca de 81 acidentes a cada hora (dados do Ministério da Previdência Social).

A partir de 2008, o governo federal deu andamento à política de incremento da busca do ressarcimento previdenciário. As Procuradorias Federais Especializadas junto ao INSS se estruturam e priorizam o trabalho de ajuizamento das ações regressivas, tendo sido inclusive publicada a Portaria AGU 6/2011, regulamentando a possibilidade de acordos judiciais para encerramento deste tipo de litígio. No campo normativo, alterou-se o artigo 341 do Regulamento da Previdência Social, determinando que o Ministério do Trabalho e Emprego, com base em informações fornecidas trimestralmente, a partir de 1º de março de 2011, pelo Ministério da Previdência Social relativas aos dados de acidentes e doenças do trabalho constantes das comunicações de acidente de trabalho registradas no período, encaminhará à Previdência Social os respectivos relatórios de análise de acidentes do trabalho com indícios de negligência quanto às normas de segurança e saúde do trabalho que possam contribuir para a proposição de ações judiciais regressivas.

E a Procuradoria Federal vem ampliando o campo de ajuizamento das ações regressivas previdenciárias, destacando-se: em 2012, foi ajuizada no Rio Grande do Sul a primeira Ação Regressiva Coletiva, contra um frigorífico, com o requerimento do ressarcimento dos valores despendidos no pagamento de benefícios concedidos a 111 empregados e ex-funcionários da empresa. E também no ano passado foram ajuizadas as primeiras oito ações regressivas inspiradas na Lei Maria da Penha, com o objetivo de cobrar dos agressores os valores gastos pelo Instituto Nacional do Seguro Social (INSS) com o pagamento de auxílio-doença, aposentadoria por invalidez e pensão por morte. Além de novas ações vinculadas a acidentes de trânsito.

Contudo, o incremento do ajuizamento das ações regressivas previdenciárias trouxe também certa insegurança jurídica, inclusive para os empregadores que cumprem as normas de medicina e segurança do trabalho. Isso porque na análise de diversas ações regressivas que foram ajuizadas, identificou-se a falta da sua compatibilidade com a natureza e os pressupostos que informam esse tipo de ação, com petições iniciais que não traziam a comprovação do nexo entre o descumprimento de determinada norma de medicina e segurança do trabalho e o evento acidentário cuja cobertura previdenciária se busca ressarcir, inclusive com a abusiva transferência do ônus da prova para o réu.

No caso da ação regressiva vinculada ao acidente de trabalho, o seu ajuizamento obrigatoriamente deve pressupor a comprovação do efetivo descumprimento de norma padrão formal de segurança e medicina do trabalho pelo empregador e também o nexo causal direto entre esse descumprimento e o evento previdenciário. Ou seja, a negligência no cumprimento de determinada norma, cogente e em vigor no momento da ocorrência do evento, pelo empregador, deve ter causado ou contribuído diretamente para a ocorrência do evento acidentário.

O simples fato de o acidente ter ocorrido na execução do trabalho pelo empregado, por si só, não possibilita a busca do ressarcimento dos gastos previdenciários junto ao empregador. Toda a atividade econômica, cada uma em determinado grau, traz na sua execução o risco da ocorrência de acidentes, mesmo com o cumprimento das normas de medicina e segurança do trabalho pelo empregador. E exatamente por isso, os empregados recolhem a Contribuição sobre os Riscos Ambientais do Trabalho (RAT), com a alíquota correspondente ao grau de risco da sua atividade, nos termos do artigo 22, II, da Lei 8.212/1991.

Portanto, é ônus do autor (no caso o INSS), demonstrar através de provas compatíveis, juntadas à inicial e/ou produzidas no curso da ação, a existência dos três pressupostos: a ocorrência do acidente do trabalho, o descumprimento de norma de medicina e segurança do trabalho pelo empregador e, por fim, o nexo entre esse descumprimento e a ocorrência do evento acidentário. A simples juntada à inicial de condenação do empregador na Justiça do Trabalho, pelo reconhecimento da existência de acidente do trabalho, por exemplo, não pode ser considerada prova inequívoca do direito de regresso do INSS, principalmente no caso, bastante comum, da decisão não perquirir a existência de descumprimento de norma vigente de segurança do trabalho pelo empregador e o nexo entre estes dois fatos (o descumprimento e o acidente).

O mesmo raciocínio jurídico deve ser efetuado nas novas modalidades de ações regressivas previdenciárias, com a comprovação do nexo entre o ato doloso do réu e o evento que gerou o pagamento de benefícios previdenciários, do qual se requer o ressarcimento.

Nesse contexto, aqueles que militam com as ações regressivas previdenciárias se ressentiam da falta de um procedimento que vinculasse o ajuizamento das ações à prévia comprovação pela Procuradoria Federal da ocorrência dos pressupostos que validam o direito de regresso.

Mas felizmente, recentemente, a Procuradoria Federal instituiu procedimento administrativo específico para o ajuizamento das ações regressivas previdenciárias, além de formalizar as novas modalidades de ajuizamento dessas ação, vinculadas aos acidentes de trânsito decorrentes do descumprimento das normas de tráfego pelo seu causador, e também a eventos previdenciários decorrentes da prática dolosa de tipo penais.

Em 1º de fevereiro de 2013, foi publicada a Portaria Conjunta PGF/PFE-INSS 6/2013, que disciplina os critérios e os procedimentos relativos ao ajuizamento de ações regressivas previdenciárias pela Procuradoria-Geral Federal – PGF – no exercício da representação do Instituto Nacional do Seguro Social – INSS.

A norma administrativa é bastante relevante, ao instituir procedimento administrativo que busca uma análise técnica mais rigorosa antes do ajuizamento de ações regressivas. Entre as suas disposições, destacamos:

– Ampliação das situações que podem gerar o ajuizamento da ação regressiva. Além da anteriormente prevista de evento vinculado à negligência no cumprimento de normas de segurança e saúde do trabalho, pelo empregador, poderão também gerar o ajuizamento o cometimento de crime de trânsito e o cometimento de crime penal doloso (podendo a modalidade culposa também ser motivação);

– O ajuizamento dependerá da análise do caso pela Procuradoria Geral Federal, a quem cabe o levantamento dos elementos probatórios que justificam o ajuizamento. A norma é expressa no sentido de que "a petição inicial deverá detalhar minuciosamente o ato ilícito, a culpabilidade, o nexo causal, e o dano, este caracterizado pelas despesas previdenciárias ocorridas e por ocorrer". Além disso, devem "ser enfatizadas as conclusões técnicas acerca do ato ilícito, com detalhamento das normas de saúde e segurança do trabalho, normas do código de trânsito, dispositivos do Código Penal, dentre outras, evitando-se meras remissões a documentos anexos". Dessa forma, não poderá ser ajuizada a ação regressiva sem tais fundamentos, transferindo-se indevidamente ao réu o ônus probatório;

– Instituição do Procedimento de Instrução Prévia (PIP) e a conclusão será pelo não ajuizamento, quando não houver: comprovação ou ausência de ato ilícito; comprovação ou ausência de dolo ou culpa; existência de nexo de causalidade entre a ação ou omissão ilícita e o evento que gerou a concessão de benefício previdenciário; ou não houver a concessão de benefício vinculado ao evento pelo INSS;

– Os procuradores federais oficiantes na execução fiscal trabalhista deverão encaminhar aos órgãos responsáveis pelas ações regressivas previdenciárias as decisões judiciais de que tomarem conhecimento, quando estas resultarem em condenação por descumprimento de normas de saúde e segurança do trabalho;

– Previsão de regras para a decisão de ajuizamento ou não da ação e de fixação de litisconsórcio;

– No caso de ajuizamento, petição inicial deverá detalhar minuciosamente o ato ilícito, a culpabilidade, o nexo causal, e o dano, este caracterizado pelas despesas previdenciárias ocorridas e por ocorrer. Deverão ser enfatizadas as conclusões técnicas acerca do ato ilícito, com detalhamento das normas de saúde e segurança do trabalho, normas do código de trânsito, dispositivos do Código Penal, dentre outras, evitando-se meras remissões a documentos anexos;

– O pedido de ressarcimento deverá ser integral, compreendendo: I – prestações vencidas, atualizadas mediante a utilização dos valores brutos das mensalidades, empregando-se a taxa do Sistema Especial de Liquidação e de Custódia – Selic –, pela variação a partir do mês do pagamento; II – prestações vincendas a serem pagas mensalmente ou de forma integral; III – verbas sucumbenciais.

A Portaria confirma a política do governo federal em priorizar o ajuizamento desse tipo de ação, inclusive ampliando a sua abrangência para os casos de crimes de trânsito e crimes dolosos. E a instituição de procedimento mais estruturado e técnico para a análise dos casos e definição pelo ajuizamento dessas ações, deverá contribuir para se evitar o ajuizamento de ações sem correto embasamento fático-jurídico e com indevida inversão de ônus da prova para o réu. No caso dos eventos relacionados ao trabalho, as empresas devem estar atentas ao correto cumprimento das normas de medicina e segurança do trabalho, além de bem assessoradas na análise da correção e possibilidade de defesa em face de ações regressivas que porventura tenham contra si ajuizadas.

6. Ilegal pretensão de tributar as receitas da exportação indireta[1]

6.1. Introdução

O Governo Federal, com o propalado objetivo de reduzir o custo fiscal sobre a folha de pagamentos das empresas, introduziu na Medida Provisória nº 540/11, posteriormente convertida na Lei nº 12.546/11, a sistemática substitutiva da incidência da contribuição patronal de 20% sobre a folha de pagamentos dos empregados, prevista no art. 22, I e II, da Lei n. 8.212/91, pela incidência sobre a receita bruta, sendo excluídas da base de cálculo as vendas canceladas e descontos incondicionais e as receitas de exportação.

A incidência da chamada Contribuição Previdenciária sobre a Receita Bruta (CPRB) se iniciou com a sua aplicação às empresas dos setores Tecnologia da Informação (TI) e Tecnologia de Informação e Comunicação (TIC). No curso dos anos de 2012 e 2013 foram editadas novas medidas provisórias, sendo que algumas não chegaram a ser convertidas, e outras geraram as Leis nº 12.715/12 e 12.844/13, que ampliaram consideravelmente o número de setores da atividade econômica abrangidos pela CRPB, que atualmente abarca, entre outros, os setores da construção civil, as atividades industriais dos setores de plásticos, materiais elétricos, transporte rodoviário e aéreo, autopeças, naval, móveis e também os hotéis e o varejo.

A CPRB sobre a receita bruta substitui apenas a contribuição patronal de 20% sobre a folha de pagamentos para as atividades vinculadas, não substituindo as demais contribuições incidentes sobre a folha de salário como: salário-educação, seguro de acidente do trabalho –RAT/SAT –, FGTS, e contribuições do Sistema "S" – Sebrae, Sesc/Senac, Sesi/Senai. Além disso, o empregador deverá continuar

---

[1] Publicado originalmente no *site* FISCOSOFT, em 04/09/2014.

retendo e recolhendo a contribuição da parte do empregado sobre a folha de salários.

O fato de a CPRB ter sido objeto de diversas alterações legislativas, que envolveram diversas normas, inclusive com diferentes marcos de vigência para diversas de suas disposições, tornou a análise da sua regulação legal uma tarefa não tão simples, o que vinha gerando dúvidas em diversos contribuintes.

Tal situação foi mitigada com a edição pela Receita Federal, em 30 de dezembro de 2013, da Instrução Normativa nº 1.436, que consolidou de forma estruturada e de mais fácil entendimento a atual regulamentação da CPRB, copilando os dispositivos introduzidos pelas diversas normas promulgadas nos últimos três anos.

Contudo, existem alguns dispositivos da Instrução Normativa que devem gerar controvérsia entre Fisco e contribuintes, já que implicam alteração da estrutura legal da CPRB ou introdução de norma regulamentar não proporcional ao seu sistema de incidência. Entre estas se destaca a inclusão na base de cálculo da CPRB das receitas da chamada exportação indireta, que ocorre quando a venda é efetuada para um comercial-exportadora, com o fim específico de exportação.

O artigo 3º da IN RFB nº 1.436/13 determina que a receita com vendas para empresas comercias exportadoras deverá compor a base de cálculo da CPRB.

> Art. 3º Na determinação da base de cálculo da CPRB, serão excluídas:
> I – a receita bruta decorrente de:
> a) exportações diretas; e
> (...).
> § 1º A receita bruta proveniente de vendas a empresas comerciais exportadoras compõe a base de cálculo da CPRB.

Contudo, tal exigência é inconstitucional e ilegal, ao pretender por mero ato administrativo negar a plena eficácia da regra de imunidade na incidência das contribuições sociais sobre as receitas de exportação e também restringir direito expressamente outorgado aos contribuintes pela lei que introduzir a CPRB no sistema jurídico.

A alínea "a" do artigo 9º da Lei nº 12.546/11 exclui a receita bruta decorrente de exportação da base de cálculo da CPRB:

> Art. 9º Para fins do disposto nos arts. 7º e 8º desta Lei:
> (...)
> II – exclui-se da base de cálculo das contribuições a receita bruta:
> a) de exportações; e
> b) decorrente de transporte internacional de carga

A referida norma veio dar eficácia à regra de imunidade da incidência das contribuições sobre as receitas decorrentes de exportação, prevista no inciso I do § 2° do artigo 149 da Constituição Federal:

> Art. 149. Compete exclusivamente à União instituir contribuições sociais, de intervenção no domínio econômico e de interesse das categorias profissionais ou econômicas, como instrumento de sua atuação nas respectivas áreas, observado o disposto nos arts. 146, III, e 150, I e III, e sem prejuízo do previsto no art. 195, § 6º, relativamente às contribuições a que alude o dispositivo.
> (...)
> § 2º As contribuições sociais e de intervenção no domínio econômico de que trata o *caput* deste artigo:
> I – não incidirão sobre as receitas decorrentes de exportação;

Corretamente, tanto a norma de imunidade quanto a regra de incidência da CRPB não diferenciam a receita decorrente da exportação direta daquela vinculada à exportação indireta (venda para comercial exportadora), já que o objetivo dessa exoneração é reduzir o custo das exportações efetuadas pelas empresas brasileiras, aumentando a competitividade internacional de nossos produtos e a geração de divisas para o Brasil, o que é alcançado indistintamente pelas duas modalidades de exportação.

Além disso, a norma exarada pela Receita Federal institui uma diferenciação entre a base de cálculo da CPRB e a COFINS, que não é pretendida pelo legislador.

A Lei n° 10.833/03, que regulamenta a incidência da COFINS[2] não cumulativa, é expressa ao equiparar a exportação indireta à direta, para fins de exclusão da receita vinculada da base de cálculo do COFINS:

> Art. 6º A COFINS não incidirá sobre as receitas decorrentes das operações de:
> I – exportação de mercadorias para o exterior;
> II – prestação de serviços para pessoa física ou jurídica residente ou domiciliada no exterior, cujo pagamento represente ingresso de divisas;
> III – vendas a empresa comercial exportadora com o fim específico de exportação.

Não vislumbra justificativa válida para se diferenciar a abrangência da exclusão da receita de exportação da CPRB em comparação à COFINS, tendo em vista que ambas estão vinculadas à já citada imunidade, e buscam o mesmo objetivo de desonerar as exportações efetuadas por contribuintes brasileiros, independentemente de serem ou não efetuadas através da intermediação de uma comercial exportadora.

---

[2] Para o PIS a regra é a mesma, nos termos do inciso I do artigo 5° da Lei n° 10.637/02.

O Decreto-Lei 1.248/72,[3] que regulamenta a atividade das comerciais exportadoras, determina o mesmo tratamento tributário das suas operações em face das exportações diretas, inclusive no que se refere a benefícios fiscais, e também expressamente institui a responsabilidade dessas empresas pelos tributos desonerados, no caso de tredestinação.

A regra da IN RFB 1.4361/13 replica a disposição do artigo 170 da IN 971/09 para a contribuição para a agroindústria:

> Art. 170. Não incidem as contribuições sociais de que trata este Capítulo sobre as receitas decorrentes de exportação de produtos, cuja comercialização ocorra a partir de 12 de dezembro de 2001, por força do disposto no inciso I do § 2º do art. 149 da Constituição Federal, alterado pela Emenda Constitucional nº 33, de 11 de dezembro de 2001.
>
> § 1º Aplica-se o disposto neste artigo exclusivamente quando a produção é comercializada diretamente com adquirente domiciliado no exterior.
>
> § 2º A receita decorrente de comercialização com empresa constituída e em funcionamento no País é considerada receita proveniente do comércio interno e não de exportação, independentemente da destinação que esta dará ao produto.

Contudo, localizam-se precedentes do CARF em que se reconhece a ilegalidade dessa norma e de outras previdenciárias anteriores, com o mesmo teor:

> IMUNIDADE. ART. 149 § 2º, I, DA CF. CONTRIBUIÇÃO PREVIDENCIÁRIA. RECEITAS DE EXPORTAÇÃO INTERMEDIADAS POR TRADINGS. POSSIBILIDADE DE APLICAÇÃO. (..) Não há dispositivo legal determinando o alcance do termo "exportação" verificado no inciso I do § 2º do artigo 149 da CF. É vedada a instituição de tributos sem a edição do diploma legislativo correspondente. A atuação da Administração Pública deve ser guiada pelo expressamente previsto em lei. Não cabe a edição de instrução normativa sob o pretexto de explicar o sentido da lei quando a consequência dessa interpretação acarreta em indevida tributação do contribuinte. Recurso Voluntário Provido Crédito Tributário Exonerado (CARF, Acórdão 2301-002.892, julgamento em 20/06/12)

Da mesma forma no Poder Judiciário:

---

[3] Art. 1º As operações decorrentes de compra de mercadorias no mercado interno, quando realizadas por empresa comercial exportadora, para o fim específico de exportação, terão o tratamento tributário previsto neste Decreto-Lei. Parágrafo único. Consideram-se destinadas ao fim específico de exportação as mercadorias que forem diretamente remetidas do estabelecimento do produtor-vendedor para: a) embarque de exportação por conta e ordem da empresa comercial exportadora; b) depósito em entreposto, por conta e ordem da empresa comercial exportadora, sob regime aduaneiro extraordinário de exportação, nas condições estabelecidas em regulamento. Art. 3º São assegurados ao produtor-vendedor, nas operações de que trata o artigo 1º deste Decreto-lei, os benefícios fiscais concedidos por lei para incentivo à exportação, à exceção do previsto no artigo 1º do Decreto-Lei nº 491, de 05 de março de 1969, ao qual fará jus apenas a empresa comercial exportadora. Art. 5º Os impostos que forem devidos bem como os benefícios fiscais, de qualquer natureza, auferidos pelo produtor-vendedor, acrescidos de juros de mora e correção monetária, passarão a ser de responsabilidade da empresa comercial exportadora nos casos de: a) não se efetivar a exportação após decorrido o prazo de um ano a contar da data do depósito; b) revenda das mercadorias no mercado interno; c) destruição das mercadorias.

TRIBUTÁRIO – ART. 149, § 2º, I, DA CF – RECEITAS DECORRENTES DE EXPORTAÇÃO IMUNES – CONTRIBUIÇÃO SOCIAL – RESTRIÇÃO IMPOSTA PELO ARTIGO 245, §§ 1º E 2º DA IN MPS/SRP Nº 3 – INCONSTITUCIONALIDADE – A imunidade tributária implica na impossibilidade do nascimento da obrigação tributária e, por decorrência, da constituição e cobrança dos tributos. – O artigo 149, § 2º, I, da Constituição Federal, que impõe limitação à tributação das referidas contribuições sobre receitas decorrentes de exportação configura hipótese de imunidade objetiva, uma vez que tal imunidade diz respeito somente à operação de exportação, não subjetivando determinado agente passivo. – Aplicando a interpretação ampliativa e teleológica à imunidade em comento, não há que se falar em divisão entre os tipos de exportação. – O Decreto-Lei nº 1.248/72 ainda se encontra em vigor e confirma a noção de que, nas políticas voltadas ao fomento da exportação, não há sentido em fracioná-la em direta ou indireta, porquanto se voltam ao incentivo dessa operação e das receitas dela aferidas como um todo. (...). – Remessa oficial improvida. (TRF3 – REOMS 00138011520054036102 – e-DJF3 Judicial -16/01/2013)

(...) 4. Não parece adequada a distinção feita na Instrução Normativa nº 03/2005, em seu art. 245, § 2º, de modo a desabrigar da imunidade o resultado da exportação intermediada por "trading companies", uma vez que norma infralegal não pode ir além do texto legal, menos ainda do texto constitucional. 5. Na verdade tudo indica que o § 2º do art. 149 da Constituição Federal intenta imunizar a receita adquirida quando houver específica operação de exportação; isso é o que mais importa, e não quem seja o contratante que está na "outra ponta" do negócio. 6. Matéria preliminar rejeitada e, no mérito, apelo e remessa oficial improvidos. (TRF3 – AMS 00152890520054036102 – DJF3 DATA:29/05/2008)

As decisões citadas, corretamente reconheceram que não há fundamento jurídico da distinção do tratamento da receita da empresa que efetua exportação diretamente para adquirente no exterior, daquela aferida com a venda para comercial exportadora, com o fim específico de exportação. Para a empresa vendedora, as duas operações têm natureza de exportação, já que em ambas o seu produto é comercializado para sua integração à cadeia econômica de outro país.

Diferenciar a operação de venda para comercial exportadora, com fim específico de importação, seria negar todo o tratamento legal dado a essas empresas, que são integrantes da cadeia de exportação de mercadorias brasileiras, sendo estratégico o fomento de suas atividades. Por isso, a legislação do PIS e COFINS, de forma correta, não diferencia a receita das vendas para essas empresas para a exclusão da tributação por essas contribuições.

E ao assim proceder, a Receita Federal pretende abusivamente restringir o alcance da imunidade das receitas de exportação instituída pelo art. 149, § 2º, I, da Constituição Federal.

A ilegalidade da norma regulamentar da Receita Federal é patente, sendo contrária ao posicionamento do Supremo Tribunal Federal, de que a desoneração da incidência das contribuições sobre as receitas de exportação deve ser interpretada da forma que propicie à maior eficácia possível à regra imunizante.

Tal posicionamento foi reiterado no julgamento do Pleno do STF do Recurso Extraordinário nº 627815/PR[4] reconheceu que as receitas de variação cambial decorrentes de contratos de exportação não sofrem a tributação do PIS e da COFINS, já que fazem parte da operação de venda para o exterior. No julgamento, a Corte avaliou a tese da Fazenda Nacional de que a imunidade abrangeria exclusivamente as receitas de exportação propriamente ditas (contrato de exportação) e não as movimentações financeiras vinculadas à exportação, caso dos ganhos advindos de variações cambiais dos contratos de exportação (contrato de câmbio vinculado).

Entretanto, o STF reconheceu que a imunidade abrange os ganhos de variação cambial vinculados à exportação, tendo reiterado o entendimento de que a interpretação da imunidade tributária dever ser a mais abrangente possível, de forma a ser preservar o objetivo pretendido pela Constituição.

A Ministra-Relatora Rosa Weber, em seu voto, assim concluiu: "O legislador constituinte – ao contemplar na redação do art. 149, § 2º, I, da Lei Maior as 'receitas decorrentes de exportação' – conferiu maior amplitude à desoneração constitucional, suprimindo do alcance da competência impositiva federal todas as receitas que resultem da exportação, que nela encontrem a sua causa, representando consequências financeiras do negócio jurídico de compra e venda internacional. A intenção plasmada na Carta Política é a de desonerar as exportações por completo, a fim de que as empresas brasileiras não sejam coagidas a exportarem os tributos que, de outra forma, onerariam as operações de exportação, quer de modo direto, quer indireto".

É inequívoco que a limitação da eficácia da imunidade pretendida pela Receita Federal colide com a correta interpretação da imunidade tributária, conforme a orientação do Supremo Tribunal Federal, já que não permite a maior amplitude da desoneração constitucional. Não há qualquer fundamento jurídico ou lógico para se diferenciar na CPRB o tratamento da receita da exportação direta da decorrente da venda para comercial exportadora.

A postura da Receita Federal deverá levar ao ajuizamento de ações judiciais, sendo previsível que o Judiciário irá dar razão aos contribuintes e confirmar que as receitas decorrentes de vendas para comercial exportadoras são imunes à incidência da CPRB.

---

[4] RE 627815 / PR – PARANÁ – Relator (a): Min. ROSA WEBER – Julgamento: 23/05/2013 – Órgão Julgador: Tribunal Pleno – DJe-192 DIVULG 30-09-2013 PUBLIC 01-10-2013.

7. A isenção da PLR dos diretores estatutários

Os contribuintes e as autoridades fiscais federais têm discutido, nas esferas contenciosas administrativa e judicial, se os valores pagos a título de participação nos lucros pelas sociedades anônimas, aos seus diretores estatutários, nos termos do art. 152, § 1°, da Lei 6.404/76, compõem ou não o salário de contribuição desses profissionais, com a sua consequente integração na base de cálculo das contribuições previdenciárias sobre a remuneração.

Segundo o entendimento da Receita Federal, a participação nos lucros dos diretores estatutários não estaria excluída do salário de contribuição, uma vez que somente a PLR paga a empregados celetistas, na sistemática da Lei n° 10.101/00, estaria abrangia pelo conceito de participação nos lucros prevista como direito social pelo inciso XI do artigo 7° da Constituição Federal. Segundo o entendimento Fiscal, a norma constitucional teria como destinatários exclusivos os empregados, não abrangendo os profissionais que possuem vínculo diverso com as empresas.

Segundo o entendimento da Receita Federal, para o contribuinte individual, o salário de contribuição abrange toda e qualquer remuneração auferida em uma ou mais empresas ou pelo exercício de sua atividade por conta própria, durante o mês.

Já os contribuintes sempre defenderam a tese da exclusão de que o direito ao recebimento de participação nos lucros e resultados não é um direito exclusivo do empregado celetista, mas abarca todo e qualquer trabalhador. Isso porque a previsão da PLR como direito social, constante do inciso XI do artigo 7° da Constituição Federal,[1] assegura

---

[1] "Art. 7° São direitos dos trabalhadores urbanos e rurais, além de outros que visem à melhoria de sua condição social: (...) XI – participação nos lucros, ou resultados, desvinculada da remuneração, e, excepcionalmente, participação na gestão da empresa, conforme definido em lei;" (sem grifos no original)

a todos os trabalhadores o direito à participação nos lucros e resultados aferidos pela sua fonte pagadora. O legislador constituinte não limitou os direitos sociais do artigo 7º apenas a uma categoria específica de trabalhadores, como é o caso dos empregados com vínculo regido pela Consolidação das Leis do Trabalho, mas à generalidade dos trabalhadores. Tal interpretação traria uma limitação e diferenciação, no que se refere à direitos básicos, como os direitos assegurados pelo citado artigo 7º, que não é razoável ou se adquira aos pressupostos e objetivos da Carta de 1988.

A Constituição ainda consignaria que a PLR não é parte da remuneração do trabalhador, caracterizando-se, portanto, pagamento independente daquele pactuado pelas partes como contraprestação do trabalho realizado. A natureza jurídica da remuneração, portanto, por expressa disposição constitucional, seria diferente dos pagamentos realizados a título de PLR.

Da mesma forma, a Lei nº 10.101/2000 que regula o direito previsto no inciso XI do artigo 7º da Constituição, também disciplinaria a PLR a ser recebida pelos trabalhadores, e não apenas dos empregados, nos termos da literalidade dos seus artigos 1º e 3º.

Por isso, seria ilegal e inconstitucional às autuações promovidas no passado pelo Instituto Nacional do Seguro Social, e a partir da Lei nº 11.457/07, pela Receita Federal do Brasil, cobrando o recolhimento de valores de contribuições previdenciárias sobre a remuneração, pela inclusão no salário de contribuição dos valores pagos a título de PLR a seus diretores estatutários.

Entretanto, essa argumentação à viabilidade dessa tese está fortemente prejudicada, devido ao recente julgamento pela Segunda Turma do Supremo Tribunal Federal, do Segundo Agravo Regimental no Recurso Extraordinário nº 636.899/DF.[2] A decisão se encontra assim ementada:

> Segundo agravo regimental no recurso extraordinário. Art. 7º, XI, da Constituição. Norma não auto-aplicável. Participação dos empregados nos lucros ou resultados da empresa. Regulamentação. Lei nº 10.101/2000. Distribuição de lucros aos sócios e administradores. Lei nº 6.404/76. Contribuição previdenciária. Natureza jurídica da verba. Ausência de repercussão geral. Questão infraconstitucional. 1. O preceito contido no art. 7º, XI, da Constituição não é auto-aplicável e a sua regulamentação se deu com a edição da Medida Provisória nº 794/94, convertida na Lei nº 10.101/2000. 2. O instituto da participação dos empregados nos lucros ou resultados da empresa de que trata o art. 7º, XI, CF, a Lei nº 10.101/2000 e o art. 28, § 9º, Lei nº 8.212/91, não se confunde com a distribuição de lucros aos sócios e administradores autorizada no

---

[2] RE 636899 AgR-segundo, Relator (a): Min. DIAS TOFFOLI, Segunda Turma, julgado em 17/11/2015, Processo Eletrônico DJe-250 DIVULG 11-12-2015 PUBLIC 14-12-2015.

art. 152 da Lei nº 6.404/76. 3. A Corte tem, reiteradamente, negado repercussão geral a questões envolvendo a incidência da contribuição previdenciária sobre parcelas pagas a trabalhador, com habitualidade ou não, quando pende celeuma acerca da natureza jurídica das verbas. Acolhimento da pretensão que passa, necessariamente, pela análise da natureza jurídica das verbas à luz da Lei nº 6.404/76. 4. Agravo regimental não provido.

Nos termos do voto do Ministro-Relator Dias Toffoli, a Segunda Turma do STF decidiu, em síntese, que o instituto da participação dos empregados nos lucros ou resultados da empresa de que trata o art. 7º, XI, CF, a Lei nº 10.101/2000 e o art. 28, § 9º, Lei nº 8.212/91, não se confunde com a distribuição de lucros aos sócios e administradores autorizada no art. 152 da Lei nº 6.404/76".

Os fundamentos da decisão se encontram no seguinte trecho do acórdão:

Como decidido, nos autos do RE nº 569.441, o Plenário da Corte ratificou a sua jurisprudência da Corte no sentido de que o preceito contido no art. 7º, XI, da Constituição não é auto-aplicável e que a sua regulamentação se deu com a edição da Medida Provisória nº 794/94, convertida na Lei nº 10.101/2000.

Referida Lei nº 10.101/2000, regula a participação dos empregados nos lucros ou resultados da empresa, dispondo em seu art. 3º que essa participação não substitui ou complementa a remuneração devida a qualquer empregado, nem constitui base de incidência de qualquer encargo trabalhista. Dando efetividade ao comando do art. 7º, VI, da Constituição, nos termos da lei regulamentadora, o art. 28, § 9º da Lei nº 8.212/91, exclui da base de incidência da contribuição previdenciária os valores recebidos pelo empregado, a título da participação nos lucros da empresa.

É de se notar, portanto, que esse instituto em nada se confunde com a distribuição de lucros autorizada no art. 152 da Lei nº 6.404/76. Como decidido, a Lei nº 10.101/2000, que regulamentou o art. 7º, XI, da Constituição refere a empregado, excluindo os integrantes de sociedades empresariais que ocupam a função de diretores/administradores, sem vínculo empregatício.

Ou seja, a Segunda Turma do STF validou o entendimento da Receita Federal de que o direito social previsto no inciso XI do artigo 7º da Constituição Federal e regulamentado pela Lei nº 10.101/00 teria como destinatários exclusivamente os empregados, regidos pela CLT, e não a generalidade dos trabalhadores.

Apesar de ser uma decisão de Turma, e não do Pleno, e não haver ainda julgado com repercussão geral, a referida decisão indica que em termos de análise constitucional, os contribuintes não deverão conseguir o reconhecimento de que a PLR paga aos diretores estatutários não integra a base de cálculo das contribuições previdenciárias sobre a remuneração.

Contudo, consideramos que este direito pode ser confirmado através da correta análise da legislação infraconstitucional de custeio previdenciário.

Primeiramente, deve-se destacar que, apesar de citado acórdão da Segunda Turma do STF ter consignado que a PLR dos estatutários não estaria abrangida pela exoneração constante do § 9º do artigo 28 da Lei nº 8.212/91, a própria fundamentação do acórdão reconhece que a análise do conteúdo e eficácia dessa norma e também do que dispõe o artigo 152 da Lei nº 6.404/76 não é matéria constitucional, já tendo o Tribunal reconhecido a falta de repercussão geral a respeito. Vide trecho do acórdão:

> De mais a mais, a Corte tem reiteradamente negado repercussão geral a questões envolvendo a incidência da contribuição previdenciária sobre parcelas pagas a trabalhador, com habitualidade ou não, quando pende celeuma acerca da natureza jurídica das verbas, dada a necessidade de análise da controvérsia à luz da legislação infraconstitucional, no caso, a Lei nº 6.404/76. Nesse sentido: "Agravo regimental no recurso extraordinário. Tributário. Contribuição previdenciária. Verba de representação. Controvérsia acerca da natureza jurídica da verba. Matéria infraconstitucional. Ofensa constitucional indireta ou reflexa. Súmula nº 279 do STF. 1. Possui caráter infraconstitucional a controvérsia relativa à cobrança de contribuição previdenciária sobre valores pagos pelo empregador quando pendente discussão sobre a natureza jurídica das verbas. 2. Para ultrapassar o entendimento do Tribunal de origem acerca da natureza indenizatória da verba de representação, seria necessário, além de se reexaminar a causa à luz da legislação infraconstitucional, se reanalisarem os fatos e as provasconstantes dos autos. Eventual ofensa ao texto constitucional seria, caso ocorresse, apenas indireta ou reflexa. Incidência da Súmula nº 279 desta Corte. 3. Agravo regimental não provido. (RE nº 600.976/ES – AgR, Segunda Turma, de minha relatoria, Dje de 24/9/15).
>
> EMBARGOS DE DECLARAÇÃO RECEBIDOS COMO AGRAVO REGIMENTAL EM RECURSO EXTRAORDINÁRIO. CONTRIBUIÇÃO PREVIDENCIÁRIA PATRONAL. NATUREZA JURÍDICA. CARÁTER INFRACONSTITUCIONAL DA CONTROVÉRSIA. A controvérsia relativa à natureza jurídica das verbas percebidas pelo contribuinte, para fins de incidência da contribuição previdenciária, demanda o reexame do acervo probatório constante dos autos e da legislação infraconstitucional pertinente, circunstância que impede a abertura da via extraordinária. Embargos de declaração recebidos como agravo regimental a que se nega provimento. (RE n. 853.362-ED, Relator o Ministro Roberto Barroso, Primeira Turma, DJe 9.3.2015). Neste mesmo sentido: RE nº 894.453/RJ, Rel. Min. Cármen Lúcia, DJe de 5/11/15; ARE nº 845.907-AgR, Primeira Turma, Rel. Min. Roberto Barroso, DJe de 24/9/15.

Portanto, caberá ao Superior Tribunal de Justiça a última palavra sobre a correta interpretação do disposto na alínea "j" do § 9º do artigo 28 da Lei nº 8.212/91, em face do que dispõe o § 1º do artigo 152 da Lei nº 6.404/76.

A referida norma assim dispõe:

Art. 152. A assembléia-geral fixará o montante global ou individual da remuneração dos administradores, inclusive benefícios de qualquer natureza e verbas de representação, tendo em conta suas responsabilidades, o tempo dedicado às suas funções, sua competência e reputação profissional e o valor dos seus serviços no mercado.

§ 1º O estatuto da companhia que fixar o dividendo obrigatório em 25% (vinte e cinco por cento) ou mais do lucro líquido, pode atribuir aos administradores participação no lucro da companhia, desde que o seu total não ultrapasse a remuneração anual dos administradores nem 0,1 (um décimo) dos lucros (artigo 190), prevalecendo o limite que for menor.

§ 2º Os administradores somente farão jus à participação nos lucros do exercício social em relação ao qual for atribuído aos acionistas o dividendo obrigatório, de que trata o artigo 202.

A norma transcrita estatuí a possibilidade da pessoa jurídica, organizada como sociedade anônima, pagar valores a seus administradores não empregados, a título de participação nos lucros e resultados, estatuindo pressupostos para tanto.

Em face dessa previsão legal, é imprescindível analisar a sua correlação com a norma de isenção constante da alínea "j" do § 9º do artigo 28 da Lei nº 8.212/91. Vide:

Art. 28. Entende-se por salário-de-contribuição:
§ 9º Não integram o salário-de-contribuição para os fins desta Lei, exclusivamente:
(...)
j) a participação nos lucros ou resultados da empresa, quando paga ou creditada de acordo com lei específica;

A disposição legal é expressa e inequívoca: o valor pago a título de participação nos lucros ou resultados da empresa, quando paga ou creditada de acordo com lei específica, não integra o salário de contribuição.

A norma está inserida nas disposições legais que delimitam a base de cálculo das contribuições previdenciárias, o denominado "salário de contribuição", sendo elemento do aspecto quantitativo da norma de incidência tributária. E havendo por parte do legislador infraconstitucional a redução do campo possível de incidência, há a instituição de isenção fiscal.

Destaque-se, ainda, que a norma isentiva não traz qualquer referência ao disposto no inciso XI do artigo 7º da Constituição Federal. Tal fato é relevante, uma vez que prevalece na jurisprudência o entendimento de que os direitos elencados no artigo 7º da CF teriam como destinatário os "trabalhadores", considerados aqueles que possuem relação com a empresa regulamentada pelo CLT (Consolidação da Legislação do Trabalho), o que lhes retiraria do campo de abrangência a relação com os legisladores estatutários. Por isso apenas a Lei n° 10.101/00 seria norma regulamentadora da participação nos lucros enquanto direito constitucional.

Ao não se vincular ao dispositivo constitucional, a alínea "j" do § 9° do artigo 28 da Lei n° 8.212/91 estende a sua incidência a todas as relações cuja remuneração está abrangida pelo conceito de "salário de contribuição", inclusive aqueles que não estão regulamentadas pela CLT, exatamente o caso dos diretores estatutários.

O artigo 28 da Lei n° 8.212/91, ao definir o conceito de "salário de contribuição", lhe vincula a quatro tipo de vínculos que geram remuneração pelo serviço ou trabalho prestado:

> I – para o empregado e trabalhador avulso: a remuneração auferida em uma ou mais empresas, assim entendida a totalidade dos rendimentos pagos, devidos ou creditados a qualquer título, durante o mês, destinados a retribuir o trabalho, qualquer que seja a sua forma, inclusive as gorjetas, os ganhos habituais sob a forma de utilidades e os adiantamentos decorrentes de reajuste salarial, quer pelos serviços efetivamente prestados, quer pelo tempo à disposição do empregador ou tomador de serviços nos termos da lei ou do contrato ou, ainda, de convenção ou acordo coletivo de trabalho ou sentença normativa;
> II – para o empregado doméstico: a remuneração registrada na Carteira de Trabalho e Previdência Social, observadas as normas a serem estabelecidas em regulamento para comprovação do vínculo empregatício e do valor da remuneração;
> III – para o contribuinte individual: a remuneração auferida em uma ou mais empresas ou pelo exercício de sua atividade por conta própria, durante o mês, observado o limite máximo a que se refere o § 5º;
> IV – para o segurado facultativo: o valor por ele declarado, observado o limite máximo a que se refere o § 5º.

A remuneração paga pela empresa ao diretor estatutário está enquadrada no inciso III do artigo 28 da Lei n° 8.212/91, já que este é contribuinte individual e segurado obrigatório da previdência social.

A delimitação das verbas que integram ou não integram o salário de contribuição, constante, respectivamente, no *caput* e § 8° do artigo 28 e o § 9° do mesmo artigo, se referem à delimitação do salário de contribuição, independentemente de qual inciso do caput a que se refere a relação que gera a remuneração.

Portanto, não é possível se arguir que a norma de isenção da alínea "j" do § 9° do artigo 28 da Lei n° 8.212/91 teria como abrangência apenas a remuneração dos empregados celetistas. Já que fosse esse o objetivo do legislador, este teria expressamente delimitado o campo de eficácia desta norma isentiva, o que não ocorreu.

Tanto que em outras alíneas do § 9° do artigo 28 da Lei n° 8.212/91, ao instituir regra de não inclusão de determinada rubrica no salário de contribuição, o legislador expressamente se utilizou do substantivo "empregado", delimitando o seu campo de eficácia. Citem-se alguns exemplos:

> m) os valores correspondentes a transporte, alimentação e habitação fornecidos pela empresa ao empregado contratado para trabalhar em localidade distante da de sua residência, em canteiro de obras ou local que, por força da atividade, exija deslocamento e estada, observadas as normas de proteção estabelecidas pelo Ministério do Trabalho; n) a importância paga ao empregado a título de complementação ao valor do auxílio-doença, desde que este direito seja extensivo à totalidade dos empregados da empresa; (grifamos)
>
> n) a importância paga ao empregado a título de complementação ao valor do auxílio-doença, desde que este direito seja extensivo à totalidade dos empregados da empresa; (grifamos)

Já a norma da alínea "p" do mesmo dispositivo compra que o legislador estava consciente de que havia diferenciação entre empregado e dirigentes. Tanto que quando pretendeu que determinado pressuposto para a isenção se aplicasse às duas categorias, o fez expressamente:

> p) o valor das contribuições efetivamente pago pela pessoa jurídica relativo a programa de previdência complementar, aberto ou fechado, desde que disponível à totalidade de seus empregados e dirigentes, observados, no que couber, os arts. 9º e 468 da CLT;

Já no caso da alínea "j", ora em análise, o legislador não fez qualquer diferenciação ou ressalva, o que implica, obrigatoriamente, que se trata de exclusão que abrange a delimitação do "salário de contribuição", qualquer que seja a relação que dá ensejo à remuneração por prestação de serviço ou trabalho.

E no caso de norma isentiva, é legalmente inviável pretender alterar o seu sentido literal, para trazer por mero raciocínio de interpretação, a exclusão da participação nos lucros para a diretores estatutários do seu campo de eficácia. Isso implicaria e ilegal violação ao que determinado pelo artigo 111, II, do CTN. Vide:

> Art. 111. Interpreta-se literalmente a legislação tributária que disponha sobre:
> I – suspensão ou exclusão do crédito tributário;
> II – outorga de isenção;
> III – dispensa do cumprimento de obrigações tributárias acessórias.

Segundo a lei complementar tributária as normas que concedem isenção devem ser interpretadas literalmente:

> Sobre a necessidade de se interpretar literalmente normas que constituem exceção, o Professor Hugo de Brito Machado leciona que "quem interpreta literalmente por certo não amplia o alcance do texto, mas com certeza também não o restringe. Fica no exato

alcance que a expressão literal da – norma permite. Nem mais, nem menos. Tanto é incorreta a ampliação do alcance, como a sua restrição".[3]

O Superior Tribunal de Justiça, reiteradamente, tem confirmado a eficácia da regra de interpretação determinada pelo artigo 111 do CTN. Cite-se a título de exemplo:

> PROCESSUAL CIVIL E TRIBUTÁRIO. VIOLAÇÃO AO ART. 535 DO CPC. NÃO OCORRÊNCIA. CONTRIBUIÇÕES VERTIDAS PELOS PATROCINADORES ÀS ENTIDADES DE PREVIDÊNCIA COMPLEMENTAR. CONTRIBUIÇÃO PROVISÓRIA SOBRE MOVIMENTAÇÃO FINANCEIRA – CPMF. NÃO INCIDÊNCIA. INTELIGÊNCIA DO ART. 69, § 1º, DA LEI COMPLEMENTAR Nº 109/01.
> (...)
> 2. O *caput* do art. 69 da Lei Complementar nº 109/01 refere-se aos patrocinadores e aos participantes/beneficiários do plano de previdência complementar. Tanto é assim que são eles que usufruem da dedução do imposto de renda (IRPF e IRPJ) prevista na parte final do referido dispositivo. A dedução do IRPJ da patrocinadora está prevista no art. 13, V, da Lei nº 9.249/95. Já a dedução do IRPF do participante está prevista no art. 4º, V, da Lei n. 9.250/95. Desse modo, à semelhança do caput, o § 1º do art. 69 da Lei Complementar nº 109/01 somente pode se referir às contribuições devidas pela patrocinadora e pelo participante/beneficiário.
> 3. Consoante a redação do inciso II do art. 2º da Lei nº 9.311/96, o lançamento a débito, por instituição financeira, em contas correntes de depósito, em contas correntes de empréstimo, em contas de depósito de poupança etc, correspondente ao valor vertido às entidades de previdência complementar a título de contribuição da patrocinadora, seria levado à tributação pela CPMF, não fosse pelo art. 69 da LC nº 109/01, que exclui a incidência de tributação sobre tais contribuições.
> 4. O legislador definiu expressamente no § 1º do art. 69 da Lei Complementar nº 109/01 o regime fiscal aplicável às contribuições vertidas para as entidades de previdência complementar, destinadas ao custeio dos planos de benefícios de natureza previdenciária, criando hipótese legal de não incidência tributária sobre as referidas contribuições, o que, em outras palavras, significa que tais contribuições não constituem fato gerador de tributação, relativamente aos patrocinadores e aos participantes/beneficiários.
> 5. Tamanha foi a preocupação em excluir o montante das contribuições vertidas para as entidades de previdência complementar de incidência tributária que o legislador, além da referência à não incidência tributária, também fez referência expressa à não incidência de contribuições de qualquer natureza sobre os referidos montantes, apesar de, hodiernamente, ser pacífica a natureza tributária da contribuições especiais, dentre quais se encontra aquela prevista nos arts. 74 e 75 do ADCT, a saber, a CPMF objeto do presente recurso especial.
> 6. Não cabe ao intérprete restringir o alcance do dispositivo legal que, a teor do art. 111 do CTN, deve ter sua aplicação orientada pela interpretação literal, a qual não implica, necessariamente, diminuição do seu alcance, mas sim sua exata compreensão pela literalidade da norma.

---

[3] MACHADO, Hugo de Brito. *Curso de Direito Tributário*. 33ª ed. São Paulo: Malheiros, 2012. p. 116.

7. Recurso especial não provido. (REsp 1468436/RS, Rel. Ministro MAURO CAMPBELL MARQUES, SEGUNDA TURMA, julgado em 01/12/2015, DJe 09/12/2015)

Também não há que se argumentar que a regra da alínea "j" não abarcaria o disposto no art. 152, § 1º, da Lei 6.404/76, por se tratar de norma promulgada anteriormente à Lei nº 8.212/91.

Seria novamente uma equivocada tentativa de, por simples e desarrazoada interpretação, restringir a eficácia, decorrente da sua literalidade, da norma isentiva. O legislador em nenhum momento dispôs que somente estaria abrangida por essa disposição a PLR instituída por lei promulgada posteriormente à Lei nº 8.212/91.

É a mesma situação, por exemplo, da isenção prevista na alínea "f", do mesmo dispositivo. A norma se refere à exclusão do salário de contribuição da parcela recebida a título de vale-transporte, nos termos da legislação própria. Ora, o valor transporte foi instituído pela Lei nº 7.418/85, também anterior à norma de custeio previdenciário. Nem por isso se argui que a exclusão ficaria a depender de norma posterior, que ao instituir o vale transporte, previsse a sua dissociação do salário.

O que o legislador exigiu é a existência de norma que institua e regulamente o pagamento de participação nos lucros e resultados a segurado obrigatório da previdência social. Havendo tal norma, seja esta anterior ou posterior à Lei nº 8.212/91, está assegurada a exclusão dessa verba do salário de contribuição.

Exatamente a situação dos diretores estatutários, em que dispositivo legal vigente, expressamente instituiu a Participação nos Lucros dos diretores estatutários, trazendo qual o procedimento formal e os limites para o seu pagamento.

No que se refere à jurisprudência do Conselho Administrativo de Recurso Fiscais (CARF), se localizavam precedentes favoráveis e desfavoráveis à exclusão da PLR dos diretores estatutários do salário de contribuição. Mas com prevalência de decisões desfavoráveis.

Até que recentemente, em 23/06/2016, a Segunda Turma da Câmara Superior de Recursos Fiscais julgou pela primeira vez a matéria e negou provimento ao Recurso Especial apresentado pelo contribuinte no Processo Tributário Administrativo nº 10283.720411/2011-19. Apesar de ainda não disponibilizado o acórdão, quando da finalização do presente artigo, como efetuamos sustentação oral no julgamento e o acompanhamos, atestamos que foi mantido o entendimento da Receita Federal de que a PLR dos estatutários não se encontra abrangida pelo inciso XI do artigo 7º da Constituição e também pela Lei nº 10.101/00. Mas faltou a análise mais profunda da correlação entre o art. 152, § 1º, da Lei 6.404/76 e a alínea "j" do § 9º do artigo 28 da Lei nº 8.212/91.

Como exemplo de que a análise feita pelo CARF, *data venia*, sobre correlação entre o art. 152, § 1º, da Lei 6.404/76 e a alínea "j" do § 9º do artigo 28 da Lei nº 8.212/91 tem sido equivocada, cite-se o Acórdão nº 2402004.987, proferido pela Segunda Turma Ordinária da 4ª Câmara da Segunda Seção, em 16/02/16. Ementa em nota.[4]

Sobre o tema em análise, cite-se o seguinte trecho do acórdão:

> Nesse caminhar, entende-se que a própria Corte Constitucional reconheceu que a participação nos lucros ou resultados (PLR) passou a não integrar a basede cálculo das contribuições previdenciárias somente a partir da edição da MP 94/1994, reeditada várias vezes e finalmente convertida na Lei 10.101/2000. Esse entendimento é extraído do Supremo Tribunal Federal (STF) no julgamento do RE 398284/RJ.
>
> (...)
>
> Percebese, então, que, se o STF entendeu que não havia lei regulamentando o pagamento de PLR antes da edição da MP nº 794/1994, não há como acolher o entendimento de que a expressão "lei específica" contida na alínea "j" do § 9º do art. 28 da Lei 8.212/1991 também se refere a outras leis extravagantes, tal como a Lei 6.404/1976

---

[4] Período de apuração: 01/01/2009 a 31/12/2011.
"REMUNERAÇÃO DIRETORES NÃO EMPREGADOS. PARTICIPAÇÃO NOS LUCROS. INCIDÊNCIA DE CONTRIBUIÇÃO PREVIDENCIÁRIA. INAPLICABILIDADE DA LEI 10.101/2000. DESCUMPRIMENTO DO ART. 28, § 9º, DA LEI 8.212/91. Uma vez estando no campo de incidência das contribuições previdenciárias, para não haver incidência é necessária à previsão legal nesse sentido, sob pena de afronta aos princípios da legalidade e da isonomia. Inteligência do art. 28, § 9º, da Lei 8.212/91. Não havendo subordinação jurídica nem natureza pessoal da relação empregatícia, os administradores da companhia (Diretores e Conselheiros) serão qualificados como segurados contribuintes individuais, a teor do art. 12, V, alínea "f", da Lei 8.212/1991".
"PAGAMENTOS A TÍTULO DE PARTICIPAÇÃO NOS LUCROS E RESULTADOS (PLR) A ADMINISTRADORES. INEXISTÊNCIA DE LEI REGULAMENTADORA. IMPOSSIBILIDADE GOZO IMUNIDADE CONDICIONAL. EFICÁCIA LIMITADA DO ART. 7º, XI, DA CONSTITUIÇÃO FEDERAL. INCIDÊNCIA DA CONTRIBUIÇÃO PREVIDENCIÁRIA SOBRE A PARTICIPAÇÃO ESTATUTÁRIA. ALINHAMENTO COM DECISÃO JUDICIAL. A regra constitucional do art. 7º, XI, possui eficácia limitada, dependendo de lei regulamentadora para produzir a plenitude de seus efeitos, pois ela não foi revestida de todos os elementos necessários à sua executoriedade. Inteligência dos entendimentos judiciais manifestados no RE 505597/RS, de 01/12/2009 (STF), e no AgRg no AREsp 95.339/PA, de 20/11/2012 (STJ). Somente com o advento da Medida Provisória (MP) 794/94, convertida na Lei 10.101/2000, foram implementadas as condições indispensáveis ao exercício do direito à participação dos trabalhadores empregados no lucro das sociedades empresárias. Inteligência do RE 569441/RS, de 30/10/2014 (Info 765 do STF), submetido a sistemática de repercussão geral. Por força do artigo 62, § 2º, do Regimento Interno do CARF, aprovado pela Portaria MF nº 343, de 09/06/2015, as Turmas deste Conselho devem reproduzir o mesmo entendimento em seus acórdãos.Na ausência lei regulamentadora quanto ao pagamento de participação nos lucros e resultados (PLR) dos administradores, configurados como contribuintes individuais, a imunidade condicionada constitucionalmente não pode produzir efeitos para os administradores da companhia." (Diretores e Membros do Conselho de Administração).
"PRÓ-LABORE INDIRETO. INCIDÊNCIA CONTRIBUIÇÃO PREVIDENCIÁRIA.É devida contribuição sobre remunerações pagas ou creditadas, a qualquer título, no decorrer do mês, aos segurados contribuintes individuais a serviço da empresa.Recurso Voluntário Negado.

que dispõe sobre as Sociedades por Ações (companhia), inclusive o seu art. 152, § 1º estabeleceu que o estatuto da companhia pode atribuir aos administradores participação nos lucros da companhia, desde que sejam atendidos dois requisitos: (i) a fixação dividendo obrigatório em 25% ou mais do lucro líquido; e (ii) total da participação estatutária não ultrapasse a remuneração anual dos administradores nem 0,1 (um décimo) dos lucros, prevalecendo o limite que for menor.

Ora, a decisão do Pleno do Supremo Tribunal Federal teve como objeto exclusivamente a fixação do grau de eficácia do disposto no inciso XI do artigo 7º da Constituição Federal, tendo fixado que a sua eficácia é limitada. Via de consequência, somente após a edição da Lei nº 10.101/00, a PLR paga a empregados celetistas está abrangida pela norma constitucional.

O referido julgado não tinha como objeto de análise definir a correta aplicação do disposto na alínea "j" do § 9º do artigo 28 da Lei nº 8.212/91 em face do que dispõe o art. 152, § 1°, da Lei 6.404/76.

Ora, se o CARF pacificou o entendimento de que somente os empregados celetistas são destinatários do direito social previsto no inciso XI do artigo 7º da Constituição Federal, consequentemente, somente a esta categoria de trabalhadores a exclusão da PLR do salário de contribuição está vinculada à edição da norma infraconstitucional regulamentadora do dispositivo constitucional.

Mas isso de forma nenhuma elide o fato de que o legislador infraconstitucional instituiu uma isenção para a incidência das contribuições previdenciárias, para o pagamento de PLR a qualquer categoria profissional, uma vez que não vinculou essa exoneração ao referido dispositivo constitucional.

A matéria ainda aguarda a consolidação da jurisprudência dos Tribunais, notadamente o seu julgamento pela Primeira Seção do Superior Tribunal de Justiça, quando se espera, poder-se-á efetuar a análise mais consistente nos termos ora consignado.

Nos termos expostos, entendemos que sendo cumpridos os pressupostos do artigo 152 da Lei nº 6.404/76, impõe-se o reconhecimento da incidência da norma de isenção da alínea "j" do § 9º do artigo 28 da Lei nº 8.212/91, padecendo de ilegalidade a pretensão de se incluir tais valores no salário de contribuição.

# 8. Incidência da Contribuição ao SENAR sobre as receitas de exportações

Em coautoria com
Aimberê Almeida Mansur

8.1. Introdução

O presente artigo tem como objetivo analisar o alcance da norma prevista no art. 22-A da Lei nº 8.212/91, que trata da incidência da Contribuição ao Serviço Nacional de Aprendizagem Rural – SENAR –, e a possibilidade da sua incidência sobre as receitas de exportações, conforme regulamentado pelo § 3º do artigo 170 da IN nº 971/2009 da Receita Federal do Brasil, em face da previsão contida no art. 149 da Constituição, que conferiu imunidade às "contribuições sociais e de intervenção no domínio econômico".

Embora o tema objeto de nossas considerações não seja propriamente novo no cenário nacional, temos que sua relevância exsurge devido a matriz eminentemente constitucional do tema e da ausência do seu enfrentamento pelo Supremo Tribunal Federal. Além disso, não obstante a constitucionalidade da questão tratada – imunidade – o Superior Tribunal de Justiça tem se posicionado de forma desfavorável aos contribuintes, e esse entendimento tem sido replicado pelos Tribunais Regionais Federais.

Dentro desse contexto, passamos a analisar e interpretar a própria natureza jurídica do SENAR e a sua correta classificação dentre as espécies de contribuições previstas na Constituição.

8.2. Evolução legislativa

A contribuição devida hoje para o Serviço Nacional de Aprendizagem Rural – SENAR – corresponde a uma das antigas fontes de custeio previstas pela Lei n° 2.613/55, cuja arrecadação era destinada ao Serviço Social Rural, entidade autárquica que visava promover o desenvolvimento do homem no campo.

De maneira sucinta, pode-se afirmar que a referida autarquia possuía atividades diversas, já que servia tanto à seguridade social quanto à realização de ações sociais e interventivas do Estado no meio rural.

Nos termos do art. 6° Lei n° 2.613/55 era devida ao Serviço Social Rural a "contribuição de 3% (três por cento) sôbre a soma paga mensalmente aos seus empregados pelas pessoas naturais ou jurídicas que exerçam as atividades industriais adiante enumeradas".

Em julho de 1970, através do Decreto-Lei n° 1.110/70, foi criado o INCRA – Instituto Nacional de Colonização e Reforma Agrária –, entidade autárquica vinculada ao Ministério da Agricultura, tendo sido extintos os outros institutos que compunham o Serviço Social Rural.

Diante da criação do INCRA, os dispositivos sobre as contribuições ao Serviço Social Rural foram consolidados pelo Decreto Lei 1.146/70,[1] o qual manteve as contribuições já existentes. Contudo, foi estabelecida a repartição das receitas, sendo que parte delas seria destinada ao INCRA (órgão não previdenciário) e a outra para o FUNRURAL (órgão previdenciário), nos termos dos artigos 1° e 3° do referido diploma legal.

Dessa forma, apesar de se originar da mesma fonte de custeio, houve uma segregação nítida entre as atividades do antigo Serviço Social Rural, com a divisão não só da receita, mas também da competência funcional e administrativa entre dois órgãos completamente distintos: ao INCRA, o fomento das ações sociais e interventivas do

---

[1] "Art. 1°. As contribuições criadas pela Lei n° 2.613, de 23 de setembro de 1955, mantidas nos termos deste Decreto-Lei, são devidas de acordo com o artigo 6° do Decreto-Lei n° 582, de 15 de maio de 1969, e com o artigo 2° do Decreto-Lei n° 1.110, de 9 julho de 1970: I – Ao Instituto Nacional de Colonização e Reforma Agrária – INCRA: 1 – as contribuições de que tratam os artigos 2° e 5° deste Decreto-Lei; 2 – 50% (cinqüenta por cento) da receita resultante da contribuição de que trata o art. 3° deste Decreto-lei. (...) Art. 2°. A contribuição instituída no *caput* do artigo 6° da Lei número 2.613, de 23 de setembro de 1955, é reduzida para 2,5% (dois e meio por cento), a partir de 1° de janeiro de 1971, sendo devida sobre a soma da folha mensal dos salários de contribuição previdenciária dos seus empregados pelas pessoas naturais e jurídicas, inclusive cooperativa, que exerçam as atividades abaixo enumeradas: (...) Art. 3°. É mantido o adicional de 0,4% (quatro décimos por cento) a contribuição previdenciária das empresas, instituído no § 4° do artigo 6° da Lei n° 2.613, de 23 de setembro de 1955, com a modificação do artigo 35, § 2°, item VIII, da Lei número 4.863, de 29 de novembro de 1965. (...) Art. 5°. É mantida a contribuição de 1% (um por cento), instituída no artigo 7° da Lei n° 2.613, de 23 de setembro de 1955, com a alteração do artigo 3° do Decreto-Lei número 58, de 21 de novembro 1966, sendo devida apenas pelos exercentes de atividades rurais em imóvel sujeito ao Imposto Territorial Rural. (...) Art. 7° As empresas de atividades rurais não enquadradas no art. 6° desta lei contribuirão para o Serviço Social Rural com 1% (um por cento) do montante e da remuneração mensal para os seus empregados.

Estado no meio rural, e ao FUNRURAL, a gestão da previdência do trabalhador rural – PRORURAL – (que foi posteriormente extinta com o advento da Lei nº 7.787/89).

A matéria foi então objeto da Lei Complementar nº 11/71 que, através do seu art. 15, II, manteve a duplicidade das alíquotas e a inconfundível diferenciação da destinação entre as contribuições.

O SENAR somente surgiu com a Constituição de 1988, que no art. 62 do Ato das Disposições Constitucionais Transitórias determinou a criação do "Serviço Nacional de Aprendizagem Rural (SENAR) nos moldes da legislação relativa ao Serviço Nacional de Aprendizagem Industrial (SENAI) e ao Serviço Nacional de Aprendizagem do Comércio (SENAC), sem prejuízo das atribuições dos órgãos públicos que atuam na área".

Em decorrência da previsão acima, foi promulgada a Lei nº 8.315/91, que instituiu o SENAR, órgão vinculado a Confederação Nacional da Agricultura, "com o objetivo de organizar, administrar e executar em todo o território nacional o ensino da formação profissional rural e a promoção social do trabalhador rural, em centros instalados e mantidos pela instituição ou sob forma de cooperação, dirigida aos trabalhadores rurais" (art. 1º).

A Lei nº 8.315/91, ao instituir o novo órgão e definir suas atribuições, revogou tacitamente a contribuição ao INCRA, que passou a ser devida ao SENAR:

> Art. 3º Constituem rendas do Senar:
> I – contribuição mensal compulsória, a ser recolhida à Previdência Social, de 2,5% (dois e meio por cento) sobre o montante da remuneração paga a todos os empregados pelas pessoas jurídicas de direito privado, ou a elas equiparadas, que exerçam atividades:
> a) agroindustriais;
> b) agropecuárias;
> c) extrativistas vegetais e animais;
> d) cooperativistas rurais;
> e) sindicais patronais rurais.
> (...)

Posteriormente, houve a substituição da incidência da contribuição ao SENAR sobre a folha de pagamento para a incidência sobre a receita bruta proveniente da comercialização da produção rural. Para o produtor pessoa física, essa alteração se deu a partir da Lei nº 8.540/92 e, para o produtor pessoa jurídica, a partir da edição da Lei nº 8.870/94.

Em 2001, veio uma nova modificação, através da Lei 10.256 que introduziu o artigo 22-A na Lei nº 8.212 (que trata da previdência social) e determinou, em seu § 5°, que a contribuição ao SENAR devida pelas agroindústrias, até então prevista no inciso I do art. 3° da Lei nº 8.315/91, passaria a ser devida na forma de "adicional" no percentual de 0,25% incidente sobre a receita bruta proveniente da comercialização da produção:

> Art. 22-A. A contribuição devida pela agroindústria, definida, para os efeitos desta Lei, como sendo o produtor rural pessoa jurídica cuja atividade econômica seja a industrialização de produção própria ou de produção própria e adquirida de terceiros, incidente sobre o valor da receita bruta proveniente da comercialização da produção, em substituição às previstas nos incisos I e II do art. 22 desta Lei, é de:
> (...)
> § 5º O disposto no inciso I do art. 3º da Lei nº 8.315, de 23 de dezembro de 1991, não se aplica ao empregador de que trata este artigo, que contribuirá com o adicional de zero vírgula vinte e cinco por cento da receita bruta proveniente da comercialização da produção, destinado ao Serviço Nacional de Aprendizagem Rural (SENAR).

A questão que surge é se essa Contribuição ao SENAR alcançaria ou não as receitas de exportações, que a partir da Emenda Constitucional nº 33/2001 (que deu nova redação ao art. 149 da CF) foram imunizadas com relação "as contribuições sociais e de intervenção no domínio econômico":

> Art. 149. Compete exclusivamente à União instituir contribuições sociais, de intervenção no domínio econômico e de interesse das categorias profissionais ou econômicas, como instrumento de sua atuação nas respectivas áreas, observado o disposto nos arts. 146, III, e 150, I e III, e sem prejuízo do previsto no art. 195, § 6º, relativamente às contribuições a que alude o dispositivo.
> (...)
> § 2º. As contribuições sociais e de intervenção no domínio econômico de que trata o *caput* deste artigo:
> I – não incidirão sobre as receitas decorrentes de exportação;

Essa questão não passou despercebida da Receita Federal que, através da Instrução Normativa da Receita Federal do Brasil nº 971/2009, que regulamenta a tributação e arrecadação das contribuições sociais destinadas à Previdência Social e as destinadas a outras entidades ou fundos, embora reconhecesse a imunidade constitucional, excluiu expressamente da não incidência as receitas de exportação à contribuição relativa ao SENAR:

> Art. 170. Não incidem as contribuições sociais de que trata este Capítulo sobre as receitas decorrentes de exportação de produtos, cuja comercialização ocorra a partir de 12 de dezembro de 2001, por força do disposto no inciso I do § 2º do art. 149 da Constituição Federal, alterado pela Emenda Constitucional nº 33, de 11 de dezembro de 2001.
> (...)

§ 3º O disposto no caput não se aplica à contribuição devida ao Serviço Nacional de Aprendizagem Rural (Senar), por se tratar de contribuição de interesse das categorias profissionais ou econômicas.

A fundamentação para a incidência da contribuição ao SENAR sobre as receitas de exportação é a de que a sua natureza seria de contribuição de interesse de categorias profissional ou econômica, não estando abrangida pela norma do inciso I do § 2º do artigo 149 da Constituição, que teria aplicabilidade limitada às contribuições sociais e as de intervenção no domínio econômico.

Entretanto, entendemos que tais argumentos não estão em linha com a natureza jurídica do SENAR e com o entendimento doutrinário e jurisprudencial do STF sobre a matéria, conforme será demonstrado a seguir.

8.3. Natureza jurídica do SENAR

Conforme verificado, o artigo 149 da Constituição Federal de 1988 prevê três espécies distintas e bem delineadas de contribuições sociais: contribuição sociais, contribuições de intervenção no domínio econômico e contribuições de interesse de categorias profissionais ou econômicas.

A doutrina apresenta entendimentos diversos sobre as subclassificações dessas espécies, mas de forma geral todas elas apresentam um quadro semelhante à divisão que foi adotada pelo Supremo Tribunal Federal no Julgamento do RE nº 138.284/CE. O posicionamento adotado pelo STF decorre do entendimento exteriorizado no voto do Ministro Carlos Velloso, que é sintetizado nas seguintes passagens:

O citado artigo 149 institui três tipos de contribuições: a) contribuições sociais, b) de intervenção, c) corporativas. As primeiras, as contribuições sociais, desdobram se, por sua vez, em a.1) contribuições de seguridade social, a.2) outras de seguridade social e a.3) contribuições sociais gerais".

As contribuições sociais, falamos, desdobram-se em: a.1. Contribuições de Seguridade Social: estão disciplinadas no art. 195, I, II e III, da Constituição. São as contribuições previdenciárias, as contribuições do FINSOCIAL, as da Lei 7.689, o PIS e o PASEP (C.F., art. 239). Não estão sujeitas a anterioridade (arts. 149 e 195, § 69); a.2. outras de seguridade social (art. 195, § 49): não estão sujeitas à anterioridade (art. 149, art. 195, § 69). A sua instituição, todavia, está condicionada a observância da técnica da competência residual da União, a começar, para a sua instituição, pela exigência de lei complementar (arts. 195, § 42, e 154, I); a.3. contribuições sociais gerais (art. 149): o FGTS, o salário educação (art. 212, § 52), as contribuições do SENAI, do SESI, do SENAC (art. 240). Sujeitam se ao princípio da anterioridade.

As contribuições de intervenção no domínio econômico (art. 149), como as contribuições do I.A.A, do I.B.C., estão sujeitas ao principio da anterioridade. As corporativas (art. 149), cobradas, por exemplo, pela O.A.B., pelos Conselhos de Fiscalização de profissões liberais e pelos sindicatos (contribuição sindical) estão sujeitas, também, ao princípio da anterioridade.

O STF considerou como "corporativas" as contribuições de interesse da categoria profissional ou econômica, como por exemplo aquelas cobradas de pelos Conselhos de Fiscalização de profissões liberais e pelos sindicatos.

Tais contribuições são destinadas a custear as pessoas jurídicas de direito público ou privado que têm por objetivo fiscalizar e regulamentar o exercício de determinadas atividades, assim como representar categorias profissionais ou econômicas. Esse é o tipo de contribuição que abrange os valores pagos por advogados e estagiários para a Ordem dos Advogados do Brasil – OAB –, por engenheiros ao Conselho Regional de Engenharia – CREA –, etc.

Por outro lado, o STF, de maneira expressa, classificou as contribuições ao Sistema "S", como contribuições sociais gerais e, embora não tenha feito expressa menção ao SENAR, não há dúvidas que o referido órgão possui a mesma natureza jurídica dos demais.

De fato, a própria ADCT em seu art. 62 já definia a natureza do SENAR de forma semelhante ao das entidades privadas vinculadas ao sistema sindical como SENAI, SENAC, SESI, SESC, tendo determinou a sua criação mesmos moldes daquelas.

Essa determinação não foi circunstancial. Na realidade, o antigo SRR (Serviço Social Rural) que originou o SENAR é que serviu de modelo para a criação das demais entidades do Sistema "S". Conforme bem destacado pela Ministra Eliana Calmon no julgamento do REsp 770.451/SC:

> O certo é que sobre o tema previdência rural o diploma básico é a Lei 2.613/55, pois com ela foi criado o SERVIÇO SOCIAL RURAL, sob a forma de fundação pública, vindo posteriormente a inspirar a criação do SESC e SENAC, SESI e SENAI, serviços sociais destinados aos trabalhadores do comércio e da indústria, respectivamente, além da LBA;

Ora, as contribuições ao "Sistema S" são aquelas aludidas no art. 240 da Constituição Federal, que ressalvou a cobrança, a par do disposto no artigo 195 da CF, das então existentes contribuições compulsórias dos empregadores sobre a folha de salários, destinadas às entidades privadas de serviço social e de formação profissional vinculadas ao sistema sindical. Trata-se de tributo exigido de pessoas privadas (empregadores) relativamente a fatos distintos da atividade estatal, destinados a entidades privadas que visam a prestação de utilidades de cunho social e o investimento na formação profissionais dos empregados vinculados as diversas categorias profissionais (SENAI, SESI, SESC, SENAC, etc.).

Por sua vez, o Serviço Nacional de Aprendizagem Rural – SENAR – foi criado pela Lei nº 8.315, de 23 de dezembro de 1991, nos termos do artigo 62 do Ato das Disposições Constitucionais Transitórias (que como vimos determinou sua criação nos moldes do SENAI e SENAC) e regulamentado pelo Decreto nº 566, de 10 de junho de 1992. É uma Instituição de direito privado, paraestatal, mantida com recursos provenientes da contribuição compulsória sobre a comercialização de produtos agrossilvipastoris vinculada à Confederação da Agricultura e Pecuária do Brasil – CNA.

O artigo 2º do Decreto nº 566/92 disciplina as atividades e objetivos do SENAR:

> Art. 2º O objetivo do Senar é organizar, administrar e executar, em todo o território nacional, o ensino da formação profissional rural e a promoção social do trabalhador rural, em centros instalados e mantidos pelo Senar, ou sob a forma de cooperação, dirigida aos trabalhadores rurais.

É inequívoco que o SENAR tem a mesma função e objetivos que informa o chamado "Sistema S", já que visa "o ensino da formação profissional rural e a promoção social do trabalhador rural". Da mesma forma, a sua vinculação a norma do artigo 240 da Constituição Federal.

Por este contexto, e tendo em vista também o posicionamento fixado pelo STF no RE nº 138.284/CE é juridicamente indiscutível que a contribuição ao SENAR possui a mesma natureza jurídica das demais contribuições do Sistema "S", ou seja, natureza jurídica de contribuições sociais (classificação "a") – contribuições sociais gerais (classificação "a.3"), as quais não incidem sobre a receita decorrente da exportação.

O fato de as contribuições sociais "gerais" terem como pressuposto o art. 240 da CF, que determina a incidência sobre a "a folha de salários", situação que foi modificada com relação ao SENAR com a edição da Lei nº 8.540/92, que passou a determinar a incidência da contribuição sobre a receita bruta proveniente da comercialização da produção rural, não altera tal classificação.

Tal entendimento foi confirmado pelo Supremo Tribunal Federal ao apreciar a liminar na ADI 1.924-1, que trata da constitucionalidade da contribuição destinada a custear o SESCOOP, que naquela assentada confirmou o entendimento de que a contribuição do SENAR teria a mesma natureza jurídica das demais contribuições ao sistema "S", não fazendo qualquer restrição à alteração da base de cálculo da referida contribuição.

De fato, naquele julgamento, a contribuição ao SENAR foi tratada de forma idêntica as demais contribuições ao Sistema "S", como se extrai da ementa do acórdão:

> 1. Ação Direta de Inconstitucionalidade, com pedido de medida liminar, ajuizada contra os arts. 7º, 8º, 9º e 11 da MP 1.715/1998 e reedições, que autorizam a criação do Serviço Nacional de Aprendizagem do Cooperativismo – SESCOOP –, preveem as respectivas fontes de custeio e determina a substituição de contribuições da mesma espécie e destinadas a serviços sociais (SENAI, SESI, SENAC, SESC, SENAT, SEST, SENAR) pela contribuição destinada a custear o SESCOOP.

Em seu voto, o Ministro Nelson Jobim classificou de forma expressa as referidas "contribuições da mesma espécie e destinadas a serviços sociais (SENAI, SESI, SENAC, SESC, SENAT, SEST, SENAR)" como sendo diferentes daquelas contribuições de interesse das categorias profissionais, *verbis*:

> Há outros exemplos tradicionais de destinação de recursos tributário para entidades de personalidade jurídica de direito privado tais como:
> (a) as contribuições de interesse das categorias profissionais (tendo como destinatário a OAB);
> (b) as contribuições hoje previstas na Constituição para o SISTEMA "S" (art. 240 da CF tendo como destinatárias as organizações sociais autônomas) e
> (c) a contribuição sindical (art. 149 da CF tendo como destinatário os sindicatos).

Além disso, com a instituição da Lei nº 10.256/01, que introduziu o artigo 22-A na Lei nº 8.212 (que trata da previdência social), a contribuição ao SENAR devida pelas agroindústrias, até então prevista no inciso I do art. 3º da Lei nº 8.315/91, passou a ser devida na forma de "adicional" no percentual de 0,25% incidente sobre a receita bruta proveniente da comercialização da produção.

Como se sabe a Lei nº 8.212/91 foi editada com base na competência outorgada pelo art. 195, I, da Constituição Federal, tendo como objeto a organização da Seguridade Social e a instituição do Plano de Custeio para Previdência Social. Dessa forma, a contribuição ao SENAR, prevista no § 5º do art. 22-A, perdeu a natureza de contribuição autônoma, passado a incidir como adicional da contribuição social geral.

Nesse contexto, não é possível se pretender que a contribuição principal (contribuição da agroindústria) tenha natureza diversa do seu adicional (contribuição ao SENAR). A referida alteração legal confirmou que a contribuição ao SENAR é uma contribuição social geral, instituída com base no artigo 149 da Constituição.

Por outro lado, caso se entenda que a alteração da base de cálculo da contribuição, que deixou de incidir sobre a folha de salários e passou a incidir sobre a receita bruta da comercialização do produto, teria modificado um dos elementos essenciais para caracterização da referida contribuição como uma contribuição social, nos moldes definidos pelo art. 240 da CF/88, e que estar-se-ia diante de uma "nova" contribuição, esta assumiria os contornos de uma Contribuição de Intervenção no Domínio Econômico, nos moldes do que foi decidido pelo STF com relação ao SEBRAE, no RE nº 396266/SC, já mencionado.

Naquele julgamento, o Ministro Carlos Velloso, estabeleceu alguns dos pontos distintivos entre as referidas subespécies tributárias:

> As contribuições de interesse das categorias profissionais ou econômicas destinam-se ao custeio de entidades que tem por escopo fiscalizar ou regular o exercício de determinadas atividades profissionais ou econômicas, bem como representar, coletiva ou individualmente, categorias profissionais, defendendo seus interesses. Evidente, no caso, a necessidade de vinculação entre a atividade profissional ou econômica do sujeito passivo da relação jurídica tributária e a entidade destinatária da exação.
>
> Já as contribuições de intervenção do domínio econômico, como a sua própria denominação já alerta, são instrumentos de intervenção no domínio econômico, que devem ser instituídos levando em consideração os princípios gerais da ordem econômica arrolados e disciplinados nos arts. 170 a 181 da Constituição Federal.
>
> A Lei nº 8.154/90, que promoveu alterações na Lei nº 8.029/90, assim disciplinou a competência do SEBRAE:
>
> "Art. 9º. Compete ao serviço social autônomo a que se refere o artigo anterior planejar, coordenar e orientar programas técnicos, projetos e atividades de apoio às micro e pequenas empresas, em conformidade com as políticas nacionais de desenvolvimento, particularmente as relativas às áreas industrial, comercial e tecnológica."
>
> A leitura do artigo art. 9º da Lei nº 8.029/90, alterado pela Lei nº 8.154/90 deixa claro que não possui o SEBRAE qualquer finalidade de fiscalização ou regulação das atividades das micro e pequenas empresas, mas de incentivo a sua criação e desenvolvimento em conformidade com o disposto no art. 179 da Constituição Federal, acreditando em seu potencial de influenciar positivamente as áreas industrial, comercial e tecnológica, estas também de interesse das empresas que contribuem ao SESC/SENAC, SESI/SENAI . (...)
>
> Conclui-se, portanto, que a contribuição para o SEBRAE é daquelas de intervenção na atividade econômica (...)

As contribuições interventivas – CIDEs, têm por escopo intervir em determinada atividade econômica, de forma a atingir certo círculo de pessoas, e possuem como finalidade arrecadar ou custear uma atividade, uma prestação de serviço público ou o exercício do poder de polícia. Por ser tratar de instrumento de ação direta na economia, as contribuições interventivas devem atender aos princípios gerais da atividade econômica, que estão previstos nos artigos 170 a 181 da CF/88.

Agora vejamos qual a finalidade do SENAR e o destino da contribuição que lhe é destinada. Conforme o art. 1º da Lei nº 8.135/1991:

> Art. 1º. É criado o Serviço Nacional de Aprendizagem Rural (SENAR), com o objetivo de organizar, administrar e executar em todo o território nacional o ensino da formação profissional rural e a promoção social do trabalhador rural, em centros instalados e mantidos pela instituição ou sob forma de cooperação, dirigida aos trabalhadores rurais.

Sobre a atividade do SENAR, traga-se enxerto do voto da Ministra Eliana Calmon no Recurso Especial nº 770.451/SC, ao analisar a natureza jurídica da contribuição ao INCRA:

> Para atender aos trabalhadores rurais como um todo é que existe o Serviço Nacional de Aprendizagem Rural – SENAR –, que tem como objetivos organizar, administrar e executar em todo o território nacional o ensino da formação profissional rural e a promoção social do trabalhador rural, em centros instalados e mantidos pela instituição ou sob a forma de cooperação, dirigida aos trabalhadores rurais (art. 1º da Lei 8.315/91).

Nesse sentido, o SENAR foi criado com objetivo claro e definido valorizar o trabalho humano (art. 170, *caput*), propiciar a busca do pleno emprego (art. 170, VIII) e reduzir as desigualdades regionais e sociais (art. 170, VII), o que revela uma intervenção positiva da entidade. Mais especificamente visa também à concreção de objetivos vinculados à política agrícola (art. 187, III e IV, da CRFB), que também se encontra inserido no Título VII da CRFB, nominado como "Da Ordem Econômica e Financeira".

Ora, confrontando a lei instituidora do SENAR com a decisão do STF no julgamento do Recurso Extraordinário nº 396266/SC verifica-se que o SENAR, assim como o SEBRAE, não possui qualquer função fiscalizatória, representativa ou que regule alguma atividade econômica, o que afasta a possibilidade de se rotular o tributo como contribuição "corporativa".

Portanto, seguindo essa linha de raciocínio, estar-se-ia diante de uma "nova" contribuição, que assumiria contornos de uma Contribuição de Intervenção no Domínio Econômico, nos moldes do que foi decidido pelo STF com relação ao SEBRAE. Mais uma vez cite-se o entendimento do STF no já citado RE nº 396266-3/SC:

> Não sendo contribuição de interesse das categorias profissionais ou econômicas, mas contribuição de intervenção no domínio econômico, a sua instituição está jungida aos princípios gerais da atividade econômica, C.F., arts. 170 a 181. E se o SEBRAE tem por finalidade "planejar, coordenar e orientar programas técnicos, projetos e atividades de apoio às micro e pequenas empresas, em conformidade com as políticas nacionais de desenvolvimento, particularmente as relativas às áreas industrial, comercial e tecnológica (Lei 8.029/90, art. 9º, incluído pela Lei 8.154/91), a contribuição instituída

para a realização desse desiderato está conforme aos princípios gerais da atividade econômica consagrados na Constituição. (...)

Dessa forma, assim como foi decidido no caso do SEBRAE, a contribuição ao SENAR também poderia ser classificada como uma contribuição de intervenção ao domínio econômico, em razão das atribuições e objetivos do referido órgão, o qual não possui nenhuma semelhança com as atividades desenvolvidas por categorias profissionais ou econômicas.

8.4. Conclusão

Possuindo o SENAR a mesma natureza jurídica das demais entidades do Sistema "S", resta definida a natureza jurídica da sua contribuição como sendo uma "contribuição social geral" nos moldes do entendimento consolidado do STF.

Ainda que assim não fosse, a referida contribuição assume os contornos de uma Contribuição de Intervenção no Domínio Econômico, nos moldes do que foi decidido pelo STF com relação ao SEBRAE, no RE nº 396266/SC.

De qualquer forma, considerando que a contribuição ao SENAR não possui natureza de contribuição de interesse de categoria profissional ou econômica, torna-se irrelevante a sua caracterização como uma contribuição social geral ou como contribuição de intervenção no domínio econômico, já que ambas as espécies de contribuição estão amparadas pela imunidade das receitas de exportação, motivo pelo qual a previsão contida no § 3º do artigo 170 da IN nº 971/2009 é inconstitucional, sendo, portanto, indevida a incidência da referida contribuição sobre as receitas de exportação.

Por fim, a jurisprudência desfavorável do STJ e dos Tribunais Regionais Federais não inviabiliza tal entendimento, principalmente porque a contribuição ao SENAR tem como fundamento constitucional o art. 149 da CF e, embora o STF ainda não tenha enfrentado de forma específica a questão relativa a natureza jurídica do SENAR, as decisões proferidas pelo Tribunal Supremo em julgamentos de outras espécies de contribuições fornecem elementos suficientes para validar o entendimento de que a contribuição do SENAR não possui natureza jurídica de contribuição de interesse de categoria profissional ou econômica.

9. *A delimitação do conceito de habitualidade na integração de verbas ao salário de contribuição*

Em coautoria com
Paulo Honório de Castro Júnior

9.1. Introdução

A habitualidade no pagamento de verbas decorrentes de contrato de trabalho vem sendo identificada, na doutrina e na jurisprudência, como requisito essencial à integração da parcela ao salário de contribuição.

Trata-se de elemento positivado no art. 201, § 11, do Texto Constitucional,[1] inserido na Seção III, Da Previdência Social, como condição para a incorporação da verba ao salário do empregado, para fins efeito de custeio e benefícios previdenciários.

No âmbito infraconstitucional, a Lei nº 8.212/1991 utiliza o termo habitual para qualificar os ganhos sob a forma de utilidades que são incorporados ao salário e contribuição, nos termos dos seus artigos 22, I,[2] e 28, I.[3] Por outro lado, o mesmo diploma faz referência ao termo

---

[1] Art. 201. A previdência social será organizada sob a forma de regime geral, de caráter contributivo e de filiação obrigatória, observados critérios que preservem o equilíbrio financeiro e atuarial, e atenderá, nos termos da lei, a: (...) § 11. Os ganhos habituais do empregado, a qualquer título, serão incorporados ao salário para efeito de contribuição previdenciária e consequente repercussão em benefícios, nos casos e na forma da lei.

[2] Art. 22. A contribuição a cargo da empresa, destinada à Seguridade Social, além do disposto no art. 23, é de: (...) I – vinte por cento sobre o total das remunerações pagas, devidas ou creditadas a qualquer título, durante o mês, aos segurados empregados e trabalhadores avulsos que lhe prestem serviços, destinadas a retribuir o trabalho, qualquer que seja a sua forma, inclusive as gorjetas, os ganhos habituais sob a forma de utilidades e os adiantamentos decorrentes de reajuste salarial, quer pelos serviços efetivamente prestados, quer pelo tempo à disposição do empregador ou tomador de serviços, nos termos da lei ou do contrato ou, ainda, de convenção ou acordo coletivo de trabalho ou sentença normativa.

eventual para caracterizar as verbas que devem ser excluídas da base de cálculo das contribuições previdenciárias sobre a remuneração (art. 28, § 9º, "e" item 7).[4]

O mesmo é verificado no Regulamento da Previdência Social[5] – artigos 201, § 1º, e 214, I, no que tange ao termo habitual; e § 9º, V, alínea "j", sobre o termo eventual.

Ambos os termos (habitual e eventual) possuem alto grau de indeterminação.[6] Sendo requisitos essenciais para que uma verba sofra a incidência de Contribuições Previdenciárias, a dificuldade encontrada na doutrina e na jurisprudência para precisar tais termos implica indesejável grau de subjetividade na aplicação da norma ao caso concreto, o que resulta em insegurança jurídica.[7]

Como exemplo do problema ora exposto, e que se pretende enfrentar neste trabalho, está a seguinte manifestação no Acórdão da CSRF nº 9202003.044, de 12.02.2014:[8]

> Entendo que está sendo criada uma grande confusão ao tentarem comparar os conceitos de "habitualidade com o de não eventualidade" ou o "não habitualidade com o de eventualidade".

O objetivo aqui será investigar se há conceitos determinados de habitualidade e de eventualidade, bem como de que forma estes con-

---

[3] Art. 28. Entende-se por salário-de-contribuição: I – para o empregado e trabalhador avulso: a remuneração auferida em uma ou mais empresas, assim entendida a totalidade dos rendimentos pagos, devidos ou creditados a qualquer título, durante o mês, destinados a retribuir o trabalho, qualquer que seja a sua forma, inclusive as gorjetas, os ganhos habituais sob a forma de utilidades e os adiantamentos decorrentes de reajuste salarial, quer pelos serviços efetivamente prestados, quer pelo tempo à disposição do empregador ou tomador de serviços nos termos da lei ou do contrato ou, ainda, de convenção ou acordo coletivo de trabalho ou sentença normativa;

[4] Art. 28. (...) § 9º Não integram o salário-de-contribuição para os fins desta Lei, exclusivamente: (...)7. recebidas a título de ganhos eventuais e os abonos expressamente desvinculados do salário;

[5] Decreto nº 3.048, de 6 de maio de 1999.

[6] Maurício Godinho Delgado ensina: "O conceito de não eventualidade é, porém, um dos mais controvertidos do Direito do Trabalho. A dissensão apresenta-se na doutrina, na jurisprudência e nos próprios textos legais". *Curso de Direito do Trabalho*. São Paulo: LTr, 2010, p. 273.

[7] Humberto Ávila ensina que a segurança jurídica envolve uma controlabilidade semântico-argumentativa por meio de quatro métodos: (i) legitimação; (ii) determinação; (iii) argumentação; e (iv) fundamentação. Métodos estes necessários para garantir o maior fechamento semântico possível das normas, com a rejeição daquelas elevadamente indeterminadas, mas sem prejuízo de um incontornável âmbito marginal de indeterminação. Isso, de modo a "analisar o cumprimento da segurança jurídica primeiro por intermédio do dever prévio de maior determinação semântica possível, admitindo-se uma margem maior de indeterminação, caso a mutabilidade e a difusão do conteúdo não permitirem um fechamento semântico maior, e, segundo, por meio de um controle de legitimidade e de argumentação dos processos de regulamentação e de aplicação normativas". *Segurança jurídica*: entre permanência, mudança e realização no direito tributário. São Paulo: Malheiros, 2012, p. 332-333.

[8] CARF. Câmara Superior de Recursos Fiscais – CSRF. Acórdão nº 9202003.044 – 2ª Turma. Rel. Elias Sampaio Freire. Sessão de 12 de fevereiro de 2014.

ceitos podem ser fundamentados a partir da regra de competência constitucional para que a União institua Contribuições sobre a "folha de salários e demais rendimentos do trabalho pagos ou creditados, a qualquer título, à pessoa física que lhe preste serviço, mesmo sem vínculo empregatício".

9.2. A competência consttucional para instituir contribuições previdenciárias sobre a remuneração

O art. 195, I, "a", da Constituição Federal dispõe que a Seguridade Social será financiada mediante recursos de Contribuições, dentre as quais está a devida pelo empregador, empresa e entidade equiparada, incidente sobre:

> a) a folha de salários e demais rendimentos do trabalho pagos ou creditados, a qualquer título, à pessoa física que lhe preste serviço, mesmo sem vínculo empregatício.

Mas esta não é a redação original da Constituição. Em seus traços iniciais, foi outorgada competência à União para instituir Contribuições devidas pelos empregadores, "incidente sobre a folha de salários".

Nessa época, já vigorava o art. 201, § 4º, da Constituição (posteriormente reposicionado no § 11), no sentido de que: "Os ganhos habituais do empregado, a qualquer título, serão incorporados ao salário para efeito de contribuição previdenciária e consequente repercussão em benefícios, nos casos e na forma da lei".

Apenas com o advento da Emenda Constitucional nº 20/1998, a competência foi ampliada para abarcar a expressão "demais rendimentos do trabalho pagos ou creditados, a qualquer título, à pessoa física que lhe preste serviço, mesmo sem vínculo empregatício".

Considerando que a Constituição não define a expressão folha de salários, o seu conteúdo semântico deve ser incorporado do Direito do Trabalho, que é o subsistema jurídico competente pelos processos argumentativos de objetivação do termo salário. Nesse sentido, o preciso magistério de Humberto Ávila:[9]

> O intérprete deverá reconstruir os sentidos mínimos das expressões utilizadas pela Constituição, com vistas a verificar se os termos utilizados não possuem conceitos que já foram objeto de processos argumentativos de objetivação. Por exemplo, quando a Constituição usou o termo "salário", terminou fazendo referência ao conceito de salário já sedimentado no âmbito da legislação e da doutrina do Direito do Trabalho. [...]. Nesse

---

[9] ÁVILA, Humberto. *Segurança jurídica*: entre permanência, mudança e realização no direito tributário. São Paulo: Malheiros, 2012, p. 334-335.

sentido, a atividade interpretativa não é livre, pois parte de conceitos que já foram elevadamente determinados pelo uso argumentativo anterior, de tal sorte que a utilização de determinadas expressões indica um processo de incorporação conceitual do qual o intérprete não pode se afastar. Afasta-se, assim, a concepção segundo a qual a norma é exclusivamente construída diante do caso, como se antes dele não existissem sentidos intersubjetivos dos quais o intérprete não pudesse se afastar.

E, conforme lição de Maurício Godinho Delgado,[10] a denominação própria[11] da figura justrabalhista salário tem o sentido de "contraprestação devida e paga diretamente pelo empregador ao empregado em função da relação empregatícia".

A vinculação da determinação do conteúdo da regra de competência constitucional tributária a conceito já definido por ramos do direito, quando este é expressamente utilizado pelo texto constitucional, tem sido reiteradamente reconhecido pelo Supremo Tribunal Federal. Cite-se o clássico voto proferido pelo Ministro Marco Aurélio de Mello, que conduziu o acórdão de julgamento do Recurso Extraordinário nº 166.722/RS,[12] como explicitador desse entendimento, que delimita a atividade interpretativa, ao contexto acima explicitado.

Mas a parcela paga ao obreiro em virtude do contrato de trabalho não se esgota na verba fixa, configurada denominado "salário básico".[13] Nos termos do art. 457, da CLT, o salário é composto também por outras parcelas, naquilo que se logrou chamar de complexo salarial: salário básico; comissões; percentagens; gratificações ajustadas e abonos:

> Art. 457. Compreendem-se na remuneração do empregado, para todos os efeitos legais, além do salário devido e pago diretamente pelo empregador, como contraprestação do serviço, as gorjetas que receber.
> § 1º Integram o salário não só a importância fixa estipulada, como também as comissões, percentagens, gratificações ajustadas, diárias para viagens e abonos pagos pelo empregador.

A doutrina e a jurisprudência trabalhistas fixaram o entendimento segundo o qual as parcelas salariais podem ser típicas, atípicas e dissimuladas, de forma que o elemento essencial para se qualificar uma parcela como salarial, além da contraprestatividade, reside jus-

---

[10] DELGADO, Maurício Godinho. *Curso de Direito do Trabalho*. São Paulo: LTr, 2010, p. 651.

[11] Há denominações impróprias para o termo, por exemplo, oriundas do Direito Previdenciário, como o próprio "salário de contribuição", "salário-família", "salário-maternidade", "salário-educação", dentre outros.

[12] DJ 16-12-1994 PP-34896 EMENT VOL-01771-04 PP-00703

[13] Não se despreza aqui a controvérsia doutrinária sobre o conceito de salário e sua diferença de remuneração. Apenas não é o aspecto central do objeto em estudo.

tamente na habitualidade com que a verba é creditada, a despeito de sua denominação. Nesse sentido, ensina Marcel Cordeiro:[14]

> Há um feixe, portanto, de rubricas, e não apenas uma única rubrica paga à vista do desenvolvimento do contrato de trabalho. O salário global é constituído do salário básico, equivalente à importância fixa estipulada no ato da contratação do empregado, enriquecido de outras parcelas pagas pelo empregador, tudo segundo o disposto no § 1º do art. 457, da CLT.
> E assim como ocorre com o prêmio, a natureza salarial é outorgada a tais rubricas quando há habitualidade no pagamento. A remuneração de vantagem denominada ajuda de custo, por exemplo, quitada de forma fixa e mensal, representa pagamento de salário por via oblíqua.

Feitos estes apontamentos introdutórios, entendemos que há duas intepretações possíveis do Texto Constitucional, quanto à materialidade prevista para a incidência das Contribuições Previdenciárias.

Primeira interpretação: conduz ao entendimento de que, na redação original da Constituição, deve-se recorrer a uma leitura sistemática da expressão folha de salários (195, I) com a determinação de que ganhos habituais integram o salário, tendo como consequência o cômputo nos proventos de aposentadoria (201, § 4º). Leandro Paulsen[15] ensina:

> A expressão "folha de salários" pressupõe "salário", ou seja, remuneração paga a empregado, como contraprestação pelo trabalho que desenvolve em caráter não eventual e sob a dependência do empregador. Sempre foi preciso considerar, contudo, que o art. 201 alargava o conceito de salário para fins de cálculo das contribuições. Seu § 4º, posteriormente, renumerado pela EC nº 20/98 para § 11, dispõe: [...].
> Tem-se, pois, que o conceito de salário recebeu extensão dada pelo próprio texto constitucional, que compreendeu no mesmo "os ganhos habituais do empregado, a qualquer título". Não há, pois, como restringir a incidência, mesmo no período anterior à EC nº 20/98, ao conceito estrito de salário, mas, sim, a tal conceito com a abrangência estabelecida pela redação original do § 4º do art. 201.

A bem da verdade, nem mesmo o conceito justrabalhista de salário, como exposto alhures, é restrito ao salário fixo, abarcando todo o complexo salarial, composto pelas parcelas contraprestativas do trabalho, pagas com habitualidade.

O sentido da norma que determina a integração dos ganhos habituais ao salário, portanto, é de abarcar justamente as parcelas atípicas e dissimuladas, que têm natureza salarial conforme o próprio Direito do Trabalho, desde que creditadas em periodicidade frequente.

---

[14] CORDEIRO, Marcel. O conceito de salário na jurisprudência do TST e os institutos de bônus de entrada e retirada e das *stock options*. In: *Contribuições Previdenciárias Sobre a Remuneração*. Leandro Paulsen e Alessandro Mendes Cardoso (orgs.). Porto Alegre: Livraria do Advogado, 2013, p. 87.

[15] PAULSEN, Leandro; VELLOSO, Andrei Pitten. *Contribuições*: Teoria Geral. Contribuições em Espécie. Porto Alegre: Livraria do Advogado, 2010, p. 111-112.

E são duas as consequências da integração da verba ao salário, nos termos do § 4º (atual § 11) do art. 201 da Constituição: (i) a primeira é a incidência das Contribuições Previdenciárias; (ii) e a segunda é a repercussão da verba em benefícios previdenciários, isto é, o cômputo da parcela nos proventos de aposentadoria.

A segunda consequência (cômputo nos proventos de aposentadoria) traduz a aplicação do princípio da referibilidade, que é pressuposto de validade de todas as contribuições especiais. A esse respeito, Andrei Pitten Velloso ensina que contribuições especiais são "tributos devidos em razão de atos praticados pelos contribuintes, cuja cobrança gera receita predestinada a financiar atividades estatais ou despesas específicas",[16] tal qual as Contribuições Previdenciárias. E daí surge nítido o princípio da referibilidade, determinando que haja um liame (relação de pertinência) "entre a finalidade da contribuição e o grupo de sujeitos passivos que devem suportar seu encargo".[17] Isto é, não se pode cobrar algo de um grupo de pessoas que não se beneficiará do que foi pago na exata medida da atuação estatal correspondente, a qual, no caso em estudo, é a outorga de benefícios previdenciários.

Por isso, se a consequência da não integração de determinada verba ao salário do empregado, dada a não habitualidade do pagamento, é a sua não repercussão no cômputo dos benefícios previdenciários, mostra-se patente a impossibilidade de incidir Contribuições Previdenciárias sobre essa verba, sob pena de ofensa ao princípio da referibilidade.

O voto do Ministro Luís Roberto Barroso no RE nº 593.068/SC, proferido em março de 2015, corrobora o exposto:

> 20. Veja-se, então, que tanto para o regime geral quanto para o regime próprio, a base de cálculo da contribuição previdenciária é o salário ou a remuneração do empregado ou do servidor, aos quais devem ser incorporados os chamados "ganhos habituais". Tal incorporação se dá tanto para fins de incidência do tributo como para cálculo dos benefícios. A consequência inexorável, portanto, é que o que não constitua ganho incorporável aos proventos da aposentadoria não sofre a incidência da contribuição previdenciária. O tratamento constitucional da questão, portanto, é expresso, sequer demandando integração interpretativa mais complexa.

Nesta linha, a inovação introduzida pela EC nº 20/1998 não seria propriamente incluir no âmbito da competência da União os "demais rendimentos do trabalho pagos ou creditados, a qualquer título", uma vez que tais ganhos já se submetiam à tributação quando pagos com

---

[16] Op. cit., p. 28.
[17] Idem, p. 53.

habitualidade e, por isso, sofrendo repercussão em proventos de aposentadoria.

A inovação reside apenas na parte final da hodierna redação constitucional, ao se autorizar a incidência das Contribuições Previdenciárias sobre os rendimentos do trabalho pagos mesmo sem vínculo empregatício. Isso porque salário, e rendimentos do trabalho pagos com habitualidade, apenas são pagos ao empregado.

Em conclusão, o requisito da habitualidade (i) decorreria da própria Constituição, como mecanismo para se aferir a existência de salário e da repercussão em benefícios previdenciários, a despeito da denominação da rubrica; e (ii) seria desnecessário apenas quanto à remuneração do serviço prestado sem vínculo empregatício.

Segunda interpretação: ao contrário do exposto acima, a EC nº 20/1998 teria inovado não só ao autorizar a incidência das Contribuições sobre os rendimentos do trabalho pagos sem vínculo empregatício, como também ao permitir que qualquer verba, sendo contraprestação do trabalho, submeta-se à tributação, ainda que sem o requisito da habitualidade. Isto é, mesmo que não se incorpore ao salário do empregado.

Essa interpretação está fundada na literalidade da nova redação do art. 195, I, "a", da Constituição, que alude a um somatório entre as grandezas (i) folha de salários (em relação à qual aplica-se o critério da habitualidade como mecanismo para identificar quais são as parcelas salariais); e (ii) demais rendimentos do trabalho, a qualquer título, exigindo-se apenas que a verba aqui seja contraprestativa do trabalho, mesmo sem vínculo empregatício, e ainda que não haja habitualidade.

Neste caso, a interpretação literal afasta, por consequência lógica, o princípio da referibilidade enquanto critério especial de validade das contribuições especiais. Não é possível sustentar que a Constituição tenha implicitamente instituído referido princípio e, simultaneamente, a incidência de Contribuições Previdenciárias sobre verbas que, dada a não habitualidade do pagamento, não repercutem em benefícios previdenciários.

Ou seja, parte-se do pressuposto que há rendimentos do trabalho (portanto, contraprestativos) que não configuram salário – em relação ao qual (salário) se exige a habitualidade no pagamento da verba –, mas que estão igualmente sujeitos às Contribuições Previdenciárias, por força da EC nº 20/1998.[18]

---

[18] Neste sentido, o Acórdão nº 2401003.964, do CARF, de 09.12.2015: "Embora imponha, como regra, que o pagamento com habitualidade sofrerá a incidência da contribuição previdenciária, não se está dizendo que outros rendimentos decorrentes do trabalho, como autoriza a alínea 'a' do

Em todo caso, como será exposto no próximo tópico, o resultado é o mesmo: (i) a habitualidade é um requisito constitucional para a integração ao salário de contribuição de toda e qualquer verba paga aos empregados – primeira interpretação; ou (ii) ainda que não seja constitucional – segunda interpretação –, trata-se de um requisito infraconstitucional, introduzido pelo art. 28, § 9º, "e", item 7, da Lei nº 8.212/1991.

9.3. Tratamento infraconstitucional da habitualidade e a norma extraída do art. 28, § 9º, item 7, da Lei nº 8.212/1991

No âmbito infraconstitucional, a Lei nº 8.212/1991 utiliza o termo habitual para qualificar apenas os ganhos sob a forma de utilidades que são incorporados ao salário de contribuição (artigos 22, I, e 28, I).[19] O texto da lei é silente quanto à habitualidade enquanto critério essencial para que uma verba, paga em pecúnia ao empregado, integre o seu salário.

Por outro lado, o mesmo diploma faz referência ao termo eventual para caracterizar as verbas que devem ser excluídas da base de cálculo das Contribuições Previdenciárias, no art. 28, § 9º, "e", item 7:

§ 9º Não integram o salário-de-contribuição para os fins desta Lei, exclusivamente:
e) as importâncias:
7. recebidas a título de ganhos eventuais e os abonos expressamente desvinculados do salário.

O mesmo é verificado no Regulamento da Previdência Social – arts. 201, § 1º, e 214, I, no que tange ao termo habitual; e § 9º, V, alínea "j", sobre o termo eventual.

---

inciso I do art. 195 da Carta Política, *ainda que não habituais*, estariam necessariamente excluídos do custeio da seguridade social." – (grifamos).

[19] "Art. 22. A contribuição a cargo da empresa, destinada à Seguridade Social, além do disposto no art. 23, é de: I – vinte por cento sobre o total das remunerações pagas, devidas ou creditadas a qualquer título, durante o mês, aos segurados empregados e trabalhadores avulsos que lhe prestem serviços, destinadas a retribuir o trabalho, qualquer que seja a sua forma, inclusive as gorjetas, os ganhos habituais sob a forma de utilidades e os adiantamentos decorrentes de reajuste salarial, quer pelos serviços efetivamente prestados, quer pelo tempo à disposição do empregador ou tomador de serviços, nos termos da lei ou do contrato ou, ainda, de convenção ou acordo coletivo de trabalho ou sentença normativa. [...] Art. 28. Entende-se por salário-de-contribuição: I – para o empregado e trabalhador avulso: a remuneração auferida em uma ou mais empresas, assim entendida a totalidade dos rendimentos pagos, devidos ou creditados a qualquer título, durante o mês, destinados a retribuir o trabalho, qualquer que seja a sua forma, inclusive as gorjetas, *os ganhos habituais sob a forma de utilidades* e os adiantamentos decorrentes de reajuste salarial, quer pelos serviços efetivamente prestados, quer pelo tempo à disposição do empregador ou tomador de serviços nos termos da lei ou do contrato ou, ainda, de convenção ou acordo coletivo de trabalho ou sentença normativa." – (grifamos).

Portanto, ainda que se admitisse que a segunda interpretação da Constituição, delineada no tópico anterior, fosse a mais acertada, não se pode desconsiderar a regra de isenção das Contribuições sobre os ganhos eventuais percebidos pelo empregado.

9.4. Os conceitos de habitualidade e eventualidade

Como exposto, há insegurança jurídica em razão de ambos os termos (habitual e eventual) possuírem alto grau de indeterminação. Daí ser necessário o esforço da doutrina para, em medida razoável, objetivar os institutos.

Em primeiro lugar, é preciso investigar se há correspondência entre os conceitos de habitualidade e de não eventualidade. Isto é, se uma verba é paga sem habitualidade, é possível caracterizá-la como ganho eventual?

A utilidade dessa investigação é clara: ainda que alguém sustente a segunda interpretação possível do Texto Constitucional acerca da materialidade das Contribuições Previdenciárias (o que implica a inexistência do requisito da habitualidade na Constituição Federal), resta inevitável a aplicação da regra de isenção que exclui a incidência tributária sobre ganhos eventuais.

No âmbito do Conselho Administrativo de Recursos Fiscais se localizam precedentes que defendem a diferença entre os requisitos da habitualidade e o da não eventualidade.[20] Exemplo é o já citado Acórdão da CSRF nº 9202003.044, de 12.02.2014, no qual prevaleceu a posição de que (i) enquanto habitualidade significaria a frequência do pagamento – e seria aplicável apenas ao salário-utilidade; (ii) a eventualidade denotaria a falta de previsibilidade ou fortuidade do pagamento. Assim, prêmios pagos ao empregado por completar 25, 35 e 40 anos de serviço não seriam eventuais, "ante a exata previsibilidade de

---

[20] Cite-se, também, trecho do Acórdão nº 2401004.107 – 2ª Seção, 4ª Câmara, 1ª Turma Ordinária, sessão de 16/02/16: "Ocorre que, assim como no Direito do Trabalho, a análise da legislação leva ao mesmo dilema: definir o que é eventual e o que é habitual. Isso porque, em nossa compreensão, o que faz com que determinada verba não sofra incidência de contribuição previdenciária é o seu ganho ser eventual, no sentido de ser aleatório, de não ter sido previamente ajustado, de ser inesperado, não alcançado, portanto, situações em que os pagamentos foram pactuados, combinados, prometidos, quando, em verdade, a natureza dos pagamentos é de prêmio ou de gratificação e não da isenção contida no artigo 28, § 9º, *e*, item 7, da Lei nº 8.212/91. Eventual, portanto, é aquilo que é acidental, aleatório, inesperado, imprevisto, ocasional, contingente, fortuito e casual, enquanto que habitual é o que é costumeiro, cotidiano, repetido, usual, consuetudinário, regular, constante, costumado, frequente e rotineiro. Como se vê, um não é antônimo do outro. Assim, o ganho fortuito não sofre incidência de contribuição previdenciária. Sobre as utilidades, ainda que o recebimento não seja fortuito, se o recebimento não for regular, também não haverá incidência.

sua ocorrência". É dizer, segundo esta interpretação, um único pagamento realizado ao empregado a título de prêmio, ainda que não denote habitualidade (falta a frequência), se estiver previsto no contrato de trabalho e cujas condições puderem ser aferidas e acompanhadas pelo empregado, significaria a não eventualidade, por força da previsibilidade do pagamento.

Apesar de criativo, entendimentos como o acima exposto não devem ser reiterados na jurisprudência, ao menos por duas razões.

Em primeiro lugar, porque destoa da orientação do Direito do Trabalho, que é a que deve ser considerada na interpretação da Constituição e da Lei Ordinária no caso das Contribuições Previdenciárias sobre folha de salários e rendimentos do trabalho; salvo se a lei tributária expressamente dispusesse em contrário e se esta disposição fosse autorizada pelo Texto Constitucional (o que não ocorre neste caso).[21]

No Direito do Trabalho, o termo habitualidade é empregado ao menos em três frentes: (i) para designar o empregado não eventual; (ii) para fins de pagamento de adicionais, como de periculosidade; e (iii) para identificar as verbas que se incorporam ao salário. Por coerência sistêmica,[22] as construções argumentativas para objetivar o referido vocábulo em um caso aproveitam ao outro.

Sendo assim, o art. 3º da CLT designa empregado como "toda pessoa física que prestar serviços de natureza não eventual a empregador, sob a dependência deste e mediante salário". E, em face dessa norma, a jurisprudência do TST considera empregado aquele que presta serviço de maneira habitual, equivalendo, portanto, os termos habitual e não eventual:

---

[21] Humberto Ávila ensina, no âmbito da relação entre Direito Privado e Direito Tributário – e o mesmo pode ser aplicado na relação entre o Direito do Trabalho e o Direito Tributário –, que a legislação tributária, quando faz referência a conceitos de Direito Privado, até pode modificar o seu conteúdo semântico, desde que o faça expressamente. Não o fazendo, prevalece, no silêncio da lei tributária, o conceito civilista tal qual preconizado naquele campo jurídico: "[...] o legislador tributário, quando não houver reserva constitucional expressa ou implícita, pode modificar os conceitos de Direito Privado, dentro dos limites constitucionais e ontológicos e desde que haja um motivo relevante para tanto. [...]. Se houver uma modificação, pelo legislador tributário, de um conceito de Direito Privado, essa modificação deve ser expressa. [...]. Se o legislador tributário optar por não fazer uma revogação daquele conceito de Direito Privado, ele está optando pelo silêncio, por uma "dependência conceitual". E essa "dependência conceitual", na verdade, favorece aquele "horizonte de Direito Privado", de acordo com o qual os particulares se auto-regulam". ÁVILA, Humberto. Eficácia do Novo Código Civil na Legislação Tributária. In: GRUPPENMACHER, Betina. (org.). *Direito Tributário e o Novo Código Civil*. São Paulo: Quartier Latin, 2004, v. 1, p. 61-79.

[22] Stefano Bertea ensina que um sistema jurídico será coerente se todos os seus componentes se encaixam em uma coerência-sistêmica global (*global systemic coherence*), ou, sendo o fenômeno parcial, haverá coerência sistêmica local (*local systemic coherence*). BERTEA, Stefano. The arguments from coherence. *Oxford Journal of Legal Studies*, v. 25, p. 371, 2005.

1. DA RELAÇÃO DE EMPREGO.
A marca distintiva entre habitualidade e eventualidade reside não nos espaços em branco entre as prestações de trabalho, mas na previsibilidade de que os serviços serão prestados. (...) A reclamante exercia as funções de psicóloga, realizando avaliações psicológicas e ministrando cursos de direção defensiva para os empregados da primeira reclamada, de maneira habitual porque absolutamente previsível. (...). Admitida a prestação de serviços pela reclamada presume-se que a relação foi de emprego. (RR – 53-88.2011.5.04.0541, Relator Ministro: Luiz Philippe Vieira de Mello Filho, Data de Julgamento: 27/04/2016, 7ª Turma, Data de Publicação: DEJT 29/04/2016)

Quanto ao adicional de periculosidade, basta observar a fundamentação de Acórdão do TST que evidencia a correlação entre habitualidade e não eventualidade:

O que a recorrente procurou destacar, mesmo que timidamente, ao impugnar a decisão do Egrégio Tribunal Regional, foi o fato de o reclamante não ter trabalhado em contato permanente com o perigo, de modo a justificar o pagamento integral do adicional.
De fato, a eventualidade impede o deferimento da parcela.
Entretanto, a situação fática delimitada no julgado, tratando da intermitência, revela a freqüência e a habitualidade na exposição ao risco.
E esta Corte tem muito bem definido que também o contato de forma intermitente garante o pagamento do adicional de periculosidade. Apenas o contado eventual, fortuito, sem habitualidade e por tempo extremamente reduzido tornaria indevida a parcela.
(RR – 1433556-36.2004.5.01.0900, Relator Ministro: Aloysio Corrêa da Veiga, Data de Julgamento: 19/10/2005, 5ª Turma, Data de Publicação: DJ 11/11/2005).

E, no que tange à incorporação da verba habitual ao salário, é ver novamente o posicionamento do TST, ao equivaler os termos habitual e não eventual:

Os próprios documentos juntados com a inicial, demonstram que o recorrido, eventualmente, recebia, sob o código 013, "gratificação de férias". Realmente, analisando-se os documentos de fls. 11/21, nota-se que o pagamento de tal verba ocorreu, apenas, nos meses de fevereiro, abril e novembro de 1996, além de junho de 1994. Os documentos de fls. 110/119, também comprovam a eventualidade no pagamento pois, com base neles, nota-se, apenas, a quitação de tal verba em janeiro, março, abril, junho, agosto, setembro, outubro, novembro, dezembro todos de 1994; fevereiro, março, abril, maio, junho, julho, agosto, setembro, outubro, novembro e dezembro de 1995; janeiro, fevereiro, abril, maio, junho, agosto e novembro de 1996, março e maio de 1997.
O pagamento de tal verba, assim, não era habitual, de modo que, ante o teor do § 1º do artigo 457 da CLT, não merece integrar a base de cálculo para os efeitos pretendidos.
(AIRR – 216100-56.2000.5.15.0114, Relator Ministro: Renato de Lacerda Paiva, Data de Julgamento: 29/06/2005, 2ª Turma, Data de Publicação: DJ 12/08/2005)

Em segundo lugar, há equivalência entre habitualidade e não eventualidade conforme a jurisprudência do Superior Tribunal de

Justiça,[23] e até mesmo orientação da Procuradoria-Geral da Fazenda Nacional, que reconhece a validade da referida jurisprudência, em parecer a respeito (Parecer PGFN/CRJ/Nº 2.114/2011):

> 4. O entendimento sustentado pela União em juízo é o de que o abono único, concedido em Convenção Coletiva de Trabalho, sofre a incidência de contribuição previdenciária, porquanto ostenta natureza salarial.
>
> 5. Ocorre que o Poder Judiciário tem entendido diversamente, restando assente no âmbito do STJ o posicionamento segundo o qual o abono único, estabelecido em Convenção Coletiva de Trabalho, a teor do art. 28, § 9º, alínea "e", item 7, da Lei nº 8.212, de 1991, não integra a base de cálculo do salário-de-contribuição quando o seu pagamento carecer do requisito da habitualidade – o que revela a eventualidade da verba – e não se encontrar atrelado ao pleno e efetivo exercício da atividade laboral.

A PGFN é expressa: a ausência de habitualidade revela a eventualidade da verba e, portanto, autoriza a aplicação da norma de isenção extraída do art. 28, § 9º, "e", item 7, da Lei nº 8.212/1991.

Demonstrada a equivalência entre habitualidade e não eventualidade, é necessário averiguar se há balizas de controle na objetivação e aplicação de tais vocábulos, quanto à norma de incidência tributária.

Não se podem desconsiderar as iniciativas existentes nesse sentido:

a) No âmbito do Poder Legislativo, há o Projeto de Lei nº 5.757/2013. Calcado na premissa de que "a falta de um conceito legal de habitualidade gera uma grande insegurança jurídica para o empregador", propõe-se serem habituais as parcelas pagas por mais de seis meses, contínuos ou alternados, nos últimos doze meses, ou, nos contratos com duração de até um ano, as parcelas pagas em mais da metade dos meses de sua vigência.

b) Na doutrina trabalhista, Maurício Godinho Delgado[24] ensina:

> Habitualidade, no cotidiano trabalhista, corresponde à ideia de repetição uniforme em certo contexto temporal. A habitualidade pode ser diária (tíquete alimentação, por exemplo), semanal (utilidade lazer, por exemplo) ou mensal (cesta de alimentação, por exemplo). Pode até ser semestral ou anual (uma viagem de lazer paga por semestre ou ano contratual, por exemplo) [...].
>
> Reiterada no tempo a oferta do bem ou serviço, o requisito da habitualidade desponta.

---

[23] "TRIBUTÁRIO. CONTRIBUIÇÃO SOCIAL DO SESI. ABONO PREVISTO EM ACORDO COLETIVO DE TRABALHO. PAGAMENTO EM PARCELA ÚNICA. EVENTUALIDADE. NÃO INCIDÊNCIA DE CONTRIBUIÇÃO SOCIAL. PRECEDENTES. 1. A jurisprudência do STJ firmou-se no sentido de que não incide contribuição social sobre o abono pecuniário recebido em parcela única (sem habitualidade), previsto em acordo coletivo de trabalho." (AgRg no REsp 1502986/CE, Rel. Ministro HUMBERTO MARTINS, Segunda Turma, julgado em 10/03/2015, DJe 13/03/2015)..

[24] *Op. Cit.* p. 677.

c) Na doutrina previdenciária, Wladimir Novaes Martinez[25] assevera:

> A habitualidade comparece com a exigência dos costumes. Com o decurso do tempo o trabalhador conta com os rendimentos e o seu nível e com isso acaba por estabelecer o seu degrau social. Por esse motivo, parcelas eventuais, como as gratificações não--ajustadas, não devem integrar o salário de contribuição.

d) Na doutrina tributária,[26] afirma-se:

> Apesar da incidência da contribuição previdenciária não mais pressupor que a remuneração esteja vinculada a um contrato de trabalho, permanece o requisito da habitualidade para integração ao salário de contribuição. E habitualidade deve ser entendida como a situação ou previsão de que a percepção da verba irá se repetir periodicamente, em face de determinado pressuposto previamente determinado entre as partes. Ou seja, o beneficiário deve ter condições de contar com a repetição continuada ou periódica do seu recebimento, como direito subjetivo decorrente da relação construída com a fonte pagadora. Por isso, rendimentos únicos, exclusivos ou que não possuem a previsão de se repetir (obrigação da fonte de reiterar o seu pagamento), não carregam esse requisito, não podendo ser considerados como remuneração alcançada pela incidência previdenciária.

e) No CARF, há manifestações em vários sentidos. Em caráter geral, colhe-se julgados que dizem que habitualidade é "conhecimento prévio de que tal pagamento será realizado quando implementada a condição";[27] que "diz respeito à frequência da concessão da referida prestação";[28] e, em caráter específico, há a proposta de habitualidade como o que supera três pagamentos durante a vigência do contrato de trabalho:

> Ganho eventual é o oposto de ganho repetido, habitual. Habitualidade é a qualidade daquilo que é frequente, que é repetido muitas vezes, o que implica tomarmos como habitual aquilo que é, ou poderá ser, repetido mais de três vezes durante a duração do contrato de trabalho. Ganho eventual é o ganho que foi ou pode ser repetido no máximo três vezes durante a duração do contrato de trabalho. Os abonos pagos no caso em destaque possuem características de habitualidade, posto que pagos anualmente. Pagamento único realizado em compensação à mudança do Plano Petros é ganho eventual que desfruta da isenção do art. 28, § 9º, alínea "e", item 7 da Lei 8.212/91.[29]

Da amostra colhida no presente trabalho, observa-se alguns contornos comuns ao requisito da habitualidade (ou não eventualidade).

---

[25] MARTINEZ, Wladimir Novaes. Comentários à lei básica da previdência social. Tomo I, 4ª ed. São Paulo: LTr, p. 316.

[26] CARDOSO, Alessandro Mendes e RODRIGUES, Raphael Silva. A Delimitação do Salário de Contribuição: Evolução Jurisprudencial e do Entendimento Fiscal. RDDT nº 202 (Org. ROCHA, Valdir Oliveira), p. 13-14.

[27] CARF. Acórdão nº 2301-01.471, 2ª Seção, 1ª Turma da 3ª Câmara, sessão de 08.06.2010.

[28] CSRF. Acórdão nº 9202003.044, 2ª Turma, sessão de 12.02.2014.

[29] CARF. Acórdão nº 2301003.937, 2ª Seção, 1ª Turma da 3ª Câmara, sessão de 18.03.2014.

Habitual é (i) o pagamento que se repete em um contexto temporal que pode ser descontínuo – mensal, trimestral, semestral ou anual; (ii) que decorre de uma previsibilidade inerente ao contrato laboral, de onde surge justa e real expectativa de recebimento por parte do empregado, face à repetição prévia da parcela; (iii) e, como regra excludente, a condição, mesmo prevista no contrato de trabalho, quando ainda não implementada e, portanto, inexistente pagamento a esse título, gera mera expectativa de direito e não direito adquirido, de forma a não caracterizar verba integrável ao salário de contribuição.

Para testar o conceito aqui proposto, vejamos o tema dos prêmios ou bônus. Trata-se de parcela paga pelo empregador ao empregado em decorrência de um evento, que pode ou não ser previamente ajustado no contrato de trabalho. Se não ajustado, configura-se liberalidade e não caracterizará salário, a menos que a passe a ser pago em certa frequência periódica, gerando a expectativa no empregado de que permanecerá recebendo a verba, simplesmente por estar prestado serviço ao empregador.

Por outro lado, ajustada previamente no contrato de trabalho uma condição que, se e quando implementada, deflagrará o pagamento do prêmio, tal fato, por si só, não permite caracterizar o eventual pagamento futuro como salário. Será necessário verificar se a habitualidade dos pagamentos se implementará como requisito empírico (frequência). Em caso positivo, integrando a verba ao salário ante a justa expectativa das partes de que a condição, por ter sido alcançada sucessivas vezes, o permanecerá sendo no futuro.[30]

Um exemplo para se explicitar essa diferenciação: determinado empregador celebra junto ao Sindicato representante da categoria a que se filiam seus empregados, Acordo para pagamento de valores a título de Participação nos lucros e resultados. Ocorre que esse acordo não cumpre os requisitos formais e materiais instituídos pela Lei nº 10.101/00. Segundo o entendimento corrente da Receita Federal, nesse caso haveria pagamento de espécie de "prêmio", que deve integrar

---

[30] "É que os prêmios (ou bônus) são modalidades de salário condição, isto é, parcela contraprestativa paga em face de certas circunstâncias objetivas ou subjetivas vivenciadas no contrato, delas dependendo e, em consequência, podendo ser suprimidas caso desaparecidas as circunstâncias propiciadoras de sua incidência (tal como se verifica com os adicionais). Desse modo, a cláusula unilateral instituidora do prêmio é que não pode ser suprimida, por ter aderido ao contrato (princípio da inalterabilidade contratual lesiva; art. 468, CLT). Mas a parcela, em si, pode deixar de ser paga, nos períodos em que não verificadas as razões de sua incidência. Assim, se o obreiro não se ajusta em determinados meses às circunstâncias tidas como ensejadoras do pagamento do prêmio, a ele não terá direito, embora possa o ter recebido regularmente em períodos anteriores (em que cumpriu a condição pactuada). Reitere-se, porém, que *no período em que for pago com habitualidade* o prêmio deverá produzir os reflexos acima indicados (efeito expansionista circular dos salários)". DELGADO, Maurício Godinho. *Curso de Direito do Trabalho*. São Paulo: LTr, 2010, p. 703.

o salário de contribuição dos beneficiários. Entretanto, tal classificação não pode ser efetuada sem que se tenha mais dados sobre o contexto concreto. Tratando-se de pactuação isolada, que abrangeu apenas determinado ano e sem a previsão do direito aos empregados de que haja a sua reiteração, tratar-se-ia de pagamento eventual, que não integra a base de cálculo das contribuições previdenciárias. Por outro lado, comprova que no referido acordo há a previsão de repetição do seu pagamento, e, ainda, já existe a reiteração no tempo desse tipo de pactuação entre o empregador e os seus empregados, que possuem a expectativa de que se trata de verba que se repetirá com determinada regularidade, haverá o critério da habitualidade, necessário para a integração da verba ao salário de contribuição. Ou seja, mesmo havendo a pactuação de reiteração, se essa não se implementa, com pagamos repetidos, não há como se falar em habitualidade.

Mas, em todo caso, o prêmio apenas integrará o salário de contribuição enquanto for pago com habitualidade.

9.5. Conclusão

Ante o exposto, concluímos:

a) O requisito da habitualidade decorre da própria Constituição, como mecanismo para se aferir a existência de salário e da repercussão em benefícios previdenciários, a despeito da denominação da rubrica; e é desnecessário apenas quanto à remuneração do serviço prestado sem vínculo empregatício;

b) Ainda que se admitisse que a Constituição, a partir da EC nº 20/1998, teria não só autorizado a incidência das Contribuições sobre os rendimentos do trabalho pagos sem vínculo empregatício, como também permitido que qualquer verba, sendo contraprestação do trabalho, submeta-se à tributação, mesmo sem o requisito da habitualidade, há a norma de isenção prevista no art. 28, § 9º, "e", item 7, que torna o resultado o mesmo, ainda que no plano infraconstitucional;

c) Há equivalência entre habitualidade e não eventualidade;

d) Por fim, habitual é (i) o pagamento que se repete em um contexto temporal que pode ser descontínuo – mensal, trimestral, semestral ou anual; (ii) que decorre de uma previsibilidade inerente ao contrato laboral, de onde surge justa e real expectativa de recebimento por parte do empregado, face à repetição prévia da parcela; (iii) e, como regra excludente, a condição, mesmo prevista no contrato de trabalho, quando ainda não implementada e, portanto, inexistente pagamento repetido a esse título, gera mera expectativa de direito e não direito adquirido, de forma a não caracterizar verba integrável ao salário de contribuição.

10. Adicional da Contribuição sobre os Riscos Ambientais do Trabalho (RAT) e impactos oriundos do entendimento firmado pelo STF no ARE 664.335

Em coautoria com
Rafael Santiago Costa

10.1. Introdução

Em 24 de julho de 1991, foram promulgados os dois diplomas legais atualmente mais relevantes no que se refere à regulamentação da previdência social. Enquanto a Lei 8.212/91 tem como foco o plano de custeio da previdência[1] – versando, portanto, sobre matéria eminentemente tributária –, a Lei 8.213/91 se centra nos planos de benefícios previdenciários.[2]

Essa polarização temática, contudo, não significa total separação entre as normas constantes nas duas leis. Até porque, regras constitucionais, por um lado, determinam que nenhum benefício previdenciário poderá ser criado, majorado ou estendido sem correspondente fonte de custeio total (artigo 195, § 5º),[3] e, por outro, vedam a utilização do produto da arrecadação das contribuições previdenciárias

---

[1] Preâmbulo: "Dispõe sobre a organização da Seguridade, institui Plano de Custeio, e dá outras providências".

[2] Preâmbulo: "Dispõe sobre os Planos de Benefícios da Previdência Social e dá outras providências".

[3] Vale lembrar que a previdência social é apenas uma das facetas da seguridade social, consubstanciada, ainda, em prestações do Poder Público e da sociedade civil nas áreas da educação e assistência social, como está claro no artigo 194 da Constituição Federal.

para despesas distintas do pagamento de benefícios previdenciários (artigo 167, XI).

Exemplo relevante dessa imbricação entre as normas que regem planos de custeio e de benefícios está no artigo 57 da Lei 8.213/91, que estabelece o benefício previdenciário da aposentadoria especial. O instituto socorre segurados sujeitos "a condições especiais que prejudiquem a saúde ou a integridade física, durante 15 (quinze), 20 (vinte) ou 25 (vinte e cinco) anos". E o próprio dispositivo legal prevê a fonte de custeio do benefício.

Com efeito, o § 6º do artigo 57 da Lei 8.213/91 esclarece que a aposentadoria especial será financiada com recursos provenientes da contribuição previdenciária prevista no artigo 22, II, da Lei 8.212/91, originalmente conhecido como SAT (Seguro contra Acidentes de Trabalho),[4] mas, atualmente, indicado na legislação como RAT (Riscos Ambientais do Trabalho).

Enquanto esse último dispositivo estabelece alíquotas de 1%, 2% ou 3% sobre o total das remunerações dos segurados, conforme definição do risco a que estão sujeitos na atividade desenvolvida, o primeiro determina o acréscimo de 12%, 9% ou 6%, "conforme a atividade exercida pelo segurado a serviço da empresa permita a concessão de aposentadoria especial após quinze, vinte ou vinte e cinco anos de contribuição, respectivamente".[5]

Como toda questão que envolve o RAT, a incidência e regulamentação de seu adicional para custeio da aposentadoria especial ensejam divergências e grandes discussões. Até porque, apresenta-se muito expressivo o impacto financeiro tanto do acréscimo à alíquota do RAT como da própria concessão da aposentadoria especial, que consistirá em renda mensal de 100% do salário de benefício,[6] paga ao segurado, frequentemente, durante décadas, haja vista a possibilidade de que a aposentadoria ocorra até mesmo com apenas quinze anos de atividade laboral.

---

[4] Tal nomenclatura decorre da expressão adotada no artigo 7º, XXVIII, da Constituição Federal e foi adotada, por exemplo, pelo STJ, ao fixar, em 11/06/2008, sua Súmula 351, segundo a qual: "A alíquota de contribuição para o Seguro de Acidente do Trabalho (SAT) é aferida pelo grau de risco desenvolvido em cada empresa, individualizada pelo seu CNPJ, ou pelo grau de risco da atividade preponderante quando houver apenas um registro".

[5] Importante distinguir o adicional do RAT da majoração, em até 100%, ou redução, em até 50%, de sua alíquota decorrente do Fator de Acidente Previdenciário (FAP), prevista, em primeiro plano, no artigo 10 da Lei 10.666/03. Trata-se de situações e institutos bem distintos, sendo que o estudo estará focado no adicional previsto no artigo 57 da Lei 8.213/91. Nesse sentido, destaca-se, apenas, que o FAP incide sobre as alíquotas de 1%, 2% e 3%, como está expresso na norma legal que o criou, e não sobre eventual adicional justificado pela aposentadoria especial.

[6] Artigo 57, § 1º, da Lei 8.213/91.

Alguns desses debates serão abordados de modo superficial, mas o trabalho tem por foco analisar a celeuma enfrentada pelo Supremo Tribunal Federal (STF) quando do julgamento do Agravo em Recurso Extraordinário (ARE) 664.335[7] e seus impactos na esfera tributária. Na ocasião, foi analisada questão constitucional assim delineada pelo Ministro Relator Luiz Fux ao se manifestar, em 14/06/2012, pela repercussão geral da matéria:

> [...] discussão, à luz dos artigos 195, § 5º, e 201, *caput* e § 1º da Constituição Federal, da possibilidade, ou não, de o fornecimento de Equipamento de Proteção Individual – EPI –, informado no Perfil Profissiográfico Previdenciário (PPP), descaracterizar o tempo de serviço especial para aposentadoria.

O objetivo principal do trabalho, portanto, é analisar criticamente o que foi definido pelo STF nesse julgamento, chamando atenção aos riscos de aplicação do acórdão – ou apenas das teses firmadas e lançadas em sua ementa – de forma irrestrita à definição do custeio previdenciário da aposentadoria especial, extrapolando a análise e interpretação da legislação de concessão do benefício, efetivo objeto do julgado.

10.2. Aposentadoria especial e seu custeio, equipamento de proteção individual e perfil profissiográfico previdenciário: algumas premissas básicas

Como visto, a aposentadoria especial é concedida a todo segurado que tiver exercido atividade laboral em condições ambientais prejudiciais à sua saúde ou integridade física. A listagem dos agentes nocivos e o tempo de exposição necessário à concessão do benefício – 15, 20 ou 25 anos – constam de normas complementares, conforme autorizado pelo caput do artigo 58 da Lei 8.213/91.

Atualmente, tal tarefa cabe, principalmente, ao Decreto 3.048/99 (Regulamento da Previdência Social – RPS), em cujo artigo 68 se lê: "A relação dos agentes nocivos químicos, físicos, biológicos ou associação de agentes prejudiciais à saúde ou à integridade física, considerados para fins de concessão de aposentadoria especial, consta do Anexo IV".

Vale lembrar que a 1ª Seção do Superior Tribunal de Justiça (STJ), ao apreciar o Recurso Especial (REsp) 1.306.113 (Rel. Min. Herman Benjamin, DJe 07/03/2013), submetido ao rito dos recursos repetiti-

---

[7] O feito teve seu acórdão de mérito publicado em 12/02/2015, e transitado em julgado em 04/03/2015.

vos, entendeu que o rol do Anexo IV do RPS não seria exaustivo, autorizando a concessão de aposentadoria especial a segurado exposto à eletricidade, mesmo não constando esse agente da listagem regulamentar do benefício. Assim constou do voto condutor:

> Com efeito, e sob interpretação sistemática do tema, não há como atribuir aos arts. 57 e 58 da Lei 8.213/1991 a intenção do legislador de exaurir o rol de agentes nocivos ensejadores da aposentadoria especial, não podendo ser ignoradas as situações consideradas pela técnica médica e pela legislação correlata como prejudiciais à saúde do trabalhador, sem olvidar a necessária comprovação do trabalho permanente, não ocasional, nem intermitente, em condições especiais.

Nessa decisão, contudo, não se avaliou como se dará o custeio em face da extensão do direito à aposentadoria especial a segurados expostos a agente não listado pelo INSS. Afinal, o § 7º do artigo 58 da Lei 8.213/91 expressamente determina que a obrigação de recolher o RAT com a aplicação de alíquota adicional somente ocorrerá no que se refere a empregado sujeito à aposentadoria especial, nos termos do que determinar a regulação dos agentes nocivos expedida pelo INSS.

Por outro lado, identifica-se no Acórdão 2402-004.372, proferido, em 04/11/2014, pela 4ª Câmara da 2ª Seção de Julgamento do Conselho Administrativo de Recursos Fiscais (CARF), entendimento diverso, a sustentar a taxatividade do Anexo IV do RPS.[8] Contudo, essa posição pode ser tida como isolada, sendo contrariada, por exemplo, em decisões mais recentes do CARF[9] e do STJ, nas quais se ratifica a orientação do REsp 1.306.113, embora acompanhada da ressalva quanto à necessária comprovação da nocividade da atividade.[10]

---

[8] Trecho do voto proferido pelo Conselheiro Relator Julio Cesar Vieira Gomes: "A relação dos agentes nocivos químicos, físicos, biológicos ou associação de agentes prejudiciais à saúde ou à integridade física, considerados para fins de concessão de aposentadoria especial, e a previsão dos níveis de tolerância para os casos em que ela se aplica, constam do Anexo IV do RPS/99 (art. 68 do RPS/99). O rol de agentes nocivos do Anexo IV é exaustivo".

[9] "12. Os agentes nocivos consubstanciados no Anexo IV do Regulamento da Previdência Social são meramente ilustrativos. Desse modo, caso seja constatada a efetiva exposição do segurado a um determinado agente nocivo não previsto no respectivo regulamento, o segurado, ainda assim, terá direito à contagem do tempo de serviço especial" (excerto do voto do Conselheiro Relator Natanael Vieira dos Santos no Acórdão 2402-005.056, proferido, em 18/02/2016, pela mesma 4ª Câmara).

[10] (...). APOSENTADORIA POR TEMPO DE CONTRIBUIÇÃO. (...). ROL DE ATIVIDADES ESPECIAIS MERAMENTE EXEMPLIFICATIVO. EFETIVA EXPOSIÇÃO. NÃO COMPROVAÇÃO. AGRAVO NÃO PROVIDO. 1. A Primeira Seção do STJ, no julgamento do REsp 1.306.113/SC, sob o rito do art. 543-C do CPC, ao enfrentar o tema ali delimitado relativo à nocividade do agente físico eletricidade para fins de caracterização de tempo de serviço especial, reafirmou o entendimento de que o rol de atividades especiais, constantes nos regulamentos de benefícios da Previdência Social, tem caráter exemplificativo. 2. Destarte, sendo o rol de atividades especiais meramente exemplificativo, pode o Magistrado reconhecer atividades que não estejam previstas de forma expressa nos Anexos dos Decretos regulamentares como insalubres, perigosas ou penosas, desde que tal situação seja devidamente comprovada. 3. No caso em tela o Tribunal a quo, com fulcro nos fatos e provas contidos nos autos, entendeu que a atividade de geólogo exercida pelo ora agravante não poderia

Retornando à Lei 8.213/91, seu artigo 57 apresenta requisitos de observância necessária à obtenção da aposentadoria especial:[11]

§ 3º A concessão da aposentadoria especial dependerá de comprovação pelo segurado, perante o Instituto Nacional do Seguro Social–INSS, do tempo de trabalho permanente, não ocasional nem intermitente, em condições especiais que prejudiquem a saúde ou a integridade física, durante o período mínimo fixado.

§ 4º O segurado deverá comprovar, além do tempo de trabalho, exposição aos agentes nocivos químicos, físicos, biológicos ou associação de agentes prejudiciais à saúde ou à integridade física, pelo período equivalente ao exigido para a concessão do benefício.

Parágrafos do artigo 58 da Lei 8.213/91 detalham a forma como se dará a comprovação pelo segurado de seu direito ao benefício:

§ 1º A comprovação da efetiva exposição do segurado aos agentes nocivos será feita mediante formulário, na forma estabelecida pelo Instituto Nacional do Seguro Social – INSS, emitido pela empresa ou seu preposto, com base em laudo técnico de condições ambientais do trabalho expedido por médico do trabalho ou engenheiro de segurança do trabalho nos termos da legislação trabalhista.

§ 2º Do laudo técnico referido no parágrafo anterior deverão constar informação sobre a existência de tecnologia de proteção coletiva ou individual que diminua a intensidade do agente agressivo a limites de tolerância e recomendação sobre a sua adoção pelo estabelecimento respectivo.

§ 3º A empresa que não mantiver laudo técnico atualizado com referência aos agentes nocivos existentes no ambiente de trabalho de seus trabalhadores ou que emitir documento de comprovação de efetiva exposição em desacordo com o respectivo laudo estará sujeita à penalidade prevista no art. 133 desta Lei.[12]

---

ser considerada especial, eis que não restou demonstrada a nocividade da atividade exercida. 4. Portanto, inviável o reconhecimento da especialidade da atividade de geólogo exercida pelo ora agravante, ainda que por analogia, porquanto especialidade de atividades que não estejam previstas de forma expressa nos Anexos dos Decretos regulamentares como insalubres, perigosas ou penosas, somente é reconhecida quando referida situação esteja devidamente comprovado, o que não ocorreu no caso dos autos.5. Agravo regimental não provido. (AgRg no AREsp 827.072/RS, Rel. Min. Mauri Campbell Marques, 2ª Turma, julgado em 01/03/2016)

[11] A redação apresentada deriva da Lei 9.032, de 28 de abril de 1995. Até seu advento, não havia necessidade de efetiva comprovação da exposição ao agente nocivo, bastando que o segurado atuasse em atividade considerada nociva pelas normas complementares (presunção legal), como ficava claro, por exemplo, nos antigos e revogados Decretos 53.831/64 e 83.080/79 (Anexo II).

[12] O artigo 133 da Lei 8.213/91 estabelece que a "infração a qualquer dispositivo desta Lei, para a qual não haja penalidade expressamente cominada, sujeita o responsável, conforme a gravidade da infração, à multa variável de Cr$ 100.000,00 (cem mil cruzeiros) a Cr$ 10.000.000,00 (dez milhões de cruzeiros)". Tratando-se, evidentemente, de valores desatualizados, deve-se recorrer ao RPS. A leitura conjunta de seus artigos 68, § 6º e 283, I, 'h' permite concluir que será aplicada multa entre R$ 636,17 e R$ 63.617,35 para os casos em que a empresa deixar de elaborar e manter atualizado perfil profissiográfico abrangendo as atividades desenvolvidas pelo trabalhador e de a ele fornecer, quando da rescisão do contrato de trabalho, cópia autêntica do documento. Por outro lado, quando verificado o artigo 283, I, 'n', constata-se que a multa variará entre R$ 6.361,73 e R$ 63.617,35 para as hipóteses de deixar a empresa de manter laudo técnico atualizado com referência aos agentes nocivos existentes no ambiente de trabalho ou emitir documento de comprovação de efetiva exposição em desacordo com o laudo.

§ 4º A empresa deverá elaborar e manter atualizado perfil profissiográfico abrangendo as atividades desenvolvidas pelo trabalhador e fornecer a este, quando da rescisão do contrato de trabalho, cópia autêntica desse documento.

Como se percebe, para fins de comprovação do direito ao benefício, a legislação estabelece uma série de obrigações que demandam atuação direta da empresa a que se vincula o segurado. Caberá a ela, por exemplo, a elaboração de laudo técnico que indicará eventual exposição do segurado a agente nocivo e a adoção de medida protetiva coletiva ou individual que anule os efeitos do agente cuja presença fora identificada.

Em outras palavras e com base apenas nessa leitura inicial do texto legal, caso não demonstrada efetiva exposição do segurado a agentes nocivos, o que passa pela análise do ambiente de trabalho e da gestão dos riscos, inclusive com base em documentos elaborados pelo responsável pelo segurado, não haverá direito à aposentadoria especial.

Na hipótese contrária, de efetiva sujeição do segurado aos agentes nocivos à saúde ou à integridade física, configurar-se-á o fato gerador do adicional do RAT, devendo a empresa proceder ao recolhimento da contribuição com base nas alíquotas previstas no § 6º do artigo 57 da Lei 8.213/91. Até por decorrência lógica dessas premissas, o recolhimento majorado será verificado apenas em relação aos segurados efetivamente expostos aos agentes, e não a todos vinculados à empresa.[13]

Vale destacar que a constitucionalidade do adicional do RAT vem sendo confirmada pelos Tribunais pátrios, que o consideram justamente como simples complemento/aumento da contribuição ao RAT, devido em situações muito específicas[14] e que tem por base o próprio artigo 195, I, da Constituição Federal, não havendo que se falar em necessidade de lei complementar para sua instituição:

(...). CONTRIBUIÇÃO PARA O SEGURO DE ACIDENTES DO TRABALHO (SAT). ARTIGO 22, II, DA LEI Nº 8.212/91. ADICIONAL PARA O CUSTEIO DA APOSENTADORIA ESPECIAL. ARTIGO 57, § 6º, DA LEI Nº 8.213/91. HIPÓTESE DE INCIDÊNCIA DISCRIMINADA EM LEI. LEGALIDADE DOS DECRETOS REGULAMENTARES. (...). 7. Adicional para o custeio da aposentadoria especial: a Lei nº 9.732/1998, ao alterar a redação do artigo 57 da Lei nº 8.213/91, instituiu um adicional às alíquotas

---

[13] Artigo 57, § 7º, da Lei 8.213/91: "O acréscimo de que trata o parágrafo anterior incide exclusivamente sobre a remuneração do segurado sujeito às condições especiais referidas no *caput*".

[14] (...). ADICIONAL AO SEGURO DE ACIDENTE DO TRABALHO. LEI 9.732/1998. INEXISTÊNCIA DE ILEGALIDADE.(...). 2. A modificação introduzida pela Lei 9.732/1998, que instituiu o adicional do SAT, destinando uma parcela da Contribuição Sobre a Folha de Salários para o financiamento da aposentadoria especial, não desvirtua a natureza daquela contribuição social, nem se reveste de ilegalidade. Precedentes do STJ. 3. Agravo Regimental não provido. (STJ, AgRg no REsp 1140217/SP, Rel. Min. Herman Benjamin, 2ª Turma, julgado em 27/10/2009)

da contribuição para o seguro de acidentes do trabalho, devido pela empresa sobre a remuneração do trabalhador sujeito a condições especiais de trabalho. 8. As mesmas considerações exaradas a respeito da contribuição ao SAT são aplicáveis à contribuição do artigo 57, § 6º, da Lei de Benefícios. Trata-se de tributo instituído com suporte no artigo 195, inciso I, da Constituição Federal, não sendo necessária sua veiculação por lei complementar. O rol de agentes nocivos químicos, físicos, biológicos ou associação de agentes prejudiciais à saúde ou à integridade física, considerados para fins de concessão da aposentadoria especial, encontra-se no Anexo IV do Decreto nº 3.048/99, e desse fato não se pode extrair qualquer desrespeito ao princípio da legalidade. 9. Apelação não provida. (TRF3, AMS 0006072-78.2000.4.03.6112, Juiz Conv. Márcio Mesquita, 1ª Turma, DJU: 07/02/2008)

Nesse sentido, o Judiciário considera também aplicável ao adicional do RAT o entendimento firmado no paradigmático julgamento do Recurso Extraordinário 343.446, que confirmou a possibilidade de o Poder Executivo definir as atividades enquadradas em cada grau de risco mencionado nas alíneas do inciso II do artigo 22 da Lei nº 8.212/91 para fins de definição da alíquota do RAT.

O mesmo valeria para a definição dos agentes nocivos e sua vinculação aos diferentes períodos necessários à aposentadoria especial.[15] Em outras palavras e conforme já definido no âmbito do CARF: "Longe de uma nova figura exacional, essa imposição tributária é tão somente uma ampliação da contribuição previdenciária prevista no art. 22, inciso II, da Lei nº 8.212, de 1991, mediante acréscimo no percentual da alíquota".[16]

Na mesma linha se posiciona a doutrina especializada:[17]

> Confundir-se aumento de contribuição existente com nova figura exacional é erro crasso – não se deve rotular a ampliação de incidência já existente como nova imposição. Por óbvio, é impossibilidade lógica "criar" contribuição nos mesmos moldes de hipótese de incidência já definida existente, sendo a tão prolatada "criação" mera ampliação da cobrança, com fins específicos.

Dessa forma, as discussões em torno do adicional ao RAT vêm se concentrando não em torno da sua constitucionalidade, mas dos

---

[15] (...). TRIBUTÁRIO. CONTRIBUIÇÃO PARA O CUSTEIO DO SAT. FINANCIAMENTO DA APOSENTADORIA ESPECIAL. CONSTITUCIONALIDADE DO ART. 22, II, DA LEI 8.212/91, COM REDAÇÃO DA LEI 9.732/98. AGRAVO IMPROVIDO. I – Esta Corte possui entendimento firmado pela constitucionalidade do art. 22, II, da Lei 8.212/91, com a redação dada pela Lei 9.732/98, o qual estabelece que a contribuição para o custeio do Seguro de Acidente do Trabalho também financiará o benefício da aposentadoria especial. Precedentes. II – Agravo regimental improvido. (STF, AI 809496 AgR, Rel. Min. Ricardo Lewandowski, 1ª Turma, julgado em 02/12/2010)

[16] Trecho do voto proferido pelo Conselheiro Relator Marcelo Oliveira no Acórdão 2301-004.304 (Sessão de Julgamento:10/02/2015, 3ª Câmara da 2ª Seção de Julgamento)

[17] IBRAHIM, Fábio Zambitte. Curso de direito previdenciário. 20. ed. Rio de Janeiro: Impetus, 2015. p. 275.

pressupostos para a definição da sujeição do segurado a ambientes nocivos e da efetividade de medidas protetivas. Ainda que a definição da incidência ou não desse acréscimo do RAT esteja mais atrelada à questão probatória, não podem ser desconsideradas as previsões normativas que regulamentam a exação.

Acima apresentamos as principais normas legais sobre o tema, mas recorreremos à Instrução Normativa INSS/PRES 77, de 21/01/15[18] (IN 77), para tratar do relevante documento conhecido como Perfil Profissiográfico Previdenciário (PPP),[19] haja vista ser ele, atualmente, o principal item eleito pela legislação para fins de comprovação da efetiva exposição do segurado a agentes nocivos.

Dispõe o artigo 260 da IN 77: "Consideram-se formulários legalmente previstos para reconhecimento de períodos alegados como especiais para fins de aposentadoria, os antigos formulários em suas diversas denominações, sendo que, a partir de 1º de janeiro de 2004, o formulário a que se refere o § 1º do art. 58 da Lei nº 8.213, de 1991, passou a ser o PPP".

Por outro lado, o artigo 264 auxilia na conceituação, indicando constituir o PPP em documento histórico laboral do trabalhador, contendo informações acerca de dados administrativos da empresa e do trabalhador, registros ambientais e resultados de monitoração biológica, além da devida identificação dos responsáveis pelas informações prestadas.[20]

O formulário deve ser elaborado de forma individualizada por segurado, conforme modelo estabelecido pelo INSS no Anexo XV da própria IN 77, tendo por base sempre o Laudo Técnico de Condições Ambientais do Trabalho (LTCAT) ou outros relatórios hábeis às demonstrações ambientais, igualmente previstos na norma (artigos 261, V, e 266, § 5º).

É também no PPP que constarão "referências sobre as condições e medidas de controle da saúde ocupacional de todos os trabalhadores, além da comprovação da efetiva exposição dos empregados a agentes

---

[18] Preâmbulo: "Estabelece rotinas para agilizar e uniformizar o reconhecimento de direitos dos segurados e beneficiários da Previdência Social, com observância dos princípios estabelecidos no art. 37 da Constituição Federal de 1988".

[19] Substitui formulários vigentes em períodos anteriores, tais como SB-40, DISES BE 5235, DSS 8030 e DIRBEN 8030.

[20] Segundo o § 3º do artigo 264 da IN 77: "A prestação de informações falsas no PPP constitui crime de falsidade ideológica, nos termos do art. 299 do ódigo Penal, bem como crime de falsificação de documento público, nos termos do art. 297 do Código Penal".

nocivos, e sua eventual neutralização pela utilização de Equipamentos de Proteção Individual – EPI".[21]

Como se percebe, as normas legais e complementares de regência traçaram minuciosa regulamentação não apenas da forma como o segurado deverá comprovar fazer jus à aposentadoria especial, mas também como deverá ser avaliada a ocorrência do fato gerador do adicional do RAT, tendo a empresa envolvida e suas declarações papel essencial em ambos os aspectos.

Ainda que se pareça estar diante das duas faces de uma mesma moeda, destaque-se, desde já, que as relações jurídicas existentes entre o segurado e o Instituto Nacional do Seguro Social (INSS) e entre a empresa e o Fisco não são as mesmas, estando sujeitas a princípios e regimes jurídicos igualmente distintos. A primeira relação é de cunho previdenciário (benefício), ao passo que a segunda é de natureza tributária (custeio).

Feita essa contextualização, à qual retornaremos adiante, passemos ao que restou definido pelo STF no ARE 664.335.

10.3. ARE 664.335: análise do caso

No julgamento em questão, o STF analisou recurso extraordinário interposto pelo INSS em face de acórdão que reconheceu o direito de segurado à aposentadoria especial em função da exposição a ruído, mesmo tendo a empresa envolvida informado a neutralização do agente nos formulários próprios, inexistindo, portanto, recolhimento do adicional do RAT.

A decisão recorrida teve por base a Súmula 9 da Turma Nacional de Uniformização dos Juizados Especiais Federais (TNU), segundo a qual o uso de Equipamento de Proteção Individual (EPI), no caso de exposição a ruído, não descaracteriza o tempo de serviço especial, ainda que se verifique eliminação da insalubridade decorrente daquele agente.

O INSS alegava afronta aos artigos 195, § 5º, e 201, *caput* e § 1º, ambos da Constituição Federal. Sustentou que o acórdão desconsiderou informações contidas no PPP relacionado ao segurado que davam conta da utilização de EPI eficaz. Como não teria ocorrido recolhimento do adicional do RAT, justamente em decorrência daqueles dados, a concessão da aposentadoria especial iria de encontro à preservação do

---

[21] Extraído do voto proferido pelo Ministro Luiz Fux no ARE 664.335.

equilíbrio financeiro e atuarial, pois estaria sendo concedido benefício sem correspondente fonte de custeio.

Em resumo, a autarquia defendia justamente que a indicação do uso de EPI comprovadamente eficaz geraria correspondente desoneração da empresa ao pagamento do adicional do RAT, conforme determinam as normas de regência. Ao final, depois de longos debates, o STF acolheu parcialmente essa tese, pois considerou que a efetiva comprovação da eficácia do EPI, de fato, impediria a concessão da aposentadoria especial, bem como a exigência do adicional do RAT.

Contudo, os Ministros fixaram tese de que não existe, atualmente, tecnologia apta a ilidir totalmente os efeitos do ruído,[22] de modo que informações produzidas nesse sentido no âmbito do PPP não poderiam ser consideradas. Como o caso concreto versava justamente sobre ruído, foi negado provimento ao recurso interposto pelo INSS, sendo considerado problema distinto a ausência de recolhimento do adicional de RAT pela empresa envolvida.

Essas foram as duas teses firmadas no âmbito da repercussão geral, que constaram, inclusive, da ementa do julgado:

> 9. A interpretação do instituto da aposentadoria especial mais consentânea com o texto constitucional é aquela que conduz a uma proteção efetiva do trabalhador, considerando o benefício da aposentadoria especial excepcional, destinado ao segurado que efetivamente exerceu suas atividades laborativas em "condições especiais que prejudiquem a saúde ou a integridade física".
> 10. Consectariamente, a primeira tese objetiva que se firma é: o direito à aposentadoria especial pressupõe a efetiva exposição do trabalhador a agente nocivo à sua saúde, de modo que, se o EPI for realmente capaz de neutralizar a nocividade não haverá respaldoconstitucional à aposentadoria especial.
> (...)
> 13. Ainda que se pudesse aceitar que o problema causado pela exposição ao ruído relacionasse apenas à perda das funções auditivas, o que indubitavelmente não é o caso, é certo que não se pode garantir uma eficácia real na eliminação dos efeitos do agente nocivo ruído com a simples utilização de EPI, pois são inúmeros os fatores que influenciam na sua efetividade, dentro dos quais muitos são impassíveis de um controle efetivo, tanto pelas empresas, quanto pelos trabalhadores.
> 14. Desse modo, a segunda tese fixada neste Recurso Extraordinário é a seguinte: na hipótese de exposição do trabalhador a ruído acima dos limites legais de tolerância, a declaração do empregador, no âmbito do Perfil Profissiográfico Previdenciário (PPP), no sentido da eficácia do Equipamento de Proteção Individual – EPI, não descaracteriza o tempo de serviço especial para aposentadoria.

---

[22] Essa constatação decorreria de dois aspectos. O primeiro estaria relacionado ao mal uso dos protetores auriculares e a indevida padronização dos equipamentos para todos os segurados e tipos de ruídos. O segundo teria relação com a constatação clínica de que os ruídos não percorrem apenas a via área (ouvidos), atingindo e gerando efeitos sobre outras partes do organismo humano, não protegidas pelos equipamentos auriculares.

Se por um lado o STF considerou como regra que somente se pode falar em direito a aposentadoria especial e adicional de RAT se houver efetiva exposição a agente nocivo, não sendo seus efeitos maléficos anulados por equipamentos de proteção, por outro, estabeleceu que não há como se verificar essa anulação em casos que envolvam ruídos.[23] Em complemento à primeira tese e até como justificativa à segunda, constou do voto do Ministro-Relator que:

> (...) em caso de divergência ou dúvida sobre a real eficácia do Equipamento de Proteção Individual, a premissa a nortear a Administração e o Judiciário é pelo reconhecimento do direito ao benefício da aposentadoria especial. Isto porque o uso de EPI pode não se afigurar suficiente para descaracterizar completamente a relação nociva a que o empregado se submete nos seus afazeres.

Também foi ressalvada a possibilidade de a Fiscalização sempre aferir a correção das informações prestadas pela empresa no laudo técnico das condições ambientais do trabalho, bem como de as próprias conclusões da autoridade competente serem revisadas pelo Poder Judiciário.

Não obstante a clareza dessas definições, cabem críticas e ressalvas em relação à forma superficial com que foi tratada a relação tributária subjacente à discussão do direito à aposentadoria especial, bem como, e principalmente, à maneira indistinta com que o julgado vem sendo aplicado em discussões exclusivamente de custeio previdenciário.

10.4. Ressalva necessária à aplicação do julgado

Se, por um lado, o julgamento do ARE 664.335 parece ter solucionado disputas administrativas e judiciais no campo previdenciário em torno da concessão ou não da aposentadoria especial, por outro, fomentou outras no campo tributário. Isso por estar sendo verificada a aplicação automática do seguinte raciocínio: se o STF entendeu que não há EPI eficaz em face do ruído e eventual declaração da empresa em sentido diverso não afasta o direito do segurado à aposentadoria especial, deve a empresa, então, proceder ao recolhimento do adicional ao RAT em todos os casos em que se verifica exposição a ruídos.

E o que é pior, essa lógica vem sendo aplicada em processos administrativos que versam sobre fatos geradores muito anteriores ao

---

[23] Em mais de uma ocasião em suas manifestações, o Ministro-Relator deixou claro que se trataria de constatação baseada na tecnologia atualmente conhecida, de modo que a segunda tese firmada seria provisória, vinculada à realidade atual e passível de modificação no futuro, caso identificados equipamentos que efetiva e integralmente anulem os efeitos nocivos do ruído.

julgamento em análise, inclusive fundamentando novas autuações fiscais, o que nos afigura uma das maiores contradições já perpetradas pela União Federal.

Afinal, o mesmo ente que sustentou – via INSS – no ARE 664.335 e em centenas de outros casos todos os argumentos possíveis em torno da demonstração da eficácia dos protetores auriculares contra o agente ruído, de forma a não reconhecer o direito do segurado à aposentadoria especial, atua de forma diametralmente oposta no campo tributário – via autuações e recursos da Receita Federal e Procuradoria-Geral da Fazenda Nacional –, no sentido de que o EPI não é eficaz nas mesmas hipóteses, devendo incidir o adicional do RAT.

Essa dicotomia pode ser ilustrada pelo seguinte trecho do voto do Ministro Barroso:

> 9. Porém, alega o INSS que a decisão recorrida e a Súmula n. 9 do TNU, ao manterem o direito à aposentadoria especial mesmo quando a nocividade do agente é neutralizada pelo uso de EPI eficaz, implicariam a criação de benefício social sem a correspondente fonte de custeio. Isto porque a utilização eficaz do EPI garante à empresa o direito à isenção parcial do SAT Especial, de modo que a aposentadoria especial ficaria carente de fonte de custeio, acabando por onerar empresas cujas atividades não expõem os seus trabalhadores a agentes nocivos à saúde. Restaria violada, ao fim e ao cabo, a exigência de isonomia no custeio dos benefícios previdenciários.

O voto do Ministro Barroso foi tão extenso e fundamentado quanto o do Relator, contribuindo significativamente para as teses firmadas e para a plena compreensão do debate travado. Explicitou o Ministro, por exemplo, que a melhor interpretação a ser atribuída ao artigo 201, § 1º, da Constituição Federal,[24] "é a que condiciona o direito à aposentadoria especial à demonstração da efetiva exposição do trabalhador a condições especiais que prejudiquem a sua saúde". Até por esse motivo, seria inegável a constitucionalidade do artigo 57, § 4º, da Lei 8.213/91.

Contudo, o Ministro também explicitou entendimento no sentido de que "o fato de o empregador informar no perfil profissiográfico previdenciário (PPP), que trabalhador exposto a ruído acima dos limites de tolerância usou EPI eficaz, não é suficiente para afastar o direito à aposentadoria especial previsto no § 1º do art. 201, da Constituição Federal".

---

[24] Art. 201. (...) § 1º É vedada a adoção de requisitos e critérios diferenciados para a concessão de aposentadoria aos beneficiários do regime geral de previdência social, ressalvados os casos de atividades exercidas sob condições especiais que prejudiquem a saúde ou a integridade física e quando se tratar de segurados portadores de deficiência, nos termos definidos em lei complementar.

Em continuação, concordou com o caráter provisório da tese firmada em sede de repercussão geral especificamente em relação ao ruído, "pois, se atualmente prevalece a compreensão de que não há neutralização completa da nocividade da exposição a ruído acima dos limites de tolerância, no futuro podem ser desenvolvidos equipamentos, treinamentos e sistemas de fiscalização que garantam a eliminação dos riscos à saúde do trabalhador".

Todavia, o ponto mais relevante do voto do Ministro Barroso nos parece aquele voltado à resposta de pergunta por ele elaborada nos seguintes termos: o reconhecimento, na hipótese, de aposentadoria especial implica a concessão de direito previdenciário sem a correspondente fonte de custeio? Sua resposta à questão foi negativa, mesmo diante do cenário no qual constava do PPP do segurado a anulação dos efeitos do ruído em função da utilização de EPI.

Arrolou como primeiro fundamento o fato de a aposentadoria especial ter sido outorgada por norma constitucional (artigo 201, § 1º), sendo que o artigo 195, § 5º, se direcionaria ao legislador ordinário. Desse modo, seria irrelevante eventual ausência de fonte de arrecadação para assegurar o benefício. Em seguida, justificou sua posição no fato de que sempre houve fonte de custeio, sendo o RAT a principal delas, reformulado para abarcar o adicional somente com a Lei 9.738/98.

Chamamos atenção, contudo, à conclusão apresentada pelo Ministro Barroso, da qual respeitosamente discordamos, de que a Lei 10.666/03 concedeu redução de até 50% do valor do adicional do RAT às empresas que declarem disponibilização de EPI eficazes no PPP.[25] Trecho de seu raciocínio nos parece muito relevante ao propósito desse estudo:

> 68. Primeiro, porque as aposentadorias especiais serão custeadas pelos demais instrumentos de financiamento da seguridade social (recursos orçamentários e contribuições sociais) e pelos restantes 50% do SAT especial. Segundo, porque a exigência de prévia fonte de custeio se projeta para o plano normativo, e não sobre os planos da interpretação e aplicação da legislação tributária. Assim, diante da instituição legal das fontes de custeio da aposentadoria especial (recursos orçamentários, contribuições sociais em geral, e especialmente o SAT especial) eventuais questões afetas à exigibilidade, ou não, do pagamento do tributo por determinadas empresas não afastam a precedência da fonte de custeio.

---

[25] Vide itens 66 a 70 de seu voto, nos quais se acredita tenha feito referência ao artigo 10 da Lei 10.666/03, que instituiu o FAP como possibilidade de redução da alíquota do RAT (e não de seu adicional), mas com base em critérios bem mais complexos, calculados segundo metodologia aprovada pelo Conselho Nacional de Previdência Social.

69. Terceiro, porque não podem ser desconsiderados os incentivos econômicos a que o empregador declare, no perfil profissiográfico previdenciário, a eficácia do EPI para a neutralização do agente nocivo a que seus trabalhadores se encontram expostos, tendo em vista a expressiva redução tributária obtida (50% do SAT especial, que corresponde a doze, nove ou seis por cento do valor da folha de salários das empresas que desempenhem atividades que permitam a aposentadoria após quinze, vinte ou vinte e cinco anos, respectivamente.)

O Ministro nos parece indicar que as conclusões em relação à concessão do benefício não precisam, necessariamente, ser as mesmas no que tange à arrecadação da contribuição relacionada ao benefício. Tanto que afirma – a nosso ver de forma equivocada – subsistir automática redução de 50% do adicional do RAT em benefício das empresas que indiquem a utilização de EPI eficaz no PPP. A distinção entre as relações jurídicas segurado/INSS e empresa/Fisco foi abordada de forma ainda mais completa pelo Ministro Teori Zavascki, *in verbis*:

> A primeira distinção é sobre as diferentes relações jurídicas que estão nesse contexto, que não podem ser examinadas como se fossem uma só. Há a relação jurídica que se estabelece entre o empregador e o INSS, que é a relação jurídica tributária. Para fazer jus a uma alíquota tributária menor, o empregador faz declaração de que fornece equipamento eficaz. Essa é uma relação de natureza tributária. E essa declaração do empregador sobre o perfil profissiográfico previdenciário, PPP, é uma declaração que está inserida no âmbito da relação tributária entre INSS e empregador contribuinte. Portanto, o empregado não tem nenhuma participação nisso, e nem pode ter. Assim, obviamente a declaração (PPP) não o afeta.
>
> A conclusão do Ministro Barroso, no final, de que essa declaração não vincula ao empregado está corretíssima, porque se trata de uma declaração no âmbito de uma relação jurídica de natureza tributária de que ele não participa. Mas não é isso que nós estamos tratando aqui. Nós estamos tratando de uma outra relação, que é a relação de natureza previdenciária, a que se estabelece entre o empregado segurado e o INSS a respeito do direito à contagem especial, aposentadoria especial. Essa relação, obviamente, não pode ser vinculada à relação tributária.
>
> (...) Nós estamos tratando da relação jurídica de natureza previdenciária, não da relação jurídica de natureza tributária, que tem outras partes, outra disciplina e que não pode ser confundida.
>
> (...) No meu entender, o que estamos discutindo é apenas a questão de direito relativa à relação jurídica previdenciária, não à relação jurídica tributária. Não tem pertinência alguma com a declaração do empregador, para efeito de contribuição previdenciária, mas apenas a relação do empregado segurado em relação ao INSS.

As ressalvas efetuadas pelo Ministro Teori Zavascki, de que não se confundem as relações tributárias (empregador/Fisco) e as relações previdenciárias (empregado/INSS), são extremamente pertinentes e relevantes. O empregador, no que se refere ao cumprimento da sua obrigação tributária de recolhimento do RAT e, se for o caso, da sua alíquota adicional, está estritamente vinculado ao que determina a legislação de regência, não estando vinculado à forma como se operacionaliza a relação de benefício entre os seus empregados e a autarquia previdenciária.

Por isso, as decisões sobre pressuposto para exercício do direito previdenciário não possuem aplicação ou consequência automática no que se refere à relação de custeio. O caso em análise é exemplo notável disso, conforme iremos demonstrar. Por outro lado, o raciocínio desenvolvido pelo Conselheiro do CARF Marcelo Oliveira no já mencionado Acórdão 2301-004.304 nos parece em consonância com o acima exposto, senão vejamos:

> 12. Ressalvo, entretanto, que o mero descumprimento de deveres instrumentais não autoriza, por si só, o lançamento fiscal. De fato, o ônus/dever da prova compete a quem alega, o que implica concluir pela obrigatoriedade de o Fisco desconstituir o fato enunciado pelo particular, no âmbito do lançamento por homologação, respaldado em um mínimo de provas das suas alegações.
>
> 13. Dito isso, têm lugar ainda mais duas considerações de cunho teórico acerca da constituição do crédito tributário relativo ao adicional à contribuição de que trata o art. 22, inciso II, da Lei nº 8.212, de 1991.
>
> (...)
>
> 17. Segunda, que o adicional da contribuição visa ao financiamento da aposentadoria especial e, como cediço, incide exclusivamente sobre a remuneração daquele segurado sujeito às condições especiais. Nada obstante, a exação tributária não está vinculada ao custeio de "uma aposentadoria especial determinada, e sim de todas concedidas pelo sistema".
>
> 18. De fato, no caso do segurado empregado, o regime de financiamento brasileiro da previdência social pública é essencialmente moldado na forma de repartição simples, em que a contribuição, parte patronal e do segurado, é destinada a um fundo único, responsável pelo pagamento de todos os beneficiários do sistema.
>
> 18.1. Ao não estar direcionada a um segurado específico, como se dá no regime de capitalização, a exigência da contribuição sobre a remuneração fica também desatrelada à efetiva concessão de benefício previdenciário para um determinado trabalhador.
>
> 18.2. Significa que a exação será devida ainda que o trabalhador cuja prestação de serviço remunerado constituiu o fato jurídico tributário e faz desencadear o nascimento da relação jurídica tributária não venha a obter no futuro o benefício previdenciário, por desatender ou mesmo deixar de comprovar os requisitos exigidos pelo Instituto Nacional do Seguro Social (INSS).
>
> 18.3. Por outro lado, há a situação oposta, quando a empresa não efetua o recolhimento da contribuição devida e, mesmo assim, ao segurado empregado poderá ser concedido o benefício previdenciário, desde que comprovados a filiação, o vínculo e a respectiva remuneração.
>
> 18.4. Assim, é indiscutível que o pagamento do adicional pela empresa não garante o benefício de aposentadoria especial, e sim o exercício de atividade em condições

prejudiciais à saúde, devidamente comprovada pelo obreiro, caso a caso, quando do pleito da prestação previdenciária.

19. Em que pese haver uma relação de custeio ligada, direta ou indiretamente, a outra relação jurídica de benefício, decorrente da própria estrutura do sistema previdenciário brasileiro e da necessidade de um equilíbrio financeiro e atuarial, os princípios e as regras envolvidos são, muitas vezes, bem distintos.

20. No que tange à empresa e aos segurados obrigatórios, a relação de custeio assume nítida feição tributária e vincula-se a um conjunto de princípios e conceitos jurídicos próprios deste ramo do direito, tais como legalidade, tipicidade e compulsoriedade.

21. A natureza tributária da relação de custeio, que introduz a empresa no polo passivo da norma tributária como titular do dever legal de pagar o adicional para financiamento do benefício da aposentadoria especial, legitima inclusive a utilização de presunções simples ou legais por meio de indícios, conforme dispuser a lei, com o fim de determinar de forma indireta o fato jurídico típico, previsto no antecedente da regramatriz de incidência.

O posicionamento citado é correto, ao consignar que a obrigação de recolhimento do adicional do RAT não está vinculada à concessão em concreto, ao empregado exposto às condições indicadas pela legislação, do benefício previdenciário excepcional. Contudo, faltou consignar de forma mais clara, que a obrigação tributária decorre única e exclusivamente do que determina a legislação específica, consoante determina o princípio da legalidade tributária.

Isso implica que, eventual alteração jurisprudencial sobre os pressupostos para a concessão de benefícios não altera a relação tributária, salvo se no bojo da decisão judicial, principalmente se for de caráter vinculante, houver a declaração de ilegalidade ou inconstitucionalidade de norma de custeio ou a fixação da sua correta aplicação (via, por exemplo, interpretação conforme a Constituição).

Nessa linha de evidente distinção entre as relações jurídicas que sustentamos maior necessidade de cuidado na invocação do ARE 664.335 para se buscar defender a incidência do adicional do RAT em todos os casos que versem sobre ruídos. Como indicado nos votos dos Ministros Barroso e Teori Zavascki – ao menos de forma implícita –, o reconhecimento do direito à aposentadoria especial em casos como tais não implica em automática sentença condenatória contra a empresa que tenha deixado de recolher o adicional do RAT.

As normas de regência são outras e a própria União, via INSS, sempre defendeu intensamente em suas demandas previdenciárias a eficácia, em regra, de EPI em face do agente ruído. Não se está aqui a defender que a discussão sobre a eficácia ou não dos protetores auriculares seja reiterada na seara tributária. Ao menos enquanto não verificado efetivo avanço tecnológico. Afinal, quanto a esse aspecto, o STF partiu de minuciosas constatações técnicas e científicas.

Contudo, ao menos em relação aos fatos geradores anteriores ao julgamento do ARE 664.335, o cenário era bem distinto, sendo que a boa-fé e moralidade entre contribuinte e Fisco, bem como a segurança jurídica e, principalmente, o princípio da legalidade recomendam maior cautela. Afinal, as normas tributárias sempre previram a possibilidade de anulação dos efeitos do ruído mediante utilização de EPI. Ainda que sujeitas à fiscalização e homologação, atribuía-se presunção de idoneidade às informações prestadas pelo contribuinte acerca da eficácia do EPI.

Por outro lado, no julgado em análise, também ficou claro que a aposentadoria especial pode e deve ser custeada pelo regime geral de arrecadação das contribuições previdenciárias, não se tratando a reforma do RAT para implantação do seu adicional de nova contribuição.

Ocorre que, em pelo menos dois recentes julgados, o CARF invocou o ARE 664.335 como um dos principais motivos para manter exações fiscais relacionadas ao adicional do RAT e a fatos geradores ocorridos há cerca de dez anos. Nesse sentido, assim constou do voto condutor do Acórdão 2301-004.415, proferido pela 3ª Câmara da 2ª Seção de Julgamento, em 26/01/2016:

> Trata-se de decisão proferida em processo com repercussão geral reconhecida, e, embora a matéria decidida se refira ao direito à aposentadoria especial, garantindo a contagem de tempo especial durante o período em que o trabalhador esteja exposto a ruído, ainda que faça uso de EPI, é inegável seu reflexo na hipótese de incidência do adicional para custeio da aposentadoria especial, com base no princípio constitucional da preservação do equilíbrio financeiro e atuarial.
> Deste modo, é possível afirmar, com base nas conclusões expostas na decisão da Suprema Corte, que o uso efetivo de protetores auriculares pelos trabalhadores expostos a ruído, ainda que reduza o agente agressivo a um nível tolerável, não é capaz de neutralizar a ação danosa que ele provoca na saúde do trabalhador, e, por consequência, não afasta a hipótese de incidência do adicional para custeio da aposentadoria especial sobre a remuneração dos trabalhadores expostas ao agente nocivo ruído acima dos limites de tolerância, ainda que façam uso de EPI.
> Por conseguinte, é devida a exigência da informação, em GFIP, da condição do trabalhador sujeito à contagem de tempo de serviço especial, por meio do código de ocorrência 04, nos termos do auto de infração.

Também no Acórdão 2401-003.954 (4ª Câmara, Sessão de 08/01/2015) constou ampla análise do ARE 664.335, tendo o Conselheiro Relator André Luís Mársico Lombardi se manifestado da seguinte forma, em voto aprovado à unanimidade:

> Antes, porém, de adentrar em outros fatos relatados pela autoridade fiscal, cumpre consignar o quanto recentemente assentado pelo STF no Recurso Extraordinário com Agravo nº 664335, interposto pelo INSS: "se o EPI for realmente capaz de neutralizar

a nocividade não haverá respaldo constitucional à aposentadoria especial" e que "a Administração poderá, no exercício da fiscalização, aferir as informações prestadas pela empresa, sem prejuízo do inafastável judicial *review*. Em caso de divergência ou dúvida sobre a real eficácia do Equipamento de Proteção Individual, a premissa a nortear a Administração e o Judiciário é pelo reconhecimento do direito ao benefício da aposentadoria especial. Isto porque o uso de EPI, no caso concreto, pode não se afigurar suficiente para descaracterizar completamente a relação nociva a que o empregado se submete".

(...)

Em arremate, da conjugação em ambas as teses assentadas, entendo que, em matéria de riscos ambientais, a solução jurídica para a matéria não há de ser única para todos os casos, posto que se trata de questão eminentemente técnico-probatória, embora sempre sujeita a um juízo jurídico-normativo (princípio da persuasão racional ou do livre convencimento motivado), que confirme ou infirme as suas conclusões técnicas em cada caso. Todavia, na hipótese específica do agente ruído, parece-nos que a manifestação do STF é patente quanto à impossibilidade atual de neutralização dos efeitos nocivos a todo o organismos e persuasiva por advir do guardião da Constituição Federal.

O entendimento sustentado nas duas decisões é muito preocupante e mesmo perigoso. Como se pode pretender aplicar decisão do STF de dezembro de 2014, publicada em fevereiro de 2015, para a fixação da responsabilidade tributária de recolhimento do adicional ao RAT referente a fatos geradores ocorridos muitos anos antes? E, principalmente, quando expressamente indicado que somente gerava direito à aposentadoria especial a exposição a determinados níveis de ruídos, considerando o efeito dos EPIs fornecidos pelo empregador?[26]

As decisões desconsideram determinações literais e vinculantes dos parágrafos do artigo 58 da Lei 8.213/91, que vinculam a concessão da aposentadoria especial à comprovação da sujeição do segurado às condições de trabalho que ensejam o benefício, cabendo ao empregador informar essas condições nos laudos de medicina e segurança do trabalho que é obrigado a apresentar ao INSS.

Lembrando que no PPP "deverão constar informação sobre a existência de tecnologia de proteção coletiva ou individual que diminua a intensidade do agente agressivo a limites de tolerância e recomendação sobre a sua adoção pelo estabelecimento respectivo" (§ 2º do artigo 58).

---

[26] Segundo a regulamentação do INSS, só terá direito à aposentadoria especial os que se enquadrarem durante 25 anos nas seguintes intensidades de ruídos: 1) Acima de 80 decibéis até 05/03/1997; 2) Acima de 90 decibéis de 06/03/1997 até 18/11/2003; 3) Acima de 85 decibéis a partir de 19/11/2003 (vide Anexo IV do RPS).

Ou seja, a legislação de custeio previdenciário determina que o EPI tem potencialmente a capacidade de reduzir a exposição do segurado a níveis toleráveis do agente nocivo estipulado. Consequentemente, o EPI eficaz, nos termos da legislação, que continua vigente e eficaz, elide a obrigação do empregador de recolher o adicional ao RAT.

Não é juridicamente possível pretender retroagir entendimento recente do STF, que altera substancialmente o contexto da concessão da aposentadoria especial por exposição a ruído a níveis superiores aos tolerados pela legislação, para a obrigação tributária de recolher o adicional ao RAT, no que se refere a fatos geradores anteriores à decisão da Corte Maior. Tratar-se-ia de retroação de nova "legislação tributária" a fatos geradores anteriores à sua edição, em violação direta ao princípio da anterioridade tributária, insculpido na alínea "a", inciso II, do artigo 150 e § 6º do artigo195, ambos da Constituição.

Inclusive, levando-se em conta que, ao menos até o julgamento do ARE 664.335, era o próprio INSS que defendia a eficácia do EPI quanto ao ruído para se eximir do pagamento de aposentadoria especial, como pode agora o Fisco fundamentar exigências fiscais referentes a períodos pretéritos na conclusão do STF de que o EPI, nessas hipóteses, não seria efetivamente eficaz?

A inconstucionalidade da retroação do novel entendimento do STF para balizar a exigência do recolhimento do RAT para fatos geradores anteriores à sua edição nos parece de clareza solar! *Ad argumentandum*, quando menos, parece-nos caso clássico de aplicação do parágrafo único do artigo 100 do Código Tributário Nacional, que exclui a imposição de penalidades, a cobrança de juros e a atualização do valor monetário da base de cálculo do tributo nas hipóteses em que o contribuinte atuou em observância, por exemplo, a atos normativos e práticas reiteradas das autoridades administrativas

Ademais, impõe-se avaliar se a decisão do STF também pode ter como consequência fundamental o recolhimento do adicional do RAT no que se refere a fatos geradores posteriores à sua publicação, sem que haja alteração na legislação de custeio. Ou seja, a concessão do benefício aos segurados sujeitos à ruído acima dos limites toleráveis, automaticamente obrigando os empregadores a recolher o adicional ao RAT, mesmo quando comprovadamente fornecem aos seus empregados EPIs que têm a eficácia de reduzir a exposição à níveis toleráveis, segundo a legislação previdenciária? Ou somente, e caso houver, alteração da legislação de custeio, tal exigência se tornará juridicamente viável?

A primeira argumentação em sentido favorável à ampliação do âmbito de incidência do adicional ao RAT é no sentido de que, se não houver o recolhimento do adicional e puderem os segurados, conforme agora assegurado pelo STF, obter a aposentadoria especial, haveria o desequilíbrio financeiro e autuarial.

Esse argumento, apesar de à primeira vista ser irretocável, na verdade, não se sustenta, devido à natureza do sistema de custeio previdenciário. O sistema das aposentadorias especiais, decorrentes ou não de acidentes de trabalho, é custeado pelo recolhimento da contribuição ao RAT, pela sua alíquota básica – que pode ser alterada pelo FAP –, e também pelo recolhimento da sua alíquota adicional, quando presentes os pressupostos para a sua incidência.

Todavia, se o RAT é recolhido em face da remuneração de todos os segurados empregados e autônomos, somente parcela destes terá acesso ao benefício previdenciário decorrente de evento acidentário. Isso por não sofrer a maioria qualquer evento acidentário no curso da sua vida laboral.

Da mesma forma, apenas um percentual dos empregados sujeitos à aposentadoria especial, e que sujeitam o empregador ao recolhimento do adicional, irá efetivamente obtê-la. Teremos, por exemplo, casos em que o pleito será negado pelo INSS ou, ainda, em que ocorra o falecimento do segurado antes do atendimento de todos os requisitos da aposentadoria, quando os seus beneficiários receberão outro tipo de benefício, a pensão por morte.

Tal contexto leva à conclusão que existe um fundo com recursos para suportar a concessão de aposentadorias especiais por força do novo entendimento do STF, mesmo não havendo recolhimento pelos empregadores, por fornecerem EPIs eficazes, da alíquota adicional ao RAT.

Inclusive, em votos proferidos no referido *leading case* do STF, chegou a ser destacado, como demonstrado, que o fato de eventualmente não existir fonte de custeio ao benefício ou de existir norma isentiva não altera o direito do segurado à aposentadoria. Justamente em face da existência de sistema global de custeio, via recolhimento do RAT mediante aplicação de sua alíquota básica, atualmente modulada pelo FAP. Sistema esse, provavelmente, superavitário, caso considerados apenas os benefícios vinculados aos acidentes de trabalho.

Apesar de o voto do Ministro Barroso, com a devida vênia, interpretar erroneamente os pressupostos e efeitos do FAP, a conclusão de que o sistema de custeio é capaz de suportar os efeitos do alargamento do direito à aposentadoria por exposição ao ruído é correta.

Isso porque, em 2009, houve majoração quase linear dos graus de risco das atividades econômicas e, consequentemente, das alíquotas básicas do RAT, sem justificativa em aumento de acidentalidade global no país. Segundo relatório da Confederação Nacional da Indústria (CNI), o Decreto 6.957/09 enquadrou 56,1% das atividades econômicas no grau de risco grave, multiplicando em mais de cinco vezes o percentual de atividades vinculados a seu nível de risco, que, no regime anterior, era de apenas 10,6%. Em consequência, das 1.301 atividades econômicas listadas, 866 tiveram sua alíquota majorada.

Por outro lado, a entrada em vigor, em 2010, do FAP permitiu a majoração em até 100% da alíquota básica do RAT das empresas com piores resultados em termos de controle de acidentalidade. Por fim, como exposto, o sistema global de custeio dos benefícios especiais tende a ser superavitário, tendo em vista a desproporção entre a base de contribuição e o número de segurados aos quais são concedidos efetivamente os benefícios.

Por isso, não nos parece que a invocação do princípio da preservação do equilíbrio financeiro e atuarial possa fazer frente aos princípios da segurança jurídica e legalidade tributária, bem como à necessidade de observância da moralidade e boa-fé objetiva.

O Superior Tribunal de Justiça, em julgamento representativo da controvérsia e de relatoria do Ministro Luiz Fux, já reconheceu que a boa-fé informa a relação fisco-contribuinte, sendo que a atuação do contribuinte de forma leal e de boa fé deve ser considerada na análise dos casos concretos. Sendo ao Fisco exigido sempre que a sua atuação se dê nesses parâmetros.[27]

Ainda que o equilíbrio financeiro e atuarial da previdência social seja matéria de efetiva e primordial preocupação, também se indicou no ARE 664.335 que se trata de norma muito mais voltada ao legislador do que à sociedade, de modo que a derrota do Estado em uma discussão previdenciária não pode resultar na automática e imediata vitória em discussão tributária correlata. Mudanças paulatinas na legislação e atentas aos princípios que regem as relações com os contribuintes devem ser implantadas para que o Estado possa compensar aquela perda.

Nessa ponderação de valores, entendemos que a segurança jurídica e a legalidade devem prevalecer. Se as normas de custeio exoneram o empregador de recolher o adicional ao RAT quando fornece aos seus empregados EPI com eficácia de reduzir a exposição ao ruído aos

---

[27] (REsp 1143216/RS, 1ª Seção, julgado em 24/03/2010).

níveis indicados como toleráveis pela legislação, devem ter sua eficácia preservada enquanto vigentes.

Se o STF, em decisão muito bem fundamentada, reconheça-se, ampliou o âmbito de concessão da aposentadoria especial para essa situação, caberá ao sistema de custeio, já existente, custear tal alargamento. Mas isso sem negar, por mera interpretação fiscal, a eficácia da legislação previdenciária, que reconhece a eficácia dos EPIs para a fixação da obrigação de recolher a alíquota adicional do RAT. E se a União Federal entende que a decisão do STF quebra o equilíbrio do sistema, com o que não concordamos, deve seguir o procedimento constitucional previsto para a revogação ou alteração da legislação.

O que não se pode permitir é que o contribuinte fique no atual estado de insegurança, sem saber qual procedimento adotar para o cumprimento de suas obrigações de custeio previdenciário.

10.5. Conclusões

O STF, ao julgar o ARE 664.335, que versava sobre pleito de aposentadoria especial (relação segurado/INSS), fixou duas teses que podem ser assim resumidas: (i) a concessão da aposentadoria especial demanda demonstração de efetiva exposição do segurado aos efeitos maléficos de algum agente noviço, de modo que a utilização de EPI eficaz impede o benefício; (ii) contudo, atualmente, não existiria EPI eficaz em relação ao agente ruído, de modo que declaração da empresa nesse sentido no PPP ou outros relatórios e documentos correlatos em nada interferiria no direito ao benefício.

Os votos proferidos nesse julgado foram muito fundamentados e deixam pouca margem para questionamentos no que se refere às teses firmadas, em sede de repercussão geral, envolvendo a relação segurado/INSS. Contudo, o que se tem verificado é a tentativa de se aplicar tais teses de forma imediata, indistinta e até mesmo retroativa a outra relação jurídica muito diversa, que vem a ser a existente entre contribuinte e Fisco. Isso porque o custeio da aposentadoria especial decorre, principalmente, do adicional do RAT previsto no artigo 57, § 6º da Lei 8.213/91.

Essa pretensão, ao contrário do julgado do STF, é passível de críticas e não pode ser aceita pelos contribuintes e órgãos julgadores administrativos ou judiciais. As regras de regência de cada uma das relações acima indicadas são distintas, conforme consignado expressamente em votos proferidos no ARE 664.335. Nesse cenário que se constata não ser a presunção fixada pelo STF para fins de concessão de benefícios compatível com a presunção constante da legislação de custeio.

Dessa forma, por força de consagrados princípios da legalidade, irretroatividade, boa-fé objetiva, moralidade e segurança jurídica, não é correta a consideração de que os contribuintes que contam com segurados expostos aos ruídos se encontram automaticamente condenados a efetuarem o recolhimento do adicional do RAT, mesmo tendo sempre fornecido – registrando tal fato nos documentos pertinentes – EPI considerado eficaz pelas normas de regência e, principalmente, pelo próprio INSS, como ficou evidente nas razões do ARE 664.335. Principalmente no que se refere a fatos anteriores ao julgamento em questão.

11. A exclusão do auxilío-educação do salário de contribuição e as alterações trazidas pela Lei nº 12.513/11 [1]

Em coautoria com
Rafael Santiago Costa

11.1. Introdução

O objetivo principal do presente estudo é analisar as alterações trazidas pela Lei nº 12.513/11 ao artigo 28, § 9º, "t", da Lei nº 8.212/91, que versa sobre a não inclusão de valores despendidos pelo empregador com a educação de seus colaboradores na base de cálculo das contribuições previdenciárias e demais incidentes sobre a remuneração do trabalho.

A análise não estará adstrita à indicação das novidades implantadas, abrangendo um posicionamento crítico acerca dessas modificações, tanto no que se refere às consequências práticas, quanto no que tange à verificação da legitimidade de parte dessas alterações perante o ordenamento pátrio e a natureza jurídica do auxílio-educação.

Por conseguinte, o artigo aborda de forma mais ampla o próprio conceito de salário de contribuição, bem como o alcance que pode ser atribuído às alterações legislativas verificadas no § 9º do artigo 28 da Lei nº 8.212/91, que versa sobre diversas situações não consideradas pelo legislador infraconstitucional como fatos geradores das contribuições incidentes sobre a remuneração do trabalho.

---

[1] Publicado originalmente na *Revista Diatética de Direito Tributário* nº 204, dezembro de 2002, p. 7-19.

As conclusões a serem apresentadas têm por base a jurisprudência já firmada em nossos Tribunais acerca da natureza jurídica do auxílio-educação e de outras rubricas também previstas naquele dispositivo da Lei nº 8.212/91, embora ainda não se tenha notícia de julgados que já levaram em consideração as alterações trazidas pela Lei nº 12.513/11.

11.2. Tratamento do auxílio-educação pela legislação previdenciária

O artigo 28 da Lei nº 8.212/91 apresenta, em seu *caput* e incisos, o conceito de salário de contribuição,[2] base de cálculo das contribuições incidentes sobre a remuneração pelo trabalho. No § 9º desse dispositivo consta um rol de parcelas que não são consideradas integrantes do salário de contribuição.[3]

Em regra, esse rol é considerado pela Fiscalização Tributária como uma lista de isenções, que deveria, portanto, ser interpretada como taxativa e de forma literal. Ou seja, somente estariam excluídas da base de cálculo das contribuições previdenciárias as rubricas previstas naquele § 9º, e, ainda assim, se atendidos os requisitos e limites previstos nos itens constantes desse dispositivo.

Trata-se de entendimento equivocado e afastado tanto pela melhor doutrina quanto pela jurisprudência (em especial do Superior Tribunal de Justiça – STJ) na análise de diversos casos específicos.[4] [5] Afinal, não apenas o próprio artigo 28, I, da Lei nº 8.212/91, mas

---

[2] "Art. 28. Entende-se por salário-de-contribuição: I – para o empregado e trabalhador avulso: a remuneração auferida em uma ou mais empresas, assim entendida a totalidade dos rendimentos pagos, devidos ou creditados a qualquer título, durante o mês, destinados a retribuir o trabalho, qualquer que seja a sua forma, inclusive as gorjetas, os ganhos habituais sob a forma de utilidades e os adiantamentos decorrentes de reajuste salarial, quer pelos serviços efetivamente prestados, quer pelo tempo à disposição do empregador ou tomador de serviços nos termos da lei ou do contrato ou, ainda, de convenção ou acordo coletivo de trabalho ou sentença normativa;"

[3] "§ 9º Não integram o salário de contribuição para os fins desta Lei, exclusivamente: (...)."

[4] Cite-se, a título de exemplo, o entendimento pacífico do STJ acerca da desnecessidade de inscrição da empresa em programas de alimentação do trabalhador (PAT), como exige a alínea "c" do § 9º do artigo 28 da Lei nº 8.212/91, para fins de confirmação da não inclusão no salário-de-contribuição de valores despendidos com fornecimento de alimentos *in natura* aos funcionários. Nesse sentido, vide: AgRg no Ag nº 1.392.454, Rel. Min. Arnaldo Esteves Lima, 1ª Turma, DJe 25.11.2011; REsp nº 1.196.748, Rel. Min. Mauro Campbell Marques, 2ª Turma, DJe 28.09.2010.

[5] No âmbito do STF, merece destaque o acórdão proferido no RE nº 478.410 (Rel. Min. Eros Grau, Pleno, julgado em 10.03.2010), que afastou a incidência de contribuições previdenciárias sobre o custeio do transporte do trabalhador pela empresa, ainda que tal se dê em pecúnia, ao contrário do que exigia a alínea "f" do § 9º do artigo 28 da Lei nº 8.212/91, que, complementada pela legislação específica, indicava que somente o fornecimento de vale-transporte estaria excluído do salário de contribuição.

também os artigos 195, I, "a", e 201, § 11, da Constituição, delimitam a hipótese de incidência das contribuições em análise, restringindo-a aos casos em que ocorre remuneração habitual do empregado pelo trabalho desenvolvido.

Dessa forma, o que interessa efetivamente para fins de inclusão de determinada rubrica no salário de contribuição é sua natureza jurídica, sendo irrelevante o fato de estar ou não arrolada no § 9º do artigo 28 da Lei nº 8.212/91. Trata-se, na verdade, de rol exemplificativo e que, em relação a grande parte dos seus itens, apenas confirma hipóteses de não incidência das contribuições (e não isenções concedidas pelo legislador).

Nesse sentido se manifestaram os Auditores Fiscais da Receita Federal Karina Alessandra e Eduardo Newman em monografia premiada em concurso promovido pelo Conselho Administrativo de Recursos Fiscais (CARF):[6]

> Tendo em vista o "norte" interpretativo acima ventilado, o rol de rubricas não integrantes do salário-de-contribuição (...) veiculado no § 9º do art. 28 da Lei nº 8.212/91, que também não integram a base de cálculo da contribuição previdenciária patronal (art. 22, § 2º), não limita o reconhecimento de que todas as indenizações e todos os ressarcimentos encontram-se afastados da exação previdenciária.
> De fato, a literalidade do art. 28, § 9º, da Lei nº 8.212/91, pode levar o intérprete a equívocos, nos seguintes termos: "Art. 28 [...] § 9º Não integram o salário-de-contribuição para os fins desta Lei, exclusivamente: (...)"
> Entretanto, como as indenizações e os ressarcimentos de despesas não foram albergados no art. 195, I, "a" c/c art. 201, § 11, ambos da Constituição Federal, e sequer encontram guarida no art. 22, inciso I, da Lei nº 8.212/91, é irrelevante, em relação a tais rubricas, que as mesmas se encontrem expressamente arroladas no art. 28, § 9º, da Lei nº 8.212/91. Frise-se: "as indenizações e os ressarcimentos de despesas não se encontram no campo constitucional e legal de incidência das contribuições previdenciárias".
> Assim, quando alguma verba indenizatória ou ressarcitória encontra-se prevista no art. 28, § 9º, da Lei nº 8.212/91, entende-se que há apenas a explicitação, o reforço, de que tal rubrica já não se encontrava sujeita à incidência. (...)

A vinculação da fixação do salário de contribuição aos requisitos da remuneração contraprestativa e habitual do trabalho é matéria que vem ocupando a jurisprudência, já que objeto usual de controvérsia entre autoridades fiscais e contribuintes, sendo que um dos focos dessa divergência reside na análise da configuração da chamada remuneração *in natura*.

---

[6] GOMES, Karina Alessandra de Mattera; GOMES, Eduardo Newman de Mattera. Delimitação Constitucional da Base de Cálculo das Contribuições Sociais Previdenciárias Incidentes sobre as Remunerações dos Segurados Empregados. In: *I Prêmio CARF de Monografias em Direito Tributário*. Brasília: Edições Valentim, 2011. p. 486-488.

Nos termos da Consolidação da Legislação do Trabalho (CLT), a remuneração decorrente do trabalho, definida nos artigos 457 e 458, configura-se no salário (remuneração contraprestativa em dinheiro), inclusive a gorjeta, gratificações ajustadas, diárias para viagens, e também nas utilidades fornecidas pelo empregador em contraprestação ou para viabilização do trabalho (salário *in natura*).

De forma sintética, define-se "salário *in natura*" como sendo aquela parcela da remuneração do empregado que é paga através de utilidades distintas do dinheiro. Sua definição legal pode ser extraída do artigo 458 da CLT:

> Art. 458. Além do pagamento em dinheiro, compreende-se no salário, para todos os efeitos legais, a alimentação, habitação, vestuário ou outras prestações *in natura* que a empresa, por força do contrato ou do costume, fornecer habitualmente ao empregado. Em caso algum será permitido o pagamento com bebidas alcoólicas ou drogas nocivas.

Contudo, para que se caracterize o pagamento de parcela salarial via fornecimento de utilidades, deve ser patente a presença dos requisitos da habitualidade, onerosidade e da contraprestabilidade do serviço prestado. Isso porque, em diversas situações, a utilidade fornecida visa somente a viabilizar a prestação do serviço, e não a remunerá-lo[7] (caso do fornecimento de veículo e combustível a ser utilizado pelo empregado de forma exclusiva ou preponderante na execução da sua atividade laboral), ou, ainda, a disponibilizar benefício social, de cunho não salarial.

Exatamente para explicitar esse contexto que a Lei nº 10.243/01 alterou o § 2º do art. 458 da CLT, relacionando a utilidades que não podem ser consideradas como salário-utilidade:

> § 2º Para os efeitos previstos neste artigo, não serão consideradas como salário as seguintes utilidades concedidas pelo empregador:
> I – vestuários, equipamentos e outros acessórios fornecidos aos empregados e utilizados no local de trabalho, para a prestação do serviço;
> II – educação, em estabelecimento de ensino próprio ou de terceiros, compreendendo os valores relativos a matrícula, mensalidade, anuidade, livros e material didático;

---

[7] A jurisprudência trabalhista é bastante consolidada na diferenciação da verba *para* o trabalho, daquela *pelo* trabalho. Cite-se a título exemplificativo: "SALÁRIO-UTILIDADE – VEÍCULOS FORNECIDO PELO EMPREGADOR – UTILIZAÇÃO PELO EMPREGADO – FOLGAS – FINS DE SEMANA E FÉRIAS. O veículo fornecido para o trabalho não tem natureza salarial. O fato de a empresa autorizar seu uso pelo empregado também em suas folgas, finais de semana e férias não modifica a natureza do bem assim fornecido. Não constitui salário-utilidade veículo fornecido por liberalidade do empregador, cuja vontade não se dirige à melhor remuneração do empregado, mas permanece voltada a permitir que este desenvolva de forma mais eficiente as funções para as quais foi admitido. Recurso de Embargos de que se conhece parcialmente e a que se dá provimento." (TST, Proc. ERR nº 333007, ano 1996, DJ de 06/06/03. Relator Ministro João Batista Brito Pereira).

III – transporte destinado ao deslocamento para o trabalho e retorno, em percurso servido ou não por transporte público;
IV – assistência médica, hospitalar e odontológica, prestada diretamente ou mediante seguro-saúde;
V – seguros de vida e de acidentes pessoais;
VI – previdência privada;

A norma trabalhista excluiu do salário a educação fornecida pelo empregador ao empregado, em estabelecimentos próprios ou de terceiros, reconhecendo que não se trata de um benefício contraprestativo do trabalho, mas de cunho social e que configura investimento da própria empresa na capacitação de seus colaboradores.

E, anteriormente, a Lei nº 9.528/97 já havia alterado o § 9º do artigo 28 da Lei nº 8.212/91, com a introdução da alínea "t" àquele dispositivo para explicitar que o auxílio-educação fornecido pelo empregador não se incorpora ao salário de contribuição. Assim constava da redação original dessa alínea:

t) o valor relativo a plano educacional que vise ao ensino fundamental e a cursos de capacitação e qualificação profissionais vinculados às atividades desenvolvidas pela empresa, desde que todos os empregados e dirigentes tenham acesso ao mesmo;

A Lei nº 9.711/98, por sua vez, alterou essa redação, que passou a ser a seguinte:

t) o valor relativo a plano educacional que vise à educação básica, nos termos do art. 21 da Lei nº 9.394, de 20 de dezembro de 1996, e a cursos de capacitação e qualificação profissionais vinculados às atividades desenvolvidas pela empresa, desde que não seja utilizado em substituição de parcela salarial e que todos os empregados e dirigentes tenham acesso ao mesmo;

Como se percebe, a alteração no texto praticamente se restringiu a adequar o dispositivo ao artigo 21 da Lei nº 9.394/96,[8] uma vez que o ensino fundamental (mencionado na redação original) seria apenas uma das etapas da educação básica, que ainda contempla a educação infantil e o ensino médio.

E, mais recentemente, o dispositivo em análise passou por nova reformulação, determinada pelo artigo 15 da Lei nº 12.513/11 nos seguintes moldes:

t) o valor relativo a plano educacional, ou bolsa de estudo, que vise à educação básica de empregados e seus dependentes e, desde que vinculada às atividades desenvolvidas pela empresa, à educação profissional e tecnológica de empregados, nos termos da Lei nº 9.394, de 20 de dezembro de 1996, e:
1. não seja utilizado em substituição de parcela salarial; e

---

[8] "Art. 21. A educação escolar compõe-se de: I – educação básica, formada pela educação infantil, ensino fundamental e ensino médio; II – educação superior."

2. o valor mensal do plano educacional ou bolsa de estudo, considerado individualmente, não ultrapasse 5% (cinco por cento) da remuneração do segurado a que se destina ou o valor correspondente a uma vez e meia o valor do limite mínimo mensal do salário-de-contribuição, o que for maior;

Confrontando a redação atual com a anterior, é possível identificar as seguintes e relevantes alterações:

a) inclusão de menção expressa às bolsas de estudo, indicando o alargamento no que se refere aos meios e instrumentos aceitos como válidos para fins de concessão do auxílio-educação;

b) menção expressa à concessão de auxílio aos dependentes dos empregados, afastando dúvida até então existente sobre o alcance da norma;

c) remissão genérica à Lei nº 9.394/96, que estabelece as diretrizes e bases da educação nacional, em substituição da menção específica ao artigo 21 da lei, que tratava especificamente da educação básica, tornando inequívoca a possibilidade de subsídio em relação a uma gama maior de cursos;

d) menção expressa à qualificação tecnológica, confirmando a conclusão apontada no item acima;

e) supressão da exigência de que todos os colaboradores tenham acesso ao "plano educacional" ou "bolsa de estudos", o que permite às Empresas uma mais liberdade e tranquilidade no desenvolvimento de suas políticas de concessão do benefício;

f) introdução de limites financeiros à concessão do auxílio, sugerindo que será considerada passível de tributação a parcela do benefício que exceder aos limites (ou mesmo a totalidade do benefício, caso adotada uma interpretação mais rigorosa da norma).

Analisados os efeitos concretos dessas alterações, que impactam diretamente nas políticas das empresas que versam sobre incentivo à formação e educação dos seus colaboradores, torna-se necessário verificar o entendimento jurisprudencial que já havia se firmado sobre o tema.

11.3. Entendimento jurisprudencial

A jurisprudência do STJ é pacífica no sentido de que o auxílio-educação, embora tenha conteúdo econômico, não apresenta caráter remuneratório em função do trabalho prestado pelo empregador. Tratar-se-ia de verdadeiro investimento realizado pelo empregador para qualificar sua mão de obra e, provavelmente, remunerá-la em novas condições no futuro.

Embora se trate de matéria ainda não apreciada sob o rito de recursos repetitivos, os precedentes proferidos pelas duas Turmas que integram a Primeira Seção do STJ são uníssonos ao afastar a incidência de contribuições previdenciárias sobre o auxílio-educação. E o que se percebe da íntegra desses julgados é que essa conclusão não decorre simplesmente da previsão contida no artigo 28, § 9º, "t", da Lei nº 8.212/91.

Demonstração inequívoca dessa constatação reside nos seguintes julgados:

TRIBUTÁRIO. (...). CONTRIBUIÇÃO PREVIDENCIÁRIA. AUXÍLIO-EDUCAÇÃO. DESCABIMENTO. VERBAS DE NATUREZA NÃO SALARIAL.

- Os valores pagos pela empresa diretamente à instituição de ensino, com a finalidade de prestar auxílio escolar aos seus empregados, não podem ser considerados como salário "in natura", pois não retribuem o trabalho efetivo, não integrando a remuneração. Trata-se de investimento da empresa na qualificação de seus empregados.

- A Lei nº 9.528/97, ao alterar o § 9º do artigo 28 da Lei nº 8.212/91, que passou a conter a alínea "t", confirmou esse entendimento, reconhecendo que esses valores não possuem natureza salarial.

- Precedente desta Corte.

- Agravo regimental improvido. (AgRg no REsp nº 328.602/RS, Rel. Min. Francisco Falcão, 1ª Turma, julgado em 01.10.2002)

RECURSO ESPECIAL – TRIBUTÁRIO – CONTRIBUIÇÃO PREVIDENCIÁRIA – AUXÍLIO-EDUCAÇÃO (BOLSA DE ESTUDO) – NÃO-INCIDÊNCIA – NATUREZA NÃO SALARIAL – ALÍNEA "T" DO § 9º DO ART. 28 DA LEI N. 8.212/91, ACRESCENTADA PELA LEI N. 9.258/97 – PRECEDENTES.

O entendimento da Primeira Seção já se consolidou no sentido de que os valores despendidos pelo empregador com a educação do empregado não integram o salário-de-contribuição e, portanto, não compõem a base de cálculo da contribuição previdenciária mesmo antes do advento da Lei n. 9.528/97.

Recurso especial improvido. (REsp nº 371.088/PR, Rel. Min. Humberto Martins, 2ª Turma, julgado em 03.08.2006)

Assim constou do voto proferido nessa última decisão:

Cinge-se a controvérsia acerca da natureza do auxílio-educação, se de caráter remuneratório ou não, de maneira a permitir que sobre esse valor deva incidir a contribuição previdenciária.

O tema não merece maiores digressões, uma vez que este Tribunal já enfrentou a questão ora em debate e já se posicionou no sentido de que não incide contribuição previdenciária sobre as bolsas de estudo conferidas pelo empregador aos empregados, porquanto não se trata de parcela remuneratória, mas de investimento na qualificação intelectual dos trabalhadores.

O entendimento da Primeira Seção já se consolidou no sentido de que os valores despendidos pelo empregador com a educação do empregado não integram o salário-de-contribuição e, portanto, não compõem a base de cálculo da contribuição previdenciária mesmo antes do advento da Lei n. 9.528/97.

Ou seja, mesmo antes da expressa previsão legal suprimindo o auxílio-educação do salário de contribuição, o STJ já o considerava excluído, haja vista a natureza jurídica da verba. De fato, poucas são as referências feitas nesses julgados ao dispositivo legal em análise. A título de exemplo, seguem precedentes recentes de ambas as Turmas do Tribunal que lidam com a matéria tributária:

> PREVIDENCIÁRIO. RECURSO ESPECIAL. AUXÍLIO-EDUCAÇÃO. BOLSA DE ESTUDO. VERBA DE CARÁTER INDENIZATÓRIO. CONTRIBUIÇÃO PREVIDENCIÁRIA. INCIDÊNCIA SOBRE A BASE DE CÁLCULO DO SALÁRIO DE CONTRIBUIÇÃO. IMPOSSIBILIDADE.
>
> 1. "O auxílio-educação, embora contenha valor econômico, constitui investimento na qualificação de empregados, não podendo ser considerado como salário *in natura*, porquanto não retribui o trabalho efetivo, não integrando, desse modo, a remuneração do empregado. É verba empregada para o trabalho, e não pelo trabalho." (RESP 324.178-PR, Relatora Min. Denise Arruda, DJ de 17.12.2004).
>
> 2. *In casu*, a bolsa de estudos, é paga pela empresa e destina-se a auxiliar o pagamento a título de mensalidades de nível superior e pós-graduação dos próprios empregados ou dependentes, de modo que a falta de comprovação do pagamento às instituições de ensino ou a repetição do ano letivo implica na exigência de devolução do auxílio. Precedentes: (Resp. 784887/SC. Rel. Min. Teori Albino Zavascki. DJ. 05.12.2005 REsp 324178/PR, Rel. Min. Denise Arruda, DJ. 17.02.2004; AgRg no REsp 328602/RS, Rel. Min. Francisco Falcão, DJ.02.12.2002; REsp 365398/RS, Rel. Min. José Delgado, DJ. 18.03.2002).
>
> 3. Agravo regimental desprovido. (AgRg no Ag nº 1.330.484/RS, Rel. Min. Luiz Fux, 1ª Turma, julgado em 18.11.2010)
>
> PROCESSUAL CIVIL. (...). CONTRIBUIÇÃO PREVIDENCIÁRIA. BOLSAS DE ESTUDO. NÃO-INCIDÊNCIA.
>
> (...)
>
> 2. O entendimento do STJ é pacífico no sentido de que os valores gastos pelo empregador com a educação de seus empregados não integram o salário-de-contribuição; portanto, não compõem a base de cálculo da Contribuição Previdenciária.
>
> 3. Embargos de Declaração acolhidos, sem efeito infringente. (EDcl no AgRg no REsp nº 479.056/SC, Rel. Min. Herman Benjamin, 2ª Turma, julgado em 23.02.2010).

Trata-se de constatação que não passa despercebida pela doutrina,[9] senão vejamos:

> Como esta isenção somente foi inserida no texto da Lei 8.212/91, em 10/12/97 (Lei 9.528/97), o Fisco Previdenciário entende que os valores despendidos com educação,

---

[9] KERTZMAN, Ivan; CYRINO; Sinésio. *Salário-de-Contribuição*: A base de cálculo previdenciária das empresas e dos segurados. 2ª ed. Salvador: JusPodivm, 2010. p. 235; 238.

> anteriormente a esta data, devem ser tributados (...). O STJ, todavia, rechaça completamente essa tese, tendo pacificado entendimento que os valores gastos com educação nunca foram parcelas remuneratórias, mesmo antes do advento da Lei 9.528/97.
> (...)
> (...)
> Saliente-se, entretanto, que o Superior Tribunal de Justiça não tem feito qualquer exigência para considerar os valores pagos com educação como não-tributáveis, acreditando que estes visam propiciar melhor produtividade dos empregados.

De fato, parece-nos claro que o STJ concluiu pela não incidência de contribuições previdenciárias sobre o auxílio-educação independentemente da previsão contida atualmente no artigo 28, § 9º, "t", da Lei nº 8.212/91. Isso porque a jurisprudência do Tribunal tem pautado a sua análise da abrangência do salário de contribuição em face da presença ou não dos requisitos da onerosidade, habitualidade e contraprestabilidade, e não pela listagem exemplificativa da citada lei.

Esse posicionamento se mostra relevante por indicar que as alterações realizadas no § 9º do artigo 28 da Lei nº 8.212/91 nem sempre são determinantes à definição da incidência das contribuições previdenciárias sobre a rubrica a que se referem. Outra ilustração marcante dessa assertiva é a confirmação da natureza não salarial do aviso prévio indenizado mesmo após o advento do Decreto nº 6.727/09, que alterou o Decreto nº 3.048/99 (Regulamento da Previdência Social) e retirou a exclusão expressa dessa verba do salário de contribuição.

Trata-se de conclusão que nos permite afirmar que mudanças na redação do § 9º do artigo 28 da Lei nº 8.212/91 não tem conteúdo normativo suficiente para alterar o âmbito de incidência das contribuições previdenciárias sobre a remuneração, nos termos em que se posiciona o STJ a respeito. E as alterações promovidas pela Lei nº 12.513/11 não fogem a essa regra.

Mas sempre se deve fazer a ressalva que a Fiscalização Tributária se pauta pela interpretação literal da norma previdenciária, com a exigência do cumprimento por parte do contribuinte dos requisitos nela instituídos. Por isso, relevante o conhecimento correto da legislação em vigor, o que justifica a explicitação do atual regramento para o auxílio-educação.

11.4. Efeitos das alterações no tratamento legal do auxílio-educação

Como indicado, a maior parte das alterações promovidas pela Lei nº 12.513/11 no artigo 28, § 9º, "t", da Lei nº 8.212/91 indicam a intenção do legislador de fomentar o investimento das empresas na educação e formação profissional dos seus empregados.

De forma mais ampla, essas alterações estão inseridas em um projeto institucional do Governo Federal de qualificação da mão de obra nacional, como se depreende do artigo 1º da nova lei, *in verbis*:

> Art. 1º É instituído o Programa Nacional de Acesso ao Ensino Técnico e Emprego (Pronatec), a ser executado pela União, com a finalidade de ampliar a oferta de educação profissional e tecnológica, por meio de programas, projetos e ações de assistência técnica e financeira.
>
> Parágrafo único. São objetivos do Pronatec:
>
> I – expandir, interiorizar e democratizar a oferta de cursos de educação profissional técnica de nível médio presencial e a distância e de cursos e programas de formação inicial e continuada ou qualificação profissional;
>
> II – fomentar e apoiar a expansão da rede física de atendimento da educação profissional e tecnológica;
>
> III – contribuir para a melhoria da qualidade do ensino médio público, por meio da articulação com a educação profissional;
>
> IV – ampliar as oportunidades educacionais dos trabalhadores, por meio do incremento da formação e qualificação profissional;

Para facilitar a análise, transcreve-se novamente o artigo 15 da Lei nº 12.513/11:

> Art. 15. O art. 28 da Lei nº 8.212, de 24 de julho de 1991, passa a vigorar com as seguintes alterações:
>
> Art. 28.
>
> (...)
>
> § 9º.
>
> (...)
>
> t) o valor relativo a plano educacional, ou bolsa de estudo, que vise à educação básica de empregados e seus dependentes e, desde que vinculada às atividades desenvolvidas pela empresa, à educação profissional e tecnológica de empregados, nos termos da Lei nº 9.394, de 20 de dezembro de 1996, e:
>
> 1. não seja utilizado em substituição de parcela salarial; e
>
> 2. o valor mensal do plano educacional ou bolsa de estudo, considerado individualmente, não ultrapasse 5% (cinco por cento) da remuneração do segurado a que se destina ou o valor correspondente a uma vez e meia o valor do limite mínimo mensal do salário-de-contribuição, o que for maior;

A nova redação da lei previdenciária indica a ampliação das modalidades de auxílio-educação consideradas excluídas do salário de contribuição. Na interpretação literal da redação anterior, o auxílio-educação somente abrangia o empregado e estava vinculado a duas possibilidades de "plano educacional", que seriam a educação básica e a capacitação profissional diretamente vinculada às atividades desenvolvidas pela empresa.

Essa redação permitia que as autoridades tributárias negassem a natureza de auxílio-educação ao financiamento, por exemplo, de cursos de línguas e de graduação e pós-graduação, principalmente quando não se vislumbrava de forma direta que o curso subsidiado tivesse efetiva relação com as atuais atividades profissionais do empregado e/ou com as necessidades imediatas da empresa.

Primeiro, a nova redação inclui os dependentes dos empregados entre os possíveis beneficiários do auxílio-educação vinculado à educação básica. Em seguida, a norma excluiu a vinculação da educação básica ao artigo 21 da Lei nº 9.394/96, que a define como sendo a "formada pela educação infantil, ensino fundamental e ensino médio". Agora a remissão é feita em relação à integralidade da lei de diretrizes e bases da educação nacional, que deve ser considerada não só para a educação básica, mas também para a capacitação profissional e tecnológica do empregado.

E a Lei nº 9.394/96 já define de forma mais ampla, no seu artigo 1º, a "educação", como sendo "os processos formativos que se desenvolvem na vida familiar, na convivência humana, no trabalho, nas instituições de ensino e pesquisa, nos movimentos sociais e organizações da sociedade civil e nas manifestações culturais".

Esse conceito é muito mais adequado aos tempos atuais, em que as demandas e necessidades humanas ultrapassam o conteúdo da educação formal, sendo imprescindível o acesso a conteúdos de formação ética, cultural e social. Tal contexto deve levar ao reconhecimento de que o investimento das empresas na educação dos seus empregados é também mais amplo, podendo abarcar, por exemplo, o ensino de línguas, informática, além dos cursos de graduação, pós--graduação e especializações.

O artigo 39 da lei de diretrizes da educação indica que a educação profissional e tecnológica está vinculada ao "cumprimento dos objetivos da educação nacional" e "integra-se aos diferentes níveis e modalidades de educação e às dimensões do trabalho, da ciência e da tecnologia". E, por isso, abrangerá os cursos de formação inicial e continuada ou qualificação profissional, de educação profissional técnica de nível médio, de educação profissional tecnológica de graduação e pós-graduação (vide § 2º do dispositivo em comento, incluído pela Lei nº 11.741/08).

Por outro lado, deve-se conceder correta interpretação à disposição da lei previdenciária no sentido de que a capacitação profissional e tecnológica a ser custeada total ou parcialmente pelo empregador deva estar "vinculada às atividades desenvolvidas pela empresa".

Essa previsão legal não pode ser interpretada como sendo a exigência de que haja uma direta vinculação entre a atividade laboral exercida pelo empregado e a natureza do curso subsidiado, para se reconhecer a exclusão do salário de contribuição. Seria o caso, por exemplo, de se exigir que o empregado beneficiado com curso de língua estrangeira ocupasse função que já demandasse essa capacitação para o seu desempenho.

Pelo contrário, inegável que para as empresas, atualmente, é operacionalmente relevante que um maior número de seus colaboradores domine outros idiomas, seja capacitado em informática, ou, ainda, que tenha um nível cultural mais desenvolvido (por exemplo, através de cursos de pós-graduação ou de extensão), sem que, necessariamente, o *plus* decorrente desse desenvolvimento seja imediata ou diretamente utilizado na função atual de cada colaborador.

O que na verdade se pretende evitar com a norma é o custeio de cursos totalmente alheios à capacitação técnica e profissional, que não apresentam qualquer interesse do empregador. Seria o caso, por exemplo, de uma indústria metalúrgica custear um curso de pintura para um engenheiro, ou de música para um advogado. Apesar dos ganhos de produtividade, decorrentes do bem-estar e da satisfação que esse tipo de atividade pode gerar para o colaborador, a distância verificada entre o resultado de tais cursos e a atividade laboral desenvolvida pelo empregado e pela empresa, outorga-lhes a natureza de uma remuneração indireta.

Portanto, a alteração da redação do artigo 28, § 9º, "t", da Lei nº 8.212/91 está em linha com a necessidade atual do Brasil em investir na capacitação de sua força de trabalho, tornando-a mais aparelhada para o elevado grau de competição do mercado mundial. Por isso, a sua interpretação deve ser efetuada de forma mais ampla, vinculada a esses objetivos.

A jurisprudência já vinha interpretando de forma mais razoável a norma, mesmo considerando sua redação anterior. Nesse sentido, destaquem-se precedentes proferidos pelos Tribunais Regionais Federais confirmando a não incidência das contribuições previdenciárias no custeio pelo empregador de cursos de idiomas[10] (destacou-se):

EMBARGOS À EXECUÇÃO FISCAL. (...). CONTRIBUIÇÃO PREVIDENCIÁRIA SOBRE PARCELAS CUSTEADAS A TÍTULO DE CURSO DE INGLÊS. NÃO-INCIDÊN-

---

[10] Nesse ponto, merece destaque o fato de que a Lei nº 9.394/96 indica expressamente a necessidade de inclusão de língua estrangeira nos currículos escolares (artigos 24, IV, 26, § 5º, e 36, III), o que reforça que se trata de conhecimento a ser considerado em toda política e projeto educacional.

CIA. (...). A contribuição previdenciária somente deve ter incidência sobre as verbas de natureza remuneratória, isto é, que retribuem o trabalho do empregado e que são pagas com habitualidade, diferentemente dos cursos de capacitação e qualificação profissionais, que não integram o salário-de-contribuição, por serem inerentes às atividades desenvolvidas pela empresa (Lei nº 8.212/91, artigo 28). Os questionados cursos de língua inglesa não constituem salário in natura, porquanto não envolvem retribuição pelo trabalho, cuidando-se de verdadeiro investimento da empresa na qualificação dos trabalhadores, uma vez que o domínio do idioma é necessário à realização da atividade laborativa, ou seja, a exigência traduz-se em ferramenta essencial no desenvolvimento das tarefas diárias. A empresa não recebe dos seus empregados qualquer contraprestação em forma de trabalho. Trata-se de um benefício concedido em caráter eventual e transitório, e não habitual, como se exige para que haja a natureza remuneratória, posto que somente dura enquanto o empregado estudar. O artigo 458, § 2º, II, da CLT, na redação dada pela Lei n° 10.243/01, expressamente dispôs não integrar o salário in natura as utilidades fornecidas pelo empregador relativas à educação. Preliminar rejeitada. Apelação e remessa oficial não providas. (TRF 3ª Região, ApelReex nº 05347053119974036182, Juiz Conv. Leonel Ferreira, 1ª Turma, DATA: 23.01.2012)

EXECUÇÃO FISCAL. EMBARGOS. INTERESSE RECURSAL. NÃO-CONHECIMENTO DE PARTE DO APELO. CONTRIBUIÇÕES PREVIDENCIÁRIAS. AUXÍLIO ESCOLAR. DEPÓSITO RECURSAL. HONORÁRIOS ADVOCATÍCIOS. 1. (...). 2. O auxílio escolar pago pela Embargante aos seus funcionários, de forma eventual, para aqueles que estivessem freqüentando cursos regulares de 1º e 2º graus, graduação, especialização e idiomas, tem natureza tipicamente indenizatória, não se configurando como salário-de-contribuição. 3. A exigência de um período mínimo de trabalho na empresa não configura discriminação, a afastar a aplicação do disposto no art. 28, § 9º, alínea "t", da Lei nº 8.212/91. 4. (...). (TRF 4ª Região, AC nº 2003.72.05.004371-3, Dirceu de Almeida Soares, 2ª Turma, DJ 10.08.2005)

Ainda nesse contexto, é relevante a exclusão na nova redação da exigência de que o auxílio-educação seja concedido a todos os colaboradores da empresa, o que afastou definitivamente as discussões anteriormente existentes ao custeio de cursos apenas para determinados grupos de funcionários.

Apesar de ilegal, a regra de vinculação da exclusão do auxílio-educação do salário de contribuição à disponibilização da verba a todos os colaboradores do empregador vinha sendo aplicada pelo Fisco e corroborada por precedentes administrativos. Vide:

CONTRIBUIÇÕES PREVIDENCIÁRIAS – Período de apuração: 01/01/2004 a 31/12/2005 DISPONIBILIZAÇÃO DE CURSO DE EDUCAÇÃO SUPERIOR. NÃO COMPROVAÇÃO DE QUE OS CURSOS ERAM EXTENSIVOS A TODOS OS EMPREGADOS. INCIDÊNCIA DE CONTRIBUIÇÕES. As despesas com cursos de graduação ou pós-graduação devem sofrer tributação previdenciária, quando a empresa não consiga comprovar que os mesmos eram disponibilizados a todos os seus empregados e dirigentes. (CARF 2ª Seção / 1ª Turma da 4ª Câmara / ACÓRDÃO 2401-01.840 em 12/05/2011)

A exclusão dessa exigência pelo legislador é o reconhecimento da sua abusividade e incompatibilidade com a vinculação dessa tributação ao conceito legal do salário de contribuição. Inclusive, trata-se de medida que se encontra em consonância com a jurisprudência mais atual e consistente da Câmara Superior de Recursos Fiscais do CARF a respeito de outras rubricas para as quais estão previstas exigências semelhantes.[11]

Por outro lado, parece-nos um retrocesso a instituição de limite financeiro para a concessão de auxílio-educação dissociado do salário de contribuição. A norma atual impõe como requisito para a desoneração que "o valor mensal do plano educacional ou bolsa de estudo, considerado individualmente, não ultrapasse 5% (cinco por cento) da remuneração do segurado a que se destina ou o valor correspondente a uma vez e meia o valor do limite mínimo mensal do salário de contribuição, o que for maior". Atualmente, o limite mínimo mensal é de R$ 622,00, o que implica o parâmetro de R$ 933,00, caso superior a 5% do salário do colaborador.

A redação anterior não trazia limite de valor mensal do curso custeado pelo empregador, o que se apresenta mais correto, tendo em vista que é a natureza da verba, em face dos requisitos da onerosidade, contraprestabilidade e habitualidade, que define a sua integração ou não aos salário de contribuição, e não o montante envolvido. Caso contrário, essa definição jurídica se tornaria discricionária do legislador infraconstitucional.

Afinal, qual a diferença em termos de definição de natureza jurídica do benefício em se custear um curso de formação profissional cujo custo mensal corresponda a três vezes o valor limite do salário de contribuição, em face de outro do qual decorra despesa equivalente a uma vez e meia esse valor? Em ambos os casos o empregador não está substituindo a remuneração do empregado pelo seu labor, mas levando a efeito a função social (e também empresarial) de investir na formação de seus colaboradores.

Também nos parece um contrassenso não se estimular o custeio de cursos mais caros, normalmente vinculados aos trabalhadores de níveis mais elevados nas empresas. E isso quando é notório o déficit brasileiro de profissionais especializados, como engenheiros, profissionais da tecnologia da informação, químicos, entre outros.

---

[11] A Câmara Superior de Recursos Fiscais já decidiu, corretamente, no que se refere a plano de saúde, que "a exigência de outros pressupostos, como a necessidade de planos idênticos à todos os empregados, é de cunho subjetivo do aplicador/intérprete da lei, extrapolando os limites da legislação específica" (Acórdão 9202.00.295). E no mesmo sentido, só que referente à previdência privada, existem precedentes de Turma do CARF (Acórdão 2402-01.291).

Entretanto, como o limite valorativo foi imposto pela norma, o Fisco fica vinculado à sua aplicação, havendo risco para as empresas que concederem auxílio-educação em valores superiores aos estabelecidos. Todavia, tendo em vista o entendimento da jurisprudência sobre o conceito do salário de contribuição, consideramos muito provável a chance de o questionamento judicial do limite ou de exigência fiscal decorrente da sua inobservância encontrar guarida na jurisprudência.

Outra dúvida que se tem observado sobre a nova redação da lei previdenciária é a de que, caso se extrapole o limite mensal no pagamento do auxílio-educação, haveria a tributação apenas da parcela excedente ou se desnaturaria por completo a verba, transformando-a integralmente em remuneração indireta.

Pela literalidade da norma, parece-nos que o entendimento mais provável por parte das autoridades fiscais será pela desnaturação do pagamento. Contudo, não consideramos razoável eventual interpretação nesse sentido, já que desvinculada por completo do objetivo do legislador de estimular esse tipo de investimento educacional. Não nos parece que tal contexto justifique uma posição de tudo ou nada.

De toda a forma, acreditamos ter ficado claro nos tópicos anteriores que o STJ não tem considerado limites quantitativos ao sustentar a natureza indenizatória do auxílio-educação, o que nos permite sustentar a alta probabilidade de que o Poder Judiciário refute os limites estipulados na atual redação do artigo 28, § 9º, "t", da Lei nº 8.212/91. Afinal, se a natureza da verba é tida pacificamente como indenizatória, não há alteração nesse quadro em função do valor da bolsa concedida (desde que efetivamente vinculada ao custo do curso subsidiado).

11.5. Conclusões

Como visto, o artigo 15 da Lei nº 12.513/11, além de ajustar a norma prevista no artigo 28, § 9º, "t", da Lei nº 8.212/91 aos atuais ditames da Lei nº 9.394/96, trouxe relevantes alterações àquele dispositivo. Ao mesmo tempo em que pacificou algumas discussões já existentes em torno do auxílio-educação, acabou por inaugurar novos debates sobre o tema.

Com efeito, se de um lado confirmou a possibilidade de concessão do auxílio a dependentes dos empregados, a desnecessidade de que o benefício seja disponibilizado a todos os colaboradores da empresa e a adoção de uma gama maior de cursos, por outro estabelece limite financeiro a ser observado pelo empregador ao conceder o benefício, sob pena de sua inclusão no salário de contribuição.

Buscou-se demonstrar nesse trabalho que se trata de inovação irrazoável, incoerente e mesmo inconstitucional, haja vista que não é o valor despendido com determinado benefício que define a sua natureza jurídica para fins de inclusão na base de cálculo das contribuições incidentes sobre a remuneração pelo trabalho.

E se mostrou que essa conclusão encontra respaldo na jurisprudência dos Tribunais Pátrios, que, embora ainda não tenha enfrentado as alterações legislativas em comento, já indicaram em diversas outras oportunidades que os critérios introduzidos no artigo 28, § 9º, da Lei nº 8.212/91 não são determinantes para se definir pela exclusão ou inclusão de uma verba no salário de contribuição.

Exemplo mais notório para o caso em comento reside nas decisões analisadas nas quais o STJ negava a natureza remuneratória do auxílio-educação mesmo antes da inclusão da alínea "t" ao § 9º do artigo 28 da Lei nº 8.212/91, confirmando ser irrelevante o valor envolvido com a concessão do benefício.

12. A delimitação do salário de contribuição: evolução da jurisprudência e do entendimento fiscal

Em coautoria com
Raphael Silva Rodrigues

12.1. Considerações iniciais[1]

A seguridade social é um sistema de proteção que tem por objetivo assegurar aos cidadãos os direitos relativos à previdência, assistência e saúde.[2] A Carta Magna de 1988 vincula o Poder Público a objetivos relevantes e complexos no que se refere ao sistema de seguridade, principalmente a universalidade da cobertura e do atendimento, a uniformidade e equivalência dos benefícios e serviços às populações urbanas e rurais e a seletividade e distributividade na prestação dos benefícios e serviços.[3]

O texto constitucional determina que a seguridade social será financiada por toda a sociedade, de forma direta e indireta, mediante

---

[1] Publicado originalmente na *Revista Dialética de Direito Tributário* nº 202, julho de 2012, p. 07-23.

[2] "Art. 194. A seguridade social compreende um conjunto integrado de ações de iniciativa dos Poderes Públicos e da sociedade, destinadas a assegurar os direitos relativos à saúde, à previdência e à assistência social. Parágrafo único. Compete ao Poder Público, nos termos da lei, organizar a seguridade social, com base nos seguintes objetivos: I – universalidade da cobertura e do atendimento; II – uniformidade e equivalência dos benefícios e serviços às populações urbanas e rurais; III – seletividade e distributividade na prestação dos benefícios e serviços; IV – irredutibilidade do valor dos benefícios; V – equidade na forma de participação no custeio; VI – diversidade da base de financiamento; VII – caráter democrático e descentralizado da administração, mediante gestão quadripartite, com participação dos trabalhadores, dos empregadores, dos aposentados e do Governo nos órgãos colegiados."

[3] "Art. 196. A saúde é direito de todos e dever do Estado, garantido mediante políticas sociais e econômicas que visem à redução do risco de doença e de outros agravos e ao acesso universal e igualitário às ações e serviços para sua promoção, proteção e recuperação."

recursos provenientes dos orçamentos da União, dos Estados, do Distrito Federal e dos Municípios (artigo 195). A principal fonte de recursos para o sistema securitário é a arrecadação das contribuições sociais previstas no seu artigo 195, a cargo do empregador, do trabalhador e demais segurados, além da incidência sobre a receita de concursos de prognósticos.

A contribuição dos empregadores está vinculada ao recolhimento de contribuições sobre: a) a folha de salários e demais rendimentos do trabalho pagos ou creditados, a qualquer título, à pessoa física que lhe preste serviço (contribuição sobre a folha de remuneração); b) a receita ou o faturamento (contribuições à COFINS e ao PIS[4]); c) sobre o lucro (contribuição social sobre o lucro líquido – CSLL).

Segundo informa a Receita Federal do Brasil,[5] em 2010, a arrecadação de cada uma dessas contribuições foi de: a) contribuição sobre a folha de remuneração (R$ 182.008.000.000,44); b) COFINS (R$ 116.034.000.000,82); c) PIS (R$ 25.676.000.000,00); d) CSLL (R$ 43.626.000.000,12). A esses valores soma-se ainda o referente a outras contribuições, como as do salário-educação, FGTS e RAT. E no que se refere ao cotejo entre o total arrecadado para a Previdência Social e o total dos gastos do sistema previdenciário, o resultado, em 2010, foi de déficit de R$ 44,3 bilhões, o que representou queda de 4,5% em relação a 2009, conforme o divulgado pelo Governo Federal.[6]

A tributação da chamada "folha de salários" é extremamente relevante, e por diversos aspectos. Para o Governo Federal, pela importância do valor arrecadado, que representa um importante percentual do total da arrecadação vinculada ao custeio previdenciário. Já para os empregadores, é um custo dos mais relevantes da sua atividade produtiva, impactando não só o custo de produção que é repassado para as suas mercadorias e serviços, mas também um elemento determinante na organização da sua política de contratação e remuneração da mão de obra. Por fim, os empregados, além de contribuírem com a sua contribuição previdenciária individual, sofrem o impacto do custo fiscal da folha de salários, que limita a capacidade de progressão da remuneração, impactando inclusive a capacidade de negociação salarial, além de ser um incentivo para a automatização da atividade produtiva, principalmente a industrial.

---

[4] A Contribuição para o Programa de Integração Social-PIS, criado pela Lei Complementar nº 7, de 7 de setembro de 1970, foi expressamente recepcionada pelo artigo 239 da Constituição Federal, tendo a mesma base de incidência da COFINS.

[5] <http://www.receita.fazenda.gov.br/Publico/estudoTributarios/estatisticas/CTB2010.pdf>.

[6] <http://www.brasil.gov.br/noticias/arquivos/2011/01/31/previdencia-social-tem-10o-superavit-consecutivo-no-setor-urbano>.

E cada vez mais se aprofunda o debate da necessidade de reformas no sistema de custeio previdenciário, principalmente no que se refere à tributação da folha de remuneração das empresas. O Governo de Dilma Roussef já manifestou que essa reforma seria uma prioridade da sua gestão, com a busca de uma solução de consenso com todos os envolvidos e que seja compatível com os objetivos de preservação do equilíbrio da Previdência Social, aumento da competitividade das empresas nacionais e incentivo a geração de novos empregos e melhoria do nível salarial. Mas apesar de alguns ajustes e a criação de sistemas alternativos de tributação para alguns setores (como de tecnologia, calçados, móveis e têxteis), não se vislumbra uma reforma mais profunda no curto prazo.

Contudo, o debate sobre os pontos negativos e positivos do atual sistema de custeio previdenciário, bem como sobre a necessidade de sua reforma e os modelos de possível implementação, fogem ao objetivo do presente estudo.

A introdução apresentada visa apenas reforçar a relevância cada vez maior da tributação sobre a folha de remuneração, principalmente para as empresas, que tem nesse ônus fiscal um elemento destacado na formação dos seus custos, impactando na sua capacidade de concorrência e também na determinação da sua política de gestão de recursos humanos. Já para o Governo Federal, a manutenção dos níveis de arrecadação das contribuições previdenciárias patronais é também extremamente relevante para o equilíbrio das contas públicas, e manutenção da capacidade de implementação do seu plano de governo.

A importância dessa esfera de tributação implica a necessidade de se ter bem definida a sua base de incidência, através da correta interpretação da competência constitucionalmente prevista e a sua disciplina infraconstitucional. Essa análise jurídica, conforme se buscará demonstrar, obrigatoriamente deve se pautar também pela aplicação de princípios tributários, como os da legalidade, tipicidade, capacidade contributiva e razoabilidade, ponderados com interesse público vinculado à correta arrecadação para o custeio previdenciário.

Por esses motivos, a delimitação do denominado salário de contribuição, base de cálculo das contribuições incidentes sobre a remuneração, tem sido objeto de controvérsia entre fisco e contribuintes, a partir da edição da Lei n° 8.212/91, nas esferas administrativa e judicial. Sendo que a reiterada análise de casos concretos impulsionou a evolução da jurisprudência dos Tribunais e da própria interpretação dada à legislação previdenciária pela Receita Federal e Procuradoria da Fazenda Nacional.

O presente artigo tem por objetivo exatamente delimitar qual o atual estágio da interpretação e delimitação do salário de contribuição, com a análise aprofundada da mais recente jurisprudência administrativa e judicial, bem como da própria evolução do entendimento das autoridades tributárias a respeito.

12.2. Do campo de incidência das contribuições previdenciárias: competência constitucional e delimitação legal

Antes de se adentrar nos aspectos que contornam a evolução jurisprudencial do tema e o entendimento fiscal sobre a tributação social, torna-se imperiosa a persecução da correta delimitação do campo de incidência das contribuições previdenciárias, conforme a competência prevista constitucionalmente e a sua previsão na norma de incidência.

A competência para a instituição da contribuição previdenciária sobre os salários e as remunerações encontra-se na alínea "a" do inciso I do artigo 195 da Constituição Federal:

> Art. 195. A seguridade social será financiada por toda a sociedade, de forma direta e indireta, nos termos da lei, mediante recursos provenientes dos orçamentos da União, dos Estados, do Distrito Federal e dos Municípios, e das seguintes contribuições sociais:
>
> - do empregador, da empresa e da entidade a ela equiparada na forma da lei, incidentes sobre:
>
> a) a folha de salários e demais rendimentos do trabalho pagos ou creditados, a qualquer título, à pessoa física que lhe preste serviço, mesmo sem vínculo empregatício;

A partir dessa competência, a Lei nº 8.212/91 instituiu as contribuições previdenciárias do empregador, do empregado e da contribuição sobre riscos ambientais do trabalho (RAT), trazendo a delimitação do seu campo de incidência no seu artigo 22:

> Art. 22. A contribuição a cargo da empresa, destinada à Seguridade Social, além do disposto no art. 23, é de:
>
> I – vinte por cento sobre o total das remunerações pagas, devidas ou creditadas a qualquer título, durante o mês, aos segurados empregados e trabalhadores avulsos que lhe prestem serviços, destinadas a retribuir o trabalho, qualquer que seja a sua forma, inclusive as gorjetas, os ganhos habituais sob a forma de utilidades e os adiantamentos decorrentes de reajuste salarial, quer pelos serviços efetivamente prestados, quer pelo tempo à disposição do empregador ou tomador de serviços, nos termos da lei ou do contrato ou, ainda, de convenção ou acordo coletivo de trabalho ou sentença normativa.
>
> II – para o financiamento do benefício previsto nos arts. 57 e 58 da Lei nº 8.213, de 24 de julho de 1991, e daqueles concedidos em razão do grau de incidência de inca-

pacidade laborativa decorrente dos riscos ambientais do trabalho, sobre o total das remunerações pagas ou creditadas, no decorrer do mês, aos segurados empregados e trabalhadores avulsos: a) 1% (um por cento) para as empresas em cuja atividade preponderante o risco de acidentes do trabalho seja considerado leve; b) 2% (dois por cento) para as empresas em cuja atividade preponderante esse risco seja considerado médio; c) 3% (três por cento) para as empresas em cuja atividade preponderante esse risco seja considerado grave.

III – vinte por cento sobre o total das remunerações pagas ou creditadas a qualquer título, no decorrer do mês, aos segurados contribuintes individuais que lhe prestem serviços;

Já a sua base de incidência é determinada pelo cálculo do salário de contribuição, cuja abrangência se encontra expressamente delimitada pelo inciso I do artigo 28 da mesma norma, no que se refere ao empregado ou trabalhador avulso:

Art. 28. Entende-se por salário-de-contribuição:
I – para o empregado e trabalhador avulso: a remuneração auferida em uma ou mais empresas, assim entendida a totalidade dos rendimentos pagos, devidos ou creditados a qualquer título, durante o mês, destinados a retribuir o trabalho, qualquer que seja a sua forma, inclusive as gorjetas, os ganhos habituais sob a forma de utilidades e os adiantamentos decorrentes de reajuste salarial, quer pelos serviços efetivamente prestados, quer pelo tempo à disposição do empregador ou tomador de serviços nos termos da lei ou do contrato ou, ainda, de convenção ou acordo coletivo de trabalho ou sentença normativa;

A disciplina legal determina que as contribuições incidam sobre o total da remuneração paga, devida ou creditada, durante o mês, aos segurados empregados e trabalhadores avulsos que prestem serviços ao contribuinte (empregador ou contratante), desde que destinada a remunerar ou retribuir o trabalho, independentemente da forma utilizada.

Apesar de ser bem expressa a locução legal que define esta base de incidência, a mesma exige interpretação jurídica que delimite corretamente o seu campo de abrangência, de forma a dar correta aplicabilidade à regra constitucional de competência e aos princípios da tipicidade e capacidade contributiva.

E ao efetuar a aplicação da norma de incidência, com a identificação da materialidade das contribuições em face dos fatos geradores concretos, tanto a Fiscalização como os contribuintes devem se ater à correta delimitação da norma de incidência, para o que deverão se pautar pela interpretação dada pelos Tribunais, com o apoio da doutrina especializada.

Na sua redação original, o artigo 195 da Constituição Federal determinava a competência da União Federal para instituir contribuição social, a cargo do empregador, sobre a sua "folha de salários". A previsão constitucional vinculava a competência fiscal a um instituto próprio e estritamente delineado pelo Direito do Trabalho. E foi exatamente a partir desse instituto que a Lei nº 8.212/91 instituiu, nos seus artigos 22 e 28, os aspectos material e quantitativo da norma de incidência da contribuição previdenciária.

Na Consolidação da Legislação do Trabalho, a remuneração decorrente do trabalho está expressamente definida nos artigos 457 e 458, como sendo o salário (remuneração contraprestativa em dinheiro), inclusive a gorjeta, gratificações ajustadas, diárias para viagens e utilidades fornecidas pelo empregador em contraprestação ou para viabilização do trabalho (salário in natura).

O conceito trabalhista de salário limitou o legislador e o agente arrecadador da contribuição previdenciária, que não poderia validamente desbordar do seu conceito, sob pena de violação direta à norma constitucional e ao artigo 110 do Código Tributário Nacional.

E o Supremo Tribunal Federal, quando instado a se manifestar com relação a esse limite constitucional, confirmou-o, ao declarar inconstitucional o inciso I do artigo 3º da Lei nº 7.787/89, no que se refere à inclusão no âmbito de incidência da contribuição previdenciária a remuneração paga a avulsos, autônomos e administradores, já que não decorrente da relação de trabalho da qual se percebe salário. No seu clássico voto, que conduziu o acórdão de julgamento do Recurso Extraordinário nº 166.722/RS,[7] o Ministro Marco Aurélio reforçou a vinculação da competência tributária ao conteúdo das expressões e institutos jurídicos utilizados pelo legislador, que não pode ser considerado ou alterado discricionariamente pelo intérprete e aplicador.

Posteriormente, com a promulgação da Emenda Constitucional nº 20/98, desvinculou-se o campo de incidência previdenciária da relação trabalhista formal, ampliando-se o seu alcance para além da folha de salários, abarcando os demais rendimentos do trabalho pagos ou creditados, a qualquer título, à pessoa física que preste serviço ao empregador/contratante, mesmo sem vínculo empregatício. Mas, apesar da retirada do limite do conceito de folha de salário (remuneração da contratação com vínculo celetista), ainda se manteve o salário de contribuição como seu pressuposto de incidência, tanto que os já citados dispositivos da Lei nº 8.212/91 não foram alterados após a entrada em vigor da emenda constitucional.

E os pressupostos de incidência que devem nortear toda a análise com relação a tributação pelas contribuições previdenciárias e demais

---

[7] DJ 16-12-1994 PP-34896 EMENT VOL-01771-04 PP-00703.

incidentes sobre a remuneração pelo trabalho, conforme será melhor explicitado no desenvolver do artigo, são a qualidade da habitualidade e o caráter remuneratório ou contraprestativo do trabalho ou serviço prestado. Mas a delimitação desses pressupostos também é matéria de controvérsia, que vem sendo dirimida pela doutrina e, principalmente, a jurisprudência.

No campo doutrinário, cite-se o magistério de Wladimir Novaes Martinez a respeito do instituto do salário de contribuição:[8]

> Com efeito, integram o salário-de-contribuição os embolsos remuneratórios, restando excluídos os pagamentos indenizatórios, ressarcitórios e os não referentes ao contrato de trabalho.
> Por remuneração se entendem o salário, a gorjeta e as conquistas sociais. Salário é a contraprestação dos serviços prestados. Gorjeta, o pagamento feito por estranhos ao contrato de trabalho enfocado e devida ao sobreesforço do obreiro. Conquistas sociais, as parcelas remuneratórias sem correspondência com o prestar serviços, devendo-se, usualmente, à lei, ao contrato individual ou coletivo de trabalho (v.g., férias anuais, repouso semanal remunerado, décimo terceiro salário, salário-maternidade, etc.).
> (...)
> Espécie do gênero remuneração, as conquistas sociais não se inserem inteiramente no campo daquela, extrapolando-as e apresentando hipóteses de valores indenizatórios e ressarcitórios (não examinados nesta oportunidade). Disso se dá exemplo com as férias anuais, fruídas (conquista social remuneratória) e férias indenizadas (conquista social indenizatória).

O próprio legislador infraconstitucional já buscou delimitar a base de incidência, reconhecendo a prevalência dos pressupostos da habitualidade e contraprestabilidade, ao elencar no § 9º do artigo 28 da Lei nº 8.212/91 diversas verbas que, por não possuírem as referidas qualidades, não integram o salário de contribuição.[9]

---

[8] Comentários à Lei Básica da Previdência Social, 4ª edição, p. 289.

[9] "§ 9º Não integram o salário-de-contribuição para os fins desta Lei, exclusivamente: a) os benefícios da previdência social, nos termos e limites legais, salvo o salário-maternidade; b) as ajudas de custo e o adicional mensal recebidos pelo aeronauta nos termos da Lei nº 5.929, de 30 de outubro de 1973; c) a parcela "in natura" recebida de acordo com os programas de alimentação aprovados pelo Ministério do Trabalho e da Previdência Social, nos termos da Lei nº 6.321, de 14 de abril de 1976; d) as importâncias recebidas a título de férias indenizadas e respectivo adicional constitucional, inclusive o valor correspondente à dobra da remuneração de férias de que trata o art. 137 da Consolidação das Leis do Trabalho-CLT; e) as importâncias: 1. previstas no inciso I do art. 10 do Ato das Disposições Constitucionais Transitórias; 2. relativas à indenização por tempo de serviço, anterior a 5 de outubro de 1988, do empregado não optante pelo Fundo de Garantia do Tempo de Serviço-FGTS; 3. recebidas a título da indenização de que trata o art. 479 da CLT; 4. recebidas a título da indenização de que trata o art. 14 da Lei nº 5.889, de 8 de junho de 1973; 5. recebidas a título de incentivo à demissão; 6. recebidas a título de abono de férias na forma dos arts. 143 e 144 da CLT; 7. recebidas a título de ganhos eventuais e os abonos expressamente desvinculados do salário; 8. recebidas a título de licença-prêmio indenizada; 9. recebidas a título da indenização de que trata o art. 9º da Lei nº 7.238, de 29 de outubro de 1984; f) a parcela recebida a título de vale-transporte, na forma da legislação própria; g) a ajuda de custo, em parcela única, recebida exclusivamente em decorrência de mudança de local de trabalho do empregado, na for-

Entretanto, ao contrário do que por diversas vezes vêm defendendo as autoridades fiscais, a listagem trazida pela norma não é *numerus clausus*, já que outras verbas ou pagamentos com nomenclaturas diversas, que também não tenham os requisitos necessários à adequação ao conceito de salário de contribuição também estão fora do campo de incidência. E também não cabe ao intérprete incluir outros requisitos que os não previstos no citado § 9º do artigo 28 para reconhecer a intributabilidade de verbas por este abarcadas.

O reconhecimento deste fato é extremamente relevante. A evolução da relação entre os empregadores, os seus trabalhadores e a própria sociedade têm trazido novas práticas e benefícios, muitas vezes dissociados da habitualidade e contraprestabilidade, e vinculados a objetivos indenizatórios e mesmo sociais, que devem ser corretamente interpretados em face da incidência previdenciária.

A habitualidade, no que se refere aos empregados celetistas, é um elemento imprescindível para que determinada verba se integre formal ou tacitamente ao contrato de trabalho, como bem destaca Wladimir Novaes Martinez:[10]

---

ma do art. 470 da CLT; h) as diárias para viagens, desde que não excedam a 50% (cinqüenta por cento) da remuneração mensal; i) a importância recebida a título de bolsa de complementação educacional de estagiário, quando paga nos termos da Lei nº 6.494, de 7 de dezembro de 1977; j) a participação nos lucros ou resultados da empresa, quando paga ou creditada de acordo com lei específica; l) o abono do Programa de Integração Social-PIS e do Programa de Assistência ao Servidor Público-PASEP; m) os valores correspondentes a transporte, alimentação e habitação fornecidos pela empresa ao empregado contratado para trabalhar em localidade distante da de sua residência, em canteiro de obras ou local que, por força da atividade, exija deslocamento e estada, observadas as normas de proteção estabelecidas pelo Ministério do Trabalho; n) a importância paga ao empregado a título de complementação ao valor do auxílio-doença, desde que este direito seja extensivo à totalidade dos empregados da empresa; o) as parcelas destinadas à assistência ao trabalhador da agroindústria canavieira, de que trata o art. 36 da Lei nº 4.870, de 1º de dezembro de 1965; p) o valor das contribuições efetivamente pago pela pessoa jurídica relativo a programa de previdência complementar, aberto ou fechado, desde que disponível à totalidade de seus empregados e dirigentes, observados, no que couber, os arts. 9º e 468 da CLT; q) o valor relativo à assistência prestada por serviço médico ou odontológico, próprio da empresa ou por ela conveniado, inclusive o reembolso de despesas com medicamentos, óculos, aparelhos ortopédicos, despesas médico-hospitalares e outras similares, desde que a cobertura abranja a totalidade dos empregados e dirigentes da empresa; r) o valor correspondente a vestuários, equipamentos e outros acessórios fornecidos ao empregado e utilizados no local do trabalho para prestação dos respectivos serviços; s) o ressarcimento de despesas pelo uso de veículo do empregado e o reembolso creche pago em conformidade com a legislação trabalhista, observado o limite máximo de seis anos de idade, quando devidamente comprovadas as despesas realizadas; t) o valor relativo a plano educacional que vise à educação básica, nos termos do art. 21 da Lei nº 9.394, de 20 de dezembro de 1996, e a cursos de capacitação e qualificação profissionais vinculados às atividades desenvolvidas pela empresa, desde que não seja utilizado em substituição de parcela salarial e que todos os empregados e dirigentes tenham acesso ao mesmo; u) a importância recebida a título de bolsa de aprendizagem garantida ao adolescente até quatorze anos de idade, de acordo com o disposto no art. 64 da Lei nº 8.069, de 13 de julho de 1990; v) os valores recebidos em decorrência da cessão de direitos autorais; x) o valor da multa prevista no § 8º do art. 477 da CLT."

[10] *Comentários à Lei Básica da Previdência Social*, Tomo I, 4. ed. São Paulo: LTr, p. 316.

Aspecto quantitativo importante é a habitualidade dos pagamentos componentes do salário-de-contribuição. A exemplo das formas salariais ou remuneratórias, as parcelas só têm sentido se ingressos de forma permanente (a fortiori, mensalizadas).
(...)
A habitualidade comparece com a exigência dos costumes. Com o decurso do tempo o trabalhador conta com os rendimentos e o seu nível e com isso acaba por estabelecer o seu degrau social. Por esse motivo, parcelas eventuais, como as gratificações não--ajustadas, não devem integrar o salário-de-contribuição.

Apesar da incidência da contribuição previdenciária não mais pressupor que a remuneração esteja vinculada a um contrato de trabalho, permanece o requisito da sua habitualidade, como requisito para integração ao salário de contribuição. E habitualidade deve ser entendida como a situação ou previsão de que a percepção da verba irá se repetir periodicamente, em face de determinado pressuposto previamente determinado entre as partes. Ou seja, o beneficiário deverá ter condições de contar com a repetição continuada ou periódica do seu recebimento, como direito subjetivo decorrente da relação construída com a fonte pagadora. Por isso, rendimentos únicos, exclusivos ou que não possuem a previsão de se repetir (obrigação da fonte de reiterar o seu pagamento), não carregam esse requisito, não podendo ser considerados com remuneração alcançada pela incidência previdenciária.

Nesse sentido é o autorizado magistério de Leandro Paulsen:[11]

Não apenas o texto constitucional refere os "ganhos habituais", como os arts. 22, I, e 28 da Lei nº 8.212/91, referem-se aos "ganhos habituais sob a forma de utilidades", exigindo, pois, a habitualidade, de modo que nem toda utilidade fornecida pelo empregador é base de cálculo. Em se tratando de um benefício isolado, não chega a configurar remuneração sujeita à incidência de contribuição previdenciária.

A habitualidade é um requisito logicamente decorrente do próprio sistema de cálculo do benefício previdenciário da aposentadoria por idade ou por tempo de contribuição, que tem como base o chamado "salário de benefício", calculado "a partir na média aritmética simples dos maiores salários de contribuição, correspondentes a oitenta por cento de todo o período contributivo, multiplicada pelo fator previdenciário".[12] A lei, nesse caso, está dando aplicação a norma constitucional que determina que "os ganhos habituais do empregado, a qualquer título, serão incorporados ao salário para efeito de

---

[11] *Direito Tributário – Constituição e Código Tributário à luz da doutrina e jurisprudência.* 10ª ed. Porto Alegre: Livraria do Advogado, p. 448.
[12] Artigo 29, I, da Lei nº 8.213/91.

contribuição previdenciária e consequente repercussão em benefícios, nos casos e na forma da lei".[13]

E a jurisprudência administrativa apresenta precedentes nos quais se reconhece que a habitualidade pressupõe alguma espécie de repetição uniforme em determinado lapso temporal previamente ajustado entre as partes.

Cite-se a trecho da ementa do precedente abaixo do Conselho Administrativo de Recursos Fiscais, em que se apresenta uma correta interpretação do critério da habitualidade:

> REMUNERAÇÃO – CONCEITO. Remuneração é o conjunto de prestações recebidas habitualmente pelo empregado pela prestação de serviços, seja em dinheiro ou em utilidades, provenientes do empregador ou de terceiros, decorrentes do contrato de trabalho.
> HABITUALIDADE. O conhecimento prévio de que tal pagamento será realizado quando implementada a condição para seu recebimento retira-lhe o caráter da eventualidade, tornando-o habitual. (CARF 2ª Seção, 1ª Turma da 3ª Câmara, Acórdão 2301-01.471 em 08/06/2010)

Outro precedente digno de nota é acórdão proferido por Turma do CARF,[14] que reconheceu que o "prêmio por tempo de serviço", previsto em Convenção Coletiva de determinada empresa com seus trabalhadores, não integra o salário de contribuição, por lhe faltar exatamente o requisito da habitualidade. No caso julgado se tratava de uma gratificação de valor fixo, a ser paga quando o empregado completasse dois anos de casa. A tal verba faltaria o citado requisito, já que vinculado a fato futuro e incerto (expectativa de direito e ganho eventual) e também por não ser repetível, já que o seu "fato gerador" logicamente somente ocorria de forma única para cada empregado.

Por outro lado, é pacífica a jurisprudência administrativa no sentido de que "os prêmios terão natureza salarial e integrarão o salário de contribuição quando remuneram um trabalho executado e sejam pagos com habitualidade".[15] Mas tal entendimento deve ser aplicado aos prêmios vinculados ao desempenho profissional e que tenham pelo menos a potencialidade de se reiterar para o beneficiário (por exemplo, toda a vez que ultrapassar determinada meta ou cumprir específica tarefa, previamente determinadas).

---

[13] Constituição Federal, artigo 201, § 11.
[14] CARF 2ª Seção, 1ª Turma da 3ª Câmara, Acórdão 2301-01.694 em 20/10/2010.
[15] Delegacia da Receita Federal de Julgamento em Recife, 7ª Turma, Decisão 11-20461 em 04/10/2007.

O critério da potencialidade da verba se repetir, em face de ajuste entre as partes, é relevante na delimitação do requisito da habitualidade. Mais uma vez destaque para a jurisprudência do CARF:

> IRPJ – GRATIFICAÇÃO A EMPREGADOS GRADUADOS. AUSÊNCIA DE CONTRATO COLETIVO. INCIDÊNCIA PERCENTUAL EM FUNÇÃO DE RESULTADOS. EXCESSO. TIPIFICAÇÃO. INDEDUTIBILIDADE NÃO ACOLHIDA. HABITUALIDADE EVENTOS ALEATÓRIOS. TIPIFICAÇÃO SALARIAL. PERTINÊNCIA – As retribuições, ainda que variáveis, mas habituais, integram o salário do servidor. Por habitualidade entende-se não aquelas retribuições inexoravelmente contínuas, mas que se repetem, ainda que em intervalos assimétricos – intermitentes. Desde que ajustadas expressa ou tacitamente e pagas com habitualidade, as gratificações integram o salário, em face da sua reiteração, independente de estarem atreladas a uma condição aleatória (precedente do TST).

O próprio legislador previdenciário reconheceu o pressuposto da habitualidade ao excluir do cômputo do salário de contribuição as verbas "recebidas a título de ganhos eventuais e os abonos expressamente desvinculados do salário".[16]

Ocorre que a interpretação desse dispositivo sempre foi controversa, com o Fisco em várias situações instituindo pressupostos para a sua aplicação que não se encontra no texto expresso da lei. E este é exatamente um dos pontos em que se percebe uma consolidação da interpretação pelos Tribunais e pelas próprias autoridades fiscais, o que será tema do próximo tópico desse artigo.

O outro requisito definidor do salário de contribuição é o caráter retributivo da verba, a sua contraprestabilidade ao trabalho prestado. Mais uma vez é a própria Lei nº 8.212/91 que formaliza o pressuposto, ao dispor no seu artigo 22 que integra o salário de contribuição as verbas "destinadas a retribuir o trabalho, qualquer que seja a sua forma". A verba, para ser inclusa na base de cálculo da contribuição previdenciária, deve ser remuneratória ou contraprestativa do trabalho ou serviço prestado, devendo corresponder à totalidade ou à parcela da obrigação do empregador ou contratante em face do labor de outrem.

Nesse contexto, existem parcelas econômicas recebidas pelo empregado que não configuram contraprestação do trabalho prestado, tendo em vista que são entregues pelo empregador para melhor execução do trabalho e não pela execução do trabalho.

---

[16] Lei nº 8.212/91, artigo 28, § 9º, aliena "e", item 7.

A respeito, Maurício Godinho Delgado traz o seu sempre abalizado entendimento:[17]

> As parcelas meramente instrumentais são aquelas utilidades (bens ou serviços) ofertadas pelo empregador ao obreiro essencialmente como mecanismo viabilizador da própria realização do serviço contratado ou viabilizador do aperfeiçoamento no processo de consecução do trabalho. Trata-se de utilidades como vestuários (uniformes, etc), equipamentos (inclusive EPI´s) e outros acessórios – cujo rol exemplificativo foi mencionado pelo § 2º do art. 458, CLT – entregues ao empregado para o trabalho, não se ofertando com intuito contraprestativo.

Assim, um dos critérios de aferição da natureza da disponibilização mais utilizados é o que diferencia a utilidade "para o trabalho" da utilidade "pelo trabalho". Quando a utilidade é "para o trabalho" a mesma não tem caráter contraprestacional ou remuneratório, estando vinculada à viabilização da prestação do trabalho (como, por exemplo, as diárias de viagens a trabalho, as ajudas de custo e o adiantamento de despesas necessárias ao serviço). Já no caso da utilidade "pelo trabalho", a sua disponibilização não visa, totalmente ou preponderantemente, a facilitação da execução do serviço, mas sim a remuneração do empregado pelo seu trabalho, estando patente o caráter retributivo.

Este critério, apesar de ser de fácil entendimento, muitas vezes não é de fácil aplicação prática, tendo em vista as especificidades que muitas vezes permeiam os casos concretos. Sendo exemplo comum a análise do contexto e consequências da disponibilização de veículo ao empregado pelo empregador. O § 2º do artigo 458 da CLT define que a disponibilização de transporte "destinado para o trabalho e retorno" não configura salário-utilidade. Este transporte pode ser disponibilizado através da cessão de veículo, que é um meio de deslocamento por excelência. Contudo, a configuração ou não do salário-utilidade não está nesta cessão, singelamente considerada, mas principalmente na causa, objetivo e forma pela qual esta se dá.

A jurisprudência trabalhista tem entendido que o fornecimento de utilidades como habitação e veículos, quando vinculados ao exercício da atividade profissional do empregado não configura salário indireto para fins de integração a sua remuneração, independentemente de haver a utilização concomitante para fins particulares (por exemplo, uso do veículo nos fins de semana).[18] Entretanto, para se evitar

---

[17] DELGADO, Maurício Godinho. *Curso de direito do trabalho*. 7ª ed. São Paulo: LTr, 2008. p. 699-700.
[18] "SALÁRIO-UTILIDADE – VEÍCULOS FORNECIDOS PELO EMPREGADOR – UTILIZAÇÃO PELO EMPREGADO – FOLGAS – FINS DE SEMANA E FÉRIAS. O veículo fornecido para o trabalho não tem natureza salarial. O fato de a empresa autorizar seu uso pelo empregado também em suas folgas, finais de semana e férias não modifica a natureza do bem assim fornecido. Não constitui salário-utilidade veículo fornecido por liberalidade do empregador, cuja vontade não se

questionamento, cabe ao empregador deixar corretamente formalizado o pressuposto para a disponibilização de veículo e combustível ao seu funcionário, de forma a estar caracterizado a utilização preponderante em prol da viabilização do trabalho.

Já no que se refere ao salário propriamente dito, não se apresentam grandes dúvidas ou dificuldades com relação ao seu caráter contraprestativo. Mas atualmente existem diversas outras rubricas ou utilidades fornecidas pelo empregador/contratante, cuja natureza efetivamente remuneratória deve ser reconhecida ou não em face da sua natureza jurídica e dos pressupostos vinculados ao seu recebimento na situação concreta.

Portanto, são muito bem definidos pela legislação, doutrina e jurisprudência os requisitos que devem estar presentes para que determinada verba seja incluída no salário de contribuição, e que estão vinculados principalmente na análise da habitualidade e do caráter remuneratório do trabalho ou serviço prestado.

12.3. Controvérsias dirimidas pela jurisprudência e a alteração do entendimento fiscal

Conforme já consignado, a correta delimitação da materialidade e da base de incidência das contribuições previdenciárias sobre a remuneração, com a aplicação dos incisos I dos artigos 22 e 28 da Lei n° 8.212/91 de forma compatível com a competência constitucional, é muito relevante, tendo em vista a sua repercussão no custo da atividade econômica e a sua importância para o custeio previdenciário.

A importância do tema contribui em muito para que na aplicação concreta da norma previdenciária se avolumem os conflitos entre Fisco e contribuintes.

A maioria das controvérsias se refere à interpretação jurídica do salário de contribuição, partindo principalmente do entendimento usual das autoridades de que somente estariam excluídas as verbas elencadas no § 9° do artigo 28 da Lei n° 8.212/91. E ao defender tal linha de aplicação da legislação previdenciária, o Fisco desconsidera que a listagem do citado dispositivo é exemplificativa e não exaustiva, sendo que a tributabilidade de determinada verba pressupõe a

---

dirige à melhor remuneração do empregado, mas permanece voltada a permitir que este desenvolva de forma mais eficiente as funções para as quais foi admitido. Recurso de Embargos de que se conhece parcialmente e a que se dá provimento." (TST, Proc. ERR n° 333007, ano 1996, DJ de 06/06/03. Relator Ministro João Batista Brito Pereira).

sua adequação à correta delimitação do conceito jurídico de salário de contribuição.

As controvérsias dessa natureza vêm sendo levadas aos órgãos de julgamento administrativo e ao Poder Judiciário nas últimas décadas, o que levou à construção de um sólido arcabouço jurisprudencial, que permite a delimitação dessa base de incidência. Inclusive, as próprias autoridades fiscais, visando evitar a reiteração da prática de lançamentos que não se adéquam à correta interpretação da legislação previdenciária dada pela jurisprudência, vem editando atos administrativos que permitem aos fiscais se absterem de efetuar novos lançamentos e procuradores fazendários não ajuizarem ou desistirem de ações de cobrança em andamento.

Relevante exemplo de limitação de práticas equivocadas por parte da fiscalização é o reconhecimento da ilegalidade da inclusão de requisitos não previstos na lei para a aplicação da norma de não incidência do § 9º do artigo 28 da Lei nº 8.212/91.

Um caso é o referente ao fornecimento de assistência médica ou odontológica por parte do empregador. O item "q" da alínea "e" do § 9º do artigo 28 da Lei nº 8.212/91 exclui tal verba do salário de contribuição, "desde que a cobertura abranja a totalidade dos empregados e dirigentes da empresa".

A partir do texto legal, a Fiscalização, em diversas autuações, incluiu a verba na base de cálculo, por exigir que a cobertura, além de abranger a todos os empregados e dirigentes da empresa, fosse à mesma sistemática (uniformização da cobertura). O mesmo era aplicado ao item da lei correspondente à disponibilização de previdência privada.

Entretanto, a Câmara Superior de Recursos Fiscais já decidiu, corretamente, no que se refere a plano de saúde, que "a exigência de outros pressupostos, como a necessidade de planos idênticos à todos os empregados, é de cunho subjetivo do aplicador/intérprete da lei, extrapolando os limites da legislação específica" (Acórdão 9202.00.295).[19]

---

[19] "CONTRIBUIÇÕES PREVIDENCIÁRIAS. ASSISTÊNCIA MÉDICA – PLANO DE SAÚDE. EXTENSÃO/COBERTURA À TOTALIDADE DO EMPREGADOS/FUNCIONÁRIOS. REQUISITO LEGAL ÚNICO. De conformidade com a legislação previdenciária, mais precisamente o artigo 28, § 9º, alínea "q", da Lei nº 8.212/91, o Plano de Saúde e/ou Assistência Médica concedida pela empresa tem como requisito legal, exclusivamente, a necessidade de cobrir, ou seja, ser extensivo à totalidade dos empregados e dirigentes, para que não incida contribuições previdenciárias sobre tais verbas. A exigência de outros pressupostos, como a necessidade de planos idênticos a todos os empregados, é de cunho subjetivo do aplicador/intérprete da lei, extrapolando os limites da legislação específica em total afronta aos preceitos dos artigos 111, inciso II e 176, do Código Tributário Nacional, os quais estabelecem que as normas que contemplam isenções devem ser interpretadas literalmente, não comportando subjetivismos. Recurso especial negado. " (Câmara Superior de Recursos Fiscais – CSRF – 2ª Turma da 2ª Câmara, Acórdão nº 9202-00.295 – 2ª Turma, Sessão de 22 de setembro de 2009)

E no que se refere à previdência privada, existem precedentes de Turma do CARF no mesmo sentido (Acórdão 2402-01.291).[20]

Já outro exemplo se refere à aplicação do item 7, alínea "e", do § 9º do artigo 28 da Lei nº 8.212/91, que expressamente exclui da incidência previdenciária as verbas "recebidas a título de ganhos eventuais e os abonos expressamente desvinculados do salário".

O Fisco vinha considerando que somente estaria abrangido pela disposição o abono que por força de disposição legal estaria excluído do cômputo do salário, caso do abono de férias previsto no artigo 144 da CLT.

Ocorre que a exclusão do chamado abono único ou abono de convenção decorre da sua não habitualidade e do caráter não contraprestativo, o que não pressupõe previsão expressa sobre a verba. Inclusive, outro não é o entendimento majoritário da jurisprudência trabalhista.[21]

E no âmbito do custeio previdenciário coube ao Superior Tribunal de Justiça reconhecer a ilegalidade da tentativa de se tributar o abono único ou de convenção. Abaixo a ementa de acórdão paradigmático sobre essa discussão:

> PROCESSO CIVIL E TRIBUTÁRIO. CONTRIBUIÇÃO PREVIDENCIÁRIA E FGTS. ABONO ÚNICO PREVISTO EM CONVENÇÃO COLETIVA DE TRABALHO. ART. 28, § 9º, E, ITEM 7, DA LEI 8.212/91. EVENTUALIDADE E DESVINCULAÇÃO DO SALÁRIO, NO CASO. NÃO INCIDÊNCIA. PRECEDENTES DE AMBAS AS TURMAS DA 1ª SEÇÃO. RECURSO ESPECIAL PROVIDO. (REsp 819.552/BA, Rel. Ministro LUIZ FUX, Rel. p/ Acórdão Ministro TEORI ALBINO ZAVASCKI, PRIMEIRA TURMA, julgado em 02/04/2009, DJe 18/05/2009)

Merece destaque a fundamentação do voto do Ministro Teori Zavascki, bem sintetizada na seguinte passagem:

> Ora, considerando a disposição contida no art. 28, § 9º, e, item 7, da Lei 8.212/91, é possível concluir que o referido abono não integra a base de cálculo do salário de contribuição, já que o seu pagamento não é habitual – observe-se que, na hipótese, a previsão de pagamento é única, o que revela a eventualidade da verba –, e não tem vinculação ao salário – note-se que, no caso, o benefício tem valor fixo para todos os

---

[20] "CONTRIBUIÇÕES SOCIAIS PREVIDENCIÁRIAS. SALÁRIO DE CONTRIBUIÇÃO, INTEGRAÇÃO. PREVIDÊNCIA COMPLEMENTAR. Não integram o Salário de Contribuição (SC) os valores das contribuições efetivamente pagos pela pessoa jurídica relativo a programa de previdência complementar, aberto ou fechado, desde que disponível à totalidade de seus empregados e dirigentes. RECURSO VOLUNTÁRIO PROVIDO". (CARF 2ª Seção / 2ª Turma da 4ª Câmara / ACÓRDÃO 2402-01.291 em 21/10/2010)

[21] "COMPLEMENTAÇÃO DE APOSENTADORIA. ABONO. SALÁRIO. ACORDO COLETIVO. INTEGRAÇÃO. 1. Não ostenta natureza salarial abono instituído por acordo coletivo de trabalho, pago em uma só parcela de uma única vez, e cuja cláusula expressamente estabelece a sua natureza indenizatória. A natureza salarial de uma parcela supõe periodicidade, uniformidade e habitualidade no pagamento do referido título". (E-RR nº 724660/2001, DJ 10.12.2004)

empregados e não representa contraprestação por serviços, tendo em vista a possibilidade dos empregados afastados do trabalho também receberem a importância. Nesse contexto, é indevida a incidência da contribuição previdenciária sobre as importâncias recebidas a título de "abono único" previstas na cláusula acima referida.

E, recentemente, a Procuradoria da Fazenda Nacional editou o Ato Declaratório nº 16/2011, através do qual ficou autorizada a dispensa de apresentação de contestação e de interposição de recursos, bem como a desistência dos já interpostos, desde que inexista outro fundamento relevante: "nas ações judiciais que visem obter a declaração de que sobre o abono único, previsto em Convenção Coletiva de Trabalho, desvinculado do salário e pago sem habitualidade, não há incidência de contribuição previdenciária".

E também no que se refere ao já citado abono de férias do artigo 144 da CLT, se materializou a tentativa das autoridades fiscais de se criar uma tributação por força de interpretação, ao se considerar desnaturada a verba, caso vinculada a critério de assiduidade (apesar de se tratar de critério inerente ao próprio instituto das férias). Entretanto, ainda que se trate de abono único vinculado a esse critério, não estarão presentes os critérios da habitualidade e da remuneração do trabalho prestado. E mais uma vez coube a jurisprudência dos tribunais por limite à discricionariedade fiscal. Destaque-se:

> TRIBUTÁRIO. CONTRIBUIÇÃO PREVIDENCIÁRIA. SALÁRIO-DE-CONTRIBUIÇÃO. ABONO-ASSIDUIDADE. CARÁTER INDENIZATÓRIO. NÃO INCIDÊNCIA.
> 1. O abono-assiduidade, conquanto premiação, não é destinado a remuneração do trabalho, não tendo natureza salarial. Deveras, visa o mesmo a premiar aqueles empregados que se empenharam durante todo ano, não faltando ao trabalho ou chegando atrasado, de modo a não integrar o salário propriamente dito.
> 2. A Corte Especial, em casos análogos, sedimentou o entendimento segundo o qual a conversão em pecúnia do abono-assiduidade não gozado não constitui remuneração pelos serviços prestados, não compondo, destarte, o salário-de-contribuição. Precedentes: REsp 496.408 – PR, 1ª Turma, Relatora MINISTRA DENISE ARRUDA, DJ de 06 de dezembro de 2004 e REsp 389.007 – PR, 1ª Turma, Relator, MINISTRO GARCIA VIEIRA, 15 de abril de 2002).
> 3. É assente no STJ que a contribuição previdenciária patronal somente incide sobre determinada verba, quando esta referir-se à remuneração por serviços prestados, não estando albergadas, deste modo, as indenizações. Precedentes: AgRg no AG 782-700 – PR, 2ª Turma, Relator Ministro FRANCISCO PEÇANHA MARTINS, DJ de 16 de maio de 2005; ERESP 438.152 – BA, 1ª Seção, Relator Ministro CASTRO MEIRA, DJ de 25 de fevereiro de 2004.
> 4. Recurso especial provido. (REsp 749.467/RS, Rel. Ministro LUIZ FUX, Primeira Turma, julgado em 16/03/2006, DJ 27/03/2006, p. 202).

Outra verba para a qual já se encontra pacificado o entendimento pela sua inadequação ao conceito de salário de contribuição é o seguro de vida em grupo disponibilizado pelo empregador.

Nesse caso, o Superior Tribunal de Justiça reconheceu que mesmo no período anterior à alteração da Lei n° 8.212/91 pela Lei n° 9.528/97 era intributável a verba, confirmando não ser exclusivamente a previsão legal de não inclusão na base de cálculo que determina a tributação de determinada verba. Nesse caso se reconheceu que por ter o seguro de vida em grupo natureza de verdadeiro benefício social (que inclusive pode não ser efetivamente gozado pelo empregado), não se reveste da característica da contraprestabilidade. Cite-se:

> PROCESSUAL CIVIL E TRIBUTÁRIO. RECURSO ESPECIAL. CONTRIBUIÇÃO PREVIDENCIÁRIA. SEGURO DE VIDA EM GRUPO. NÃO INCIDÊNCIA. ART. 28, I, § 9°, DA LEI 8.212/91. REDAÇÃO ANTES DA ALTERAÇÃO ENGENDRADA PELA LEI 9.528/97. NÃO CARACTERIZADA A NATUREZA SALARIAL. ACÓRDÃO A QUO EM CONSONÂNCIA COM A JURISPRUDÊNCIA DESTA CORTE. PRECEDENTES. SÚMULA 83/STJ. RECURSO NÃO PROVIDO.
>
> 1. A jurisprudência desta Corte Superior é no sentido de o seguro de vida em grupo contratado pelo empregador em favor de um grupo de empregados, sem que haja a individualização do montante que beneficia a cada um deles, não se inclui no conceito de salário, afastando-se, assim, a incidência da contribuição previdenciária sobre a referida verba.
>
> 2. Não obstante ulterior mudança da redação do art. 28 da Lei 8.212/91, que após a edição da Lei 9.528/97, estabeleceu de forma explicita que o seguro em grupo não se reveste de natureza salarial, o que afastaria a incidência da Contribuição Social, esta Corte já firmara entendimento em sentido contrário, haja vista que o empregado não usufrui do valor pago de forma individualizada.
>
> 3. Recurso especial não provido. (REsp 759.266/RJ, Rel. Ministro MAURO CAMPBELL MARQUES, SEGUNDA TURMA, julgado em 03/11/2009, DJe 13/11/2009)

Também para essa verba a Procuradoria da Fazenda Nacional editou recente Ato Declaratório (no caso o de número 12/2011), através do qual se autorizou a dispensa de apresentação de contestação, de interposição de recursos e a desistência dos já interpostos, desde que inexista outro fundamento relevante: "nas ações judiciais que discutam a incidência de contribuição previdenciária quanto ao seguro de vida em grupo contratado pelo empregador em favor do grupo de empregados, sem que haja a individualização do montante que beneficia a cada um deles".

A jurisprudência do STJ vem reiteradamente reconhecendo a existência de verbas cuja natureza indenizatória e não remuneratória lhe retiram do campo da incidência da contribuição previdenciária, caso do aviso prévio indenizado e das férias não gozadas. Citem-se, respectivamente, os seguintes precedentes:

TRIBUTÁRIO. CONTRIBUIÇÃO PREVIDENCIÁRIA. AVISO PRÉVIO INDENIZADO. NÃo incidência, por se tratar de verba que não se destina a retribuir trabalho, mas a indenizar. Precedentes. Recurso especial a que se nega provimento. (REsp 1.221.665/ PR, Rel. Ministro TEORI ALBINO ZAVASCKI, Primeira Turma, jul. em 08/02/2011, DJe 23/02/2011)

TRIBUTÁRIO E PREVIDENCIÁRIO – INDENIZAÇÃO – CONTRIBUIÇÃO PREVIDENCIÁRIA – FÉRIAS E LICENÇA PRÊMIO – NATUREZA JURÍDICA – NÃO-INCIDÊNCIA DA CONTRIBUIÇÃO. 1. As verbas rescisórias recebidas pelo trabalhador a título de indenização por férias em pecúnia, licença prêmio não gozada, não representam acréscimos patrimoniais, por serem de natureza indenizatória, o que afasta a incidência da contribuição previdenciária. 2. Agravo regimental não provido. (AgRg no Ag 1.181.310/MA, Rel. Ministra ELIANA CALMON, Segunda Turma, jul. em 17/08/2010, DJe 26/08/2010)

A nova tentativa da inclusão do aviso-prévio indenizado na base de cálculo da contribuição previdenciária, intentada pelo Decreto nº 6.727/09, foi um lastimável exemplo de tentativa de manipulação do sistema de tributação, com a desconsideração total de que a natureza da verba (indicada pela sua própria nomenclatura e por indenizar exatamente a ausência do trabalho no mês de aviso-prévio) impede a sua inclusão no cálculo das contribuições do empregador e do empregado, conforme reconhece jurisprudência há décadas sedimentada. Espera-se que para essa rubrica, a Receita Federal e a Procuradoria da Fazenda Nacional editem atos administrativos reconhecendo a pacificação do entendimento do Judiciário, evitando o custo do prolongamento de cobranças indiscutivelmente ilegais.

Também não é possível se considerar adequada ao conceito previdenciário de remuneração (habitualidade e retributividade), a disponibilização de verbas, que à semelhança do seguro de vida em grupo e a previdência privada, tem a inequívoca natureza de benefício social, através do qual o empregador contribui para diminuir a pressão sobre o sistema de previdência social. O STJ reconhece essa natureza também ao terço constitucional de férias[22] e os auxílios doença e acidente.[23]

---

[22] TRIBUTÁRIO E PREVIDENCIÁRIO – INCIDENTE DE UNIFORMIZAÇÃO DE JURISPRUDÊNCIA DAS TURMAS RECURSAIS DOS JUIZADOS ESPECIAIS FEDERAIS – CONTRIBUIÇÃO PREVIDENCIÁRIA – TERÇO CONSTITUCIONAL DE FÉRIAS – NATUREZA JURÍDICA – NÃO-INCIDÊNCIA DA CONTRIBUIÇÃO – ADEQUAÇÃO DA JURISPRUDÊNCIA DO STJ AO ENTENDIMENTO FIRMADO NO PRETÓRIO EXCELSO. 1. A Turma Nacional de Uniformização de Jurisprudência dos Juizados Especiais Federais firmou entendimento, com base em precedentes do Pretório Excelso, de que não incide contribuição previdenciária sobre o terço constitucional de férias. 2. A Primeira Seção do STJ considera legítima a incidência da contribuição previdenciária sobre o terço constitucional de férias. 3. Realinhamento da jurisprudência do STJ à posição sedimentada no Pretório Excelso de que a contribuição previdenciária não incide sobre o terço constitucional de férias, verba que detém natureza indenizatória e que não se incorpora à remuneração do servidor para fins de aposentadoria. 4. Incidente de uniformização acolhido, para manter o entendimento da Turma Nacional de Uniformização de Jurisprudência dos Juizados Especiais Federais, nos termos acima explicitados. (Pet 7.296/PE, Rel. Ministra ELIANA CALMON, Primeira Seção, julgado em 28/10/2009, DJe 10/11/2009)

Outros dois recentes e importantes atos declaratórios exarados pela Procuradoria da Fazenda Nacional e referentes à não incidência das contribuições previdenciárias, foram o Ato Declaratório nº 03/11, que tem por objeto o pagamento de auxílio alimentação *in natura*, e o Ato Declaratório nº 13/2011, referente ao auxílio-creche disponibilizado aos trabalhadores, trabalhadores, desde que limitado até a idade de cinco anos da criança beneficiada.

Muito relevante, por fim, recente decisão da Primeira Turma do STJ, no julgamento do AgRg no Ag 1.420.247/DF,[24] quando se determinou a remessa para julgamento pela Primeira Seção, de Recurso Especial que discute a incidência das contribuições previdenciárias sobre as férias gozadas e o salário-maternidade. Apesar de reconhecer que a jurisprudência do Tribunal já era desfavorável aos contribuintes, a Turma decidiu que a matéria merece ser analisada novamente pela Seção.

Em seu voto, o Ministro Napoleão Maia exteriorizou o seu entendimento pela não inclusão dessas verbas na base de incidência por

---

[23] "PROCESSUAL CIVIL E TRIBUTÁRIO. AGRAVO REGIMENTAL NO RECURSO ESPECIAL. CONTRIBUIÇÃO PREVIDENCIÁRIA. QUINZE PRIMEIROS DIAS DO AUXÍLIO-DOENÇA E TERÇO CONSTITUCIONAL DE FÉRIAS. NÃO INCIDÊNCIA. PRECEDENTES. 1. Entendimento do STJ de que, sobre os valores pagos pelo empregador ao empregado nos quinze primeiros dias de afastamento do trabalho, a título de auxílio-doença, não incide contribuição previdenciária, tendo em vista que a referida verba não possui natureza remuneratória. Precedentes: REsp 936.308/RS, Rel. Min. Denise Arruda, DJ 11/12/2009; AgRg no REsp 1.115.172/RS, Rel. Min. Humberto Martins, DJ 25/9/2009; REsp 1.149.071/SC, Rel. Min. Eliana Calmon, DJ 22/9/2010; e AgRg no REsp 1.107.898/PR, Rel. Min. Benedito Gonçalves, DJ 17/3/2010. 5. Agravo regimental não provido." (AgRg no REsp 1.248.585/MA, Rel. Ministro BENEDITO GONÇALVES, Primeira Turma, julgado em 18/08/2011, DJe 23/08/2011)

[24] "AGRAVO REGIMENTAL NO AGRAVO DE INSTRUMENTO. SALÁRIO-MATERNIDADE E FÉRIAS GOZADAS. AUSÊNCIA DE EFETIVA PRESTAÇÃO DE SERVIÇO PELO EMPREGADO. NATUREZA INDENIZATÓRIA QUE NÃO PODE SER ALTERADA. NÃO INCIDÊNCIA DE CONTRIBUIÇÃO PREVIDENCIÁRIA. RELEVÂNCIA DA MATÉRIA A EXIGIR REABERTURA DA DISCUSSÃO PERANTE A 1ª SEÇÃO. AGRAVO REGIMENTAL PROVIDO PARA DETERMINAR A SUBIDA DOS AUTOS DO RECURSO ESPECIAL QUE, NOS TERMOS DO ART. 14, II DO RISTJ, FICA, DESDE JÁ, SUBMETIDO A JULGAMENTO PELA 1ª SEÇÃO. 1. O preceito normativo não pode transmudar a natureza jurídica de uma verba. Tanto no salário-maternidade quanto nas férias gozadas, independentemente do título que lhes é conferido legalmente, não há efetiva prestação de serviço pelo empregado, razão pela qual, não é possível caracterizá-los como contraprestação de um serviço a ser remunerado, mas sim, como compensação ou indenização legalmente previstas com o fim de proteger e auxiliar o Trabalhador. 2. Da mesma forma que só se obtém o direito a um benefício previdenciário mediante a prévia contribuição, a contribuição também só se justifica ante a perspectiva da sua retribuição em forma de benefício (ADI-MC 2.010, Rel. Min. CELSO DE MELLO); destarte, não há de incidir a contribuição previdenciária sobre tais verbas. 3. Apesar de esta Corte possuir o entendimento pacífico em sentido oposto (REsp. 1.232.238/PR, Rel. Min. HERMAN BENJAMIN, DJe 16.03.2011; AgRg no Ag 1.330.045/SP, Rel. Min. LUIZ FUX, DJe 25.11.2010; REsp. 1.149.071/SC, Rel. Min. ELIANA CALMON, DJe 22.09.2010), a relevância da matéria exige a reabertura da discussão perante a 1ª Seção. 4. Agravo Regimental provido para determinar a subida dos autos do Recurso Especial que, nos termos do art. 14, II do RISTJ, fica, desde já, submetido a julgamento pela 1ª Seção." (AgRg no Ag 1.420.247/DF, Rel. Ministro NAPOLEÃO NUNES MAIA FILHO, Primeira Turma, julgado em 06/12/2011, DJe 10/02/2012).

entender faltar-lhes o requisito da contraprestabilidade do trabalho prestado ao empregador e também pela falta de repercussão no cálculo do benefício previdenciário. Vide:

> 2. Ao meu sentir, todavia, uma verba não é indenizatória ou salarial simplesmente por determinação normativa. É preciso, antes de mais nada, analisar a sua essência em razão da relação direta de trabalho e das atividades desenvolvidas pelo empregado.
> 3. Assim, conceitua-se salário como a contraprestação paga ao trabalhador em razão dos serviços prestados; enquanto que indenização tem o caráter de reparação ou compensação.
> 4. Ouso afirmar que o preceito normativo não pode transmudar a natureza jurídica da verba. Ora, tanto no salário-maternidade quanto nas férias gozadas, independentemente do título que lhes é conferido legalmente, não há efetiva prestação de serviço pelo empregado, razão pela qual, entendo não ser possível caracterizá-los como contraprestação de um serviço a ser remunerado, mas sim, como compensação ou indenização legalmente previstas com o fim de proteger e auxiliar o Trabalhador.
> 5. Outrossim, o próprio STF, ao apreciar a constitucionalidade da Lei 9.783/99 (ADI-MC 2.010, Rel. Min. CELSO DE MELLO), concluiu pela necessária correlação entre custo e benefício, pois o regime contributivo, por sua natureza mesma, há de ser essencialmente retributivo, qualificando-se como constitucionalmente ilegítima, porque despojada de causa eficiente, a instituição de contribuição sem o correspondente oferecimento de uma nova retribuição, um novo benefício ou um novo serviço. Ou seja, da mesma forma que só se obtém o direito a um benefício previdenciário mediante a prévia contribuição, a contribuição também só se justifica ante a perspectiva da sua retribuição em forma de benefício.

A citada decisão comprova que o Superior Tribunal de Justiça pauta a análise da inclusão de valores pagos ou disponibilizados pelos empregados na base de cálculo da contribuição previdenciária em face da sua adequação aos pressupostos legais do salário de contribuição. Por isso, importante o acompanhamento do julgamento do referido recurso pela Primeira Seção, para confirmação da interpretação sobre a natureza do salário-maternidade e das férias gozadas, em face dos citados requisitos de definição da base de incidência.

12.4. Conclusão

Portanto, a análise sistemática da evolução da jurisprudência e do próprio entendimento fiscal comprova ser cada vez mais sólida a delimitação jurídica de que o salário de contribuição somente abarca as verbas pagas habitualmente, com caráter contraprestativo do trabalho prestado e que não tenham natureza indenizatória ou de benefício social, independentemente de expressa exclusão legal.

13. Pressupostos de validade da aferição indireta previdenciária[1]

Em coautoria com
Raphael Silva Rodrigues

13.1. Introdução

Apesar da relevância do instituto da aferição indireta previdenciária, ainda são poucos os trabalhos científicos que tem como objetivo a perquirição da sua natureza jurídica e a investigação de quais são os pressupostos jurídicos para a sua aplicação válida pelas autoridades fiscalizadoras.

O tema é relevante, porque envolve procedimento de arbitramento tributário da base de cálculo das contribuições previdenciárias, notadamente daqueles incidentes sobre a remuneração paga pelas empresas a seus funcionários, que tem clara natureza excepcional, decorrendo do comprovado descumprimento do dever de colaboração por parte do contribuinte e da real impossibilidade de identificação da base de cálculo real prevista na respectiva norma de incidência.

Ocorre que, em diversas ocasiões, surgem controvérsias entre contribuintes e autoridades fiscais sobre a legalidade da aplicação da aferição indireta no caso concreto, ou sobre a correção da forma em que o instituto foi aplicado, com o contribuinte defendendo que houve equívoco ou excesso na aplicação da base de cálculo substitutiva. E esses conflitos têm sido apreciados por órgãos de julgamento administrativo e judicial, o que permite a identificação de posicionamentos jurisprudenciais que devem nortear a utilização deste procedimento.

---
[1] Publicado originalmente na *Revista Dialética de Direito Tributário* n° 240, setembro de 2015, p. 07-23.

É inequívoco que os contribuintes têm o dever de cumprir as suas obrigações tributárias e colaborar com as autoridades fiscais, sem prejuízo dos direitos que lhes são assegurados, como corolário do dever fundamental de recolher tributos.[2]

Este dever de colaboração é primordial, uma vez que sem que os contribuintes mantenham e forneçam os documentos e dados necessários à atividade de fiscalização, dificulta-se e muitas vezes inviabiliza-se o conhecimento efetivo pela autoridade tributária do surgimento das obrigações tributárias concretas e a avaliação do seu cumprimento pelos respectivos contribuintes ou responsáveis.[3]

A complexidade e dinâmica da atividade econômica tem reflexo direto no campo tributário, notadamente no que se refere à fiscalização. E buscando viabilizar a praticidade e eficácia na arrecadação, o legislador outorgou aos contribuintes, no que se refere a grande parte dos tributos existentes, o dever de identificar a ocorrência de fatos que derem ensejo ao nascimento de obrigações tributárias, calcular o montante devido e proceder ao seu recolhimento, independentemente de qualquer atividade da administração.

O sistema de "lançamento por homologação" está diretamente vinculado aos limites e custos que inviabilizam que as autoridades tributárias identifiquem a ocorrência de cada fato gerador que os contribuintes dão ensejo e efetuem a constituição do crédito decorrente através do lançamento de ofício. A praticidade, que informa a tributação moderna, ensejou que se transferisse aos contribuintes o ônus de identificar a ocorrência dos fatos geradores a que se vinculada, quantificar a obrigação tributária, recolher o tributo devido e cumprir as obrigações acessórias. Sendo corolário lógico do lançamento por homologação que os contribuintes possuam e mantenham sob sua guarda a regular documentação que permita às autoridades tributárias efetuar a fiscalização do cumprimento das suas obrigações.

---

[2] CARDOSO, Alessandro. *O Dever Fundamental de Recolher Tributos no Estado Democrático de Direito*. Porto Alegre: Livraria do Advogado, 2014.

[3] Neste contexto pode-se falar na existência de um binômio que informa o princípio da supremacia do interesse público na seara tributária: dever de fiscalização das autoridades administrativas e dever de colaboração dos contribuintes. Neste sentido, cite-se James Marins: "A atividade fiscalizatória – suas prerrogativas e limites legais – insere-se no contexto da autotutela vinculada do Estado e é instrumento do princípio do dever de investigação ao qual corresponde o princípio do dever de colaboração. A relação jurídica subjacente à atividade fiscalizatória implica na disciplina legal do dever de fiscalizar ao qual corresponde um direito subjetivo público da Administração ('potestà', ou 'potestade'), e no dever de suportar a fiscalização que se constitui em liame obrigacional de caráter não patrimonial a sujeitar o cidadão contribuinte a limitações em sua liberdade em prol do interesse público". (*Direito Processual Tributário Brasileiro*: Administrativo e Judicial. São Paulo: Dialética, 2001, p. 220).

E não por outro motivo, o texto constitucional, ao prever o princípio da capacidade contributiva, o vinculou à possibilidade das autoridades tributárias terem conhecimento da realidade econômica que envolve o surgimento das obrigações tributárias, nos termos do § 1º do artigo 145.[4]

E caso o contribuinte não cumpra o seu dever de colaboração, não possuindo ou apresentando a documentação necessária à avaliação do cumprimento das suas obrigações, o legislador outorga à autoridade tributária o poder de arbitrar o valor ou o preço de bens, direitos, serviços ou atos jurídicos vinculados ao fato gerador da obrigação.

O artigo 148 do Código Tributário Nacional estatuiu, nestes termos, a figura do arbitramento tributário, expressamente limitado à obtenção do *quantum* da obrigação tributária. No campo previdenciário, o legislador instituiu uma espécie própria de "arbitramento", denominada de "aferição indireta", cuja análise é objetivo do presente artigo.

A figura do arbitramento tributário e os limites à sua aplicação têm suscitado grandes controvérsias administrativas e judiciais, além de ser objeto recorrente de análise pela doutrina tributária. A jurisprudência e a doutrina referente ao arbitramento tributário são base para a avaliação da aferição indireta, mas cabe também ao intérprete avaliar e ponderar as especificidades do procedimento previdenciário, determinadas pela própria natureza específica da tributação previdenciária, que apesar de vinculadas às normas gerais do Código Tributário Nacional, possuem características peculiares.

O instituto da aferição indireta se encontra positivado no artigo 33 da Lei nº 8.212/91, que dispõe sobre a organização da Seguridade Social e institui o seu plano de custeio. E como será mais bem desenvolvido no curso deste artigo, o legislador teve o cuidado de deixar explícito o caráter excepcional da aferição indireta, como meio substitutivo do valor tributável pelas contribuições previdenciárias, inclusive tipificando os pressupostos que permitem a sua aplicação de forma válida pela autoridade fiscalizadora, compatibilizando-a com a norma geral que prevê o arbitramento tributário (artigo 148 do CTN).

A primeira hipótese é a que está estampada no § 3º do referido dispositivo legal, e se dá quando o contribuinte fiscalizado não apresenta documentação ou informação necessária à identificação da base

---

[4] § 1º Sempre que possível, os impostos terão caráter pessoal e serão graduados segundo a capacidade econômica do contribuinte, facultado à administração tributária, especialmente para conferir efetividade a esses objetivos, identificar, respeitados os direitos individuais e nos termos da lei, o patrimônio, os rendimentos e as atividades econômicas do contribuinte.

de cálculo das contribuições previdenciárias, delimitada ou apresenta, de forma deficiente, qualquer documento ou informação solicitada, pertinente à apuração das grandezas econômicas tributadas. Já a segunda possibilidade está inserida no § 6°, e se dá na hipótese de, quando do exame da escrituração contábil e de qualquer outro documento ofertado pela empresa fiscalizada, o Fisco constatar que a contabilidade não registra o movimento real: i) de remuneração dos segurados a seu serviço; ii) do faturamento; e iii) do lucro.

Apesar de estarem bem definidos os pressupostos que autorizam a utilização da aferição indireta, a identificação em face do caso concreto, se há efetivamente à necessidade e mesmo a possibilidade de sua aplicação, não é invariavelmente tão simples; e mesmo quando necessária e possível a sua aplicação, é comum a existência de controvérsia com relação à forma como operacionalizada pela Fiscalização, o que determina que a jurisprudência cumpra o seu papel de definir a correta interpretação da legislação, indicando os parâmetros que permitam ao Fisco e aos contribuintes avaliarem a aplicação do instituto nos casos concretos.

Nesse contexto se apresenta o presente artigo, que tem o objetivo de contribuir, de forma singela, ao estudo da aferição indireta previdenciária, com a avaliação da sua natureza jurídica e pressupostos de aplicação válida, em face dos parâmetros da legislação vigente e a sua melhor interpretação jurisprudencial.

13.2. Pressupostos de validade da aferição indireta – especificidades para a construção civil

A aferição indireta das contribuições previdenciárias se encontra prevista nos §§ 3° a 6° do artigo 33 da Lei n° 8.212/91, que assim dispõem:

Art. 33. À Secretaria da Receita Federal do Brasil compete planejar, executar, acompanhar e avaliar as atividades relativas à tributação, à fiscalização, à arrecadação, à cobrança e ao recolhimento das contribuições sociais previstas no parágrafo único do art. 11 desta Lei, das contribuições incidentes a título de substituição e das devidas a outras entidades e fundos.
[...]
§ 3º Ocorrendo recusa ou sonegação de qualquer documento ou informação, ou sua apresentação deficiente, a Secretaria da Receita Federal do Brasil pode, sem prejuízo da penalidade cabível, lançar de ofício a importância devida.
§ 4º Na falta de prova regular e formalizada pelo sujeito passivo, o montante dos salários pagos pela execução de obra de construção civil pode ser obtido mediante cálculo da mão de obra empregada, proporcional à área construída, de acordo com critérios

estabelecidos pela Secretaria da Receita Federal do Brasil, cabendo ao proprietário, dono da obra, condômino da unidade imobiliária ou empresa corresponsável o ônus da prova em contrário.

§ 5º O desconto de contribuição e de consignação legalmente autorizadas sempre se presume feito oportuna e regularmente pela empresa a isso obrigada, não lhe sendo lícito alegar omissão para se eximir do recolhimento, ficando diretamente responsável pela importância que deixou de receber ou arrecadou em desacordo com o disposto nesta Lei.

§ 6º Se, no exame da escrituração contábil e de qualquer outro documento da empresa, a fiscalização constatar que a contabilidade não registra o movimento real de remuneração dos segurados a seu serviço, do faturamento e do lucro, serão apuradas, por aferição indireta, as contribuições efetivamente devidas, cabendo à empresa o ônus da prova em contrário.

Trata-se, pois, de mecanismo colocado à disposição do Fisco para efetuar a apuração subsidiária da base de cálculo das contribuições previdenciárias nos casos em que o contribuinte não cumpre a sua obrigação de possuir e disponibilizar a documentação fiscal e contábil necessária à apuração do salário de contribuição, base de cálculo das contribuições previdenciárias sobre a remuneração, bem como da avaliação da regularidade dos recolhimentos efetuados.

E, na realidade, é uma especificação para as contribuições previdenciárias do instituto do arbitramento tributário previsto no artigo 148 do Código Tributário Nacional:

Art. 148. Quando o cálculo de do tributo tenha por base, ou tome em consideração, o valor ou o preço de bens, direitos, serviços ou atos jurídicos, a autoridade lançadora, mediante processo regular, arbitrará aquele valor ou preço, sempre que sejam omissos ou não mereçam fé as declarações ou os esclarecimentos prestados, ou os documentos expedidos pelo sujeito passivo ou pelo terceiro legalmente obrigado, ressalvada, em caso de contestação, avaliação contraditória, administrativa ou judicial.

O arbitramento tributário nada mais é do que um dos instrumentos colocados à disposição da Autoridade Administrativa pelo legislador, desde que respeitadas as hipóteses do seu cabimento e os seus limites, para a fixação de base de cálculo substitutiva, quando não é possível se apurar a base de cálculo real, pelo descumprimento pelo contribuinte do seu dever de colaboração.

A função do arbitramento é viabilizar o lançamento, nos casos em que este se encontra prejudicado pela inexistência ou imprestabilidade dos documentos e dados que deveriam ser fornecidos pelo contribuinte ou terceiro legalmente obrigado a informar, para dar suporte à atividade de fiscalização.

O termo *arbitramento* deve ser tomado em dois sentidos:

a) método outorgado pelo legislador para que a Autoridade Administrativa, devido à falta do dever de colaboração do contribuinte, que não forneceu a documentação ou os dados necessários à atividade de lançamento, arbitre a quantia devida pelo sujeito passivo no que se refere à determinada obrigação tributária, utilizando-se dos métodos que tornem razoável esta medida, dentro dos estritos limites fixados pela legislação e pela jurisprudência;

b) método utilizado pelo legislador para a fixação de uma base de cálculo substituta, na hipótese de não ser possível à obtenção da base de cálculo real, sem que haja a participação da Autoridade Administrativa na fixação do parâmetro a ser utilizado.

Na segunda acepção, a lei define uma base de cálculo substituta, baseada em presunções. Exatamente esse o caso da previsão do § 4º do artigo 33 da Lei nº 8.212/91, que instituiu modalidade de base de cálculo substitutiva, quando não é possível se aferir o valor da remuneração paga pelo contribuinte aos segurados empregados e trabalhadores avulsos que lhe prestem serviços, em obra de construção civil. Nesse caso, o valor da remuneração será arbitrado "mediante cálculo da mão de obra empregada, proporcional à área construída".

Trata-se, portanto, de recurso subsidiário a ser utilizado pela administração tributária na identificação/confirmação do fato tributário e mais especificamente, para a definição da base de cálculo para a exigência de tributo que se avalie não recolhido ou recolhido a menor pelo contribuinte. Em face da sua natureza, a legalidade de sua aplicação estará sempre vinculada ao respeito estrito das hipóteses de seu cabimento e aos limites de sua efetivação.

Exatamente neste sentido é a norma do artigo 148 do CTN, que prevê a utilização do recurso do arbitramento pela Autoridade Fiscal, "sempre que sejam omissos ou não mereçam fé as declarações ou os esclarecimentos prestados, ou os documentos expedidos pelo sujeito passivo ou por terceiro legalmente obrigado".

O arbitramento e a aferição indireta não se constituem procedimentos especiais de lançamento. Trata-se de técnicas de apuração do *quantum* devido em determinada obrigação tributária, através da avaliação contraditória de preços, bens, serviços ou atos jurídicos, cabível sempre que inexistam os documentos ou declarações do contribuinte, ou estes não mereçam fé.

Além disso, somente podem ser utilizados para o estabelecimento *quantum debeatur* da obrigação tributária, quando a ocorrência do fato gerador do tributo encontra-se comprovada.

A doutrina e jurisprudência, por sua vez, são iterativas no entendimento de que a utilização de base de cálculo substitutiva, fixada pela autoridade fiscalizatória, somente é cabível nas hipóteses de:

(i). inexistência de escrita ou de documentação exigida pela legislação tributária, a qual seja necessária à identificação da base tributável;

(ii). recusa do contribuinte ou terceiro em apresentar a escrituração ou documentação existente;

(iii). mesmo existente, e apresentada, a escrita ou documentação exigida se mostrem imprestável para que a Autoridade Tributária possa fiscalizar a atividade a qual se referem.

Ocorre que, mesmo na ocorrência das hipóteses acima, não é discricionária a decisão da administração de utilização do recurso ao arbitramento. Com efeito, mesmo nas hipóteses enumeradas, somente é cabível o arbitramento se constatado que a omissão ou o vício da documentação do contribuinte ou terceiro teve como consequência a completa impossibilidade de descoberta direta do aspecto quantitativo do fato tributário.

É inequívoco que sendo o arbitramento medida excepcional, uma vez que o conhecimento da base de cálculo original é a forma que realmente se enquadra com perfeição dentro dos princípios e normas que regem o nosso sistema tributário, deve a Autoridade Fiscal, dentro do seu procedimento de apuração, buscar de todas as formas a verdade material.

Ou seja, deve haver a comprovada impossibilidade de aferição da base de cálculo real do tributo fiscalizado, decorrente do descumprimento de obrigação acessória pelo contribuinte, imprescindível para a execução do trabalho fiscal.

A especificidade da técnica do arbitramento, inclusive, tem sido sistematicamente exaltada, diante da constatação de que, lamentavelmente, referido procedimento, por vezes, é utilizado pela Administração Tributária de forma arbitrária e abusiva.

Exatamente por isso, para cada tipo de tributo deve ser identificado qual o conjunto de informações e documentos que são pertinentes e imprescindíveis à identificação da matéria tributável. Isso implica que a não apresentação ou a existência de vícios em documentos ou informações que não prejudicam a identificação da base de cálculo real de forma alguma pode justificar a aplicação do arbitramento ou aferição indireta, que são instrumentos subsidiários de fiscalização.

A exigência do requisito da imprestabilidade da documentação determina que haja hipóteses em que mesmo se a documentação ou escrituração do contribuinte apresentar vícios, erros ou deficiências, não poderá a Autoridade Fiscal operar a sua desclassificação total. Sempre que apesar de viciada a documentação não for imprestável para os fins a que se destina, caberá ao Fisco no seu dever de investigação, afastando os vícios que não comprometem o todo, e efetuando as devidas correções, buscar a base de cálculo original (verdade material)[5]

A existência de vícios isolados na documentação, desde que não capazes de impedir que o Fisco, dentro do seu dever de investigação, chegue ao valor da base de cálculo real, não permitem o recurso ao arbitramento.

E para isso, a análise da possibilidade ou impossibilidade de identificação da base de cálculo real deve levar em conta qual a grandeza econômica tributada por cada contribuição previdenciária, já que este é o objeto de investigação pertinente. Tal contexto é explicitado pelo § 6º do artigo 33 da Lei nº 8.212/91:

> § 6º Se, no exame da escrituração contábil e de qualquer outro documento da empresa, a fiscalização constatar que a contabilidade não registra o movimento real de remuneração dos segurados a seu serviço, do faturamento e do lucro, serão apuradas, por aferição indireta, as contribuições efetivamente devidas, cabendo à empresa o ônus da prova em contrário.

E a aferição indireta, apesar de ser instrumento de fiscalização pertinente a todas as contribuições previdenciárias regulamentadas pela Lei nº 8.212/91, e também a contribuintes de todos os ramos econômicos, inequivocamente a sua aplicação mais relevante está vinculada à fiscalização do recolhimento dos valores vinculados às obras de construção civil. Tanto que o legislador outorga um tratamento espe-

---

[5] Nesse sentido, merece destaque a doutrina de Maria Rita Ferragut, citada na obra de Leandro Paulsen, no comentário ao artigo 148, do CTN, *in verbis*: "O arbitramento da base de cálculo deve respeitar os princípios da finalidade da lei, razoabilidade, proporcionalidade, e capacidade contributiva, razão pela qual não há discricionariedade total na escolha das bases de cálculo alternativa, estando o agente público sempre vinculado, pelo menos, aos princípios constitucionais informadores da função administrativa. Não basta que algum dos fatos previstos no artigo 148 do CTN tenha ocorrido a fim de que surja para o Fisco a competência de arbitrar; Faz-se imperioso que além disso o resultado da omissão ou do vício da documentação implique completa impossibilidade de descoberta direta da grandeza manifestada pelo fato jurídico. O critério para determinar se um ou mais vícios ou erros são ou não suscetíveis ensejar a desconsideração da documentação reside no seguinte: se implicarem a possibilidade por parte do Fisco de, mediante exercício do dever de investigação, retificar a documentação de forma a garantir o valor probatório do documento, o mesmo deve ser considerado imprestável e a base de cálculo arbitrada. Caso contrário, não". (PAULSEN, Leandro. *Direito Tributário* – Constituição, Código Tributário e Lei de Execução Fiscal à Luz da Doutrina e da Jurisprudência. 13. ed. Porto Alegre: Livraria do Advogado, 2011, p. 1.078).

cífico à sua aplicação a esse ramo da atividade econômica, o que fica patente pela previsão constante do § 4º da citada lei federal:

> § 4º Na falta de prova regular e formalizada pelo sujeito passivo, o montante dos salários pagos pela execução de obra de construção civil pode ser obtido mediante cálculo da mão de obra empregada, proporcional à área construída, de acordo com critérios estabelecidos pela Secretaria da Receita Federal do Brasil, cabendo ao proprietário, dono da obra, condômino da unidade imobiliária ou empresa corresponsável o ônus da prova em contrário.

Para esse setor econômico, o pressuposto para a aplicação da aferição indireta é a "falta de prova regular e formalizada pelo sujeito passivo" referente a um objeto específico e determinado, consistente no "montante dos salários pagos pela execução de obra de construção civil".

Exclusivamente a falta da documentação regular que demonstre o montante da remuneração vinculada à obra de construção, por impedir a confirmação da efetiva base de cálculo das contribuições previdenciárias, é que permite a aferição indireta do total das remunerações da obra, nos termos literais do § 4º do artigo 33 da Lei nº 8.212/91.

Por exemplo: não há qualquer previsão legal, e mesmo pertinência lógica, que permita se concluir que qualquer vício formal no registro do valor de aquisição de materiais e equipamentos empregados na obra, por si só, permitiria a desconsideração da apuração da base de cálculo das contribuições previdenciárias efetuada pelo contribuinte, e a sua substituição pelo valor de remuneração arbitrado com base no método da aferição indireta.

Ao contrário do que muitas vezes defendem as Autoridades Fiscais, não existe a previsão de que a "contabilidade irregular" justifique, por si só, a aferição indireta. Somente haverá essa justificativa no caso de falta ou vício insanável na contabilização pelo contribuinte de informações pertinentes e diretamente relacionadas com a apuração do total das remunerações pagas a trabalhadores ou prestadores de serviços vinculados à obra.

Este ponto é bastante relevante, já que a arguição da existência de "contabilidade irregular", sem a demonstração da efetiva impossibilidade da identificação pela Fiscalização, da base de cálculo das contribuições previdenciárias vinculadas à determinada obra de construção civil, não é incomum, o que torna efetivamente passível de questionamento a legalidade do crédito constituído via "aferição indireta", nesses casos.

A própria regulamentação da Receita Federal deixa claro quais os eventos contábeis que são pertinentes à apuração e à fiscalização das contribuições previdenciárias.

O artigo 328 da Instrução Normativa RFB nº 971/09 prevê a obrigação do responsável por obra de construção civil de efetuar de forma especificada a escrituração relativa à obra:

> Art. 328. O responsável pela obra de construção civil, pessoa jurídica, está obrigado a efetuar escrituração contábil relativa a obra, mediante lançamentos em centros de custo distintos para cada obra própria ou obra que executar mediante contrato de empreitada total, conforme disposto no inciso IV do art. 47, observado o disposto nos §§ 5º, 6º e 8º do mesmo artigo.
>
> Parágrafo único. Para os fins deste artigo, entende-se por responsáveis pela obra as pessoas jurídicas relacionadas no art. 325.

Além disso, determina que os lançamentos específicos e pertinentes à apuração previdenciária são aqueles previstos no inciso IV do artigo 47 da mesma Instrução Normativa, *verbis*:

> Art. 47. A empresa e o equiparado, sem prejuízo do cumprimento de outras obrigações acessórias previstas na legislação previdenciária, estão obrigados a:
> [...]
> IV – lançar mensalmente em títulos próprios de sua contabilidade, de forma discriminada, os fatos geradores de todas as contribuições sociais a cargo da empresa, as contribuições sociais previdenciárias descontadas dos segurados, as decorrentes de sub-rogação, as retenções e os totais recolhidos, observado o disposto nos §§ 5º, 6º e 8º e ressalvado o disposto no § 7º;

A previsão regulamentar é lógica, ao exigir o lançamento mensal e discriminado de todos os fatos geradores de todas as contribuições sociais a cargo da empresa.

O fato de estas serem as informações efetivamente necessárias à apuração da base de cálculo das contribuições previdenciárias, e à sua fiscalização, é confirmado pelo § 5º do mesmo artigo:

> § 5º Os lançamentos de que trata o inciso IV do caput, escriturados nos Livros Diário e Razão, são exigidos pela fiscalização após 90 (noventa) dias contados da ocorrência dos fatos geradores das contribuições sociais, devendo:
> I – atender ao princípio contábil do regime de competência;
> II – registrar, em contas individualizadas, todos os fatos geradores de contribuições sociais de forma a identificar, clara e precisamente, as rubricas integrantes e as não-integrantes do salário-de-contribuição, bem como as contribuições sociais previdenciárias descontadas dos segurados, as contribuições sociais a cargo da empresa, os valores retidos de empresas prestadoras de serviços, os valores pagos a cooperativas de trabalho e os totais recolhidos, por estabelecimento da empresa, por obra de construção civil e por tomador de serviços.

O fato de o parágrafo seguinte determinar que o contribuinte se encontra sujeito às demais regras de escrituração contábil não altera esse contexto e muito menos permite a conclusão de qualquer vício de contabilização, mesmo que não pertinente à apuração da base de cálculo das contribuições previdenciárias possa justificar a aferição indireta.

E ainda ao regulamentar a aferição indireta, a Instrução Normativa dispõe expressamente que somente será possível a sua execução se "no exame da escrituração contábil ou de qualquer outro documento do sujeito passivo, a fiscalização constatar que a contabilidade não registra o movimento real da remuneração dos segurados a seu serviço, da receita, ou do faturamento e do lucro; " (inciso I do artigo 447 da IN SRF n° 971/09).

Ocorre que esse dispositivo, em alguns casos, tem sido interpretado de forma equivocada pela Fiscalização. Conforme já consignado, a validade da aferição indireta está inafastavelmente ligada à correta identificação de qual o objeto de investigação que permite a identificação da base de cálculo real de cada contribuição. No caso das contribuições sobre a remuneração, o objeto de perquirição a ser considerado pela Fiscalização é inequivocamente "o movimento real da remuneração dos segurados a seu serviço". Havendo a escrituração contábil das remunerações devidas, pagas ou creditadas pela empresa aos segurados a seu serviço, não há qualquer justificativa para a desconsideração da apuração do contribuinte e a utilização de base de cálculo substitutiva calculada através de aferição indireta. Não se justifica a utilização da aferição indireta, nesse contexto, o entendimento da Fiscalização de que a contabilidade ou escrituração fiscal apresentada pelo contribuinte não permitem a identificação da receita, faturamento ou lucro do empreendimento. Essas grandezas econômicas não são vinculadas à base de cálculo da contribuição previdenciária sobre a remuneração, estando prevista como elementos de fiscalização cuja impossibilidade de identificação pode dar ensejo à aferição indireta, pelo fato de serem pertinentes à base de cálculo de outras contribuições, no caso a COFINS e atualmente da CPRB (receita bruta) e a CSLL (lucro). Por isso, a falta ou vícios insanáveis referentes à sua contabilização, ou à comprovação documental da sua apuração, ordinariamente somente justifica a aferição indireta no que se refere à definição da base substitutiva da COFINS, CPRB e da CSLL, não sendo validamente motivo para o arbitramento do salário de contribuição.

Contudo, é possível que o cotejo entre os valores contabilizados de receita ou lucro traga subsídios para que a autoridade fiscal fundamente a desconsideração da apuração da base de cálculo das contribuições sobre a remuneração efetuada pelo contribuinte, e traga elementos que justifique a utilização da aferição indireta. Isso ocorrerá quando o valor da receita apurada pelo contribuinte se mostre desproporcional em face da mão de obra contabilizada. Ou ainda, quando apure a Fiscalização que o contribuinte incorreu em omissão de receita, sendo que a sua receita real se apresenta incompatível com a mão de obra registrada.

Tal avaliação comparativa é prevista pelo inciso IV do artigo 447 da Instrução Normativa nº 971/09. Cite-se:

> Art. 447. A aferição indireta será utilizada, se:
> [...]
> IV – as informações prestadas ou os documentos expedidos pelo sujeito passivo não merecerem fé em face de outras informações, ou outros documentos de que disponha a fiscalização, como por exemplo:
> a) omissão de receita ou de faturamento verificada por intermédio de subsídio à fiscalização;
> b) dados coletados na Justiça do Trabalho, Delegacia Regional do Trabalho, ou em outros órgãos, em confronto com a escrituração contábil, livro de registro de empregados ou outros elementos em poder do sujeito passivo;
> c) constatação da impossibilidade de execução do serviço contratado, tendo em vista o número de segurados constantes em GFIP ou folha de pagamento específicas, mediante confronto desses documentos com as respectivas notas fiscais, faturas, recibos ou contratos.

Entretanto, mesmo em face da situação suprarreferida, a Fiscalização tem o ônus de comprovar que a divergência entre dados econômicos, notadamente receita aferida e montante de mão de obra empregada, decorre da falta de inclusão na folha de pagamentos do contribuinte do total de empregados segurados a seu serviço. Isso porque a aparente distorção entre receita e mão de obra registrada pelo contribuinte pode decorrer da estrutura negocial utilizada. Exemplo comum é o da obra de construção civil em que o empreiteiro se utiliza preponderantemente de subempreitada. Nesse caso, a mão de obra própria registrada pelo empreiteiro pode ser bastante pequena se comparada com a receita decorrente do empreendimento, o que se justifica pelo fato de que a maioria ou grande parcela dos trabalhadores que laborarem na obra estarem vinculados às subempreiteiras. A Fiscalização pode facilmente avaliar esse contexto, ao compatibilizar o valor da receita do contribuinte, o total da mão de obra registrada, os valores recolhidos a título de retenção na fonte dos serviços de subempreitada contratados e o porte do empreendimento. O que não é correto é a consideração que a aparente distorção entre receita aferida e mão de obra registrada, de forma exclusiva, colocaria em descrédito a apuração e os recolhimentos de contribuições previdenciárias sobre a remuneração efetuadas pelo contribuinte, permitindo a aferição indireta.

Isso claro, no que se refere ao lançamento das contribuições incidentes sobre a remuneração paga pela empresa a seus empregados ou prestadores de serviço. No que se refere à Contribuição Previdenciária sobre a Receita Bruta, a avaliação da receita contabilizada é o efetivo foco de fiscalização com relação à confirmação ou apuração do montante devido e confirmação da correção dos recolhimentos efetuados pelo contribuinte.

No contexto atual da legislação previdenciária, no caso de obra de construção civil que apresente falta de contabilidade regular, que efetivamente não permita a aferição do total das remunerações a ela vinculadas e também a sua receita aferida, caberá à Fiscalização o arbitramento das contribuições previdenciárias por dois mecanismos:

a) a aferição indireta, para a fixação de base substitutiva de remunerações, efetuada através do procedimento de cálculo da Remuneração da Mão de obra Total (RMT) despendida na obra, calculado com base na aplicação de percentuais previstos em norma regulamentar sobre o Custo Geral da Obra (CGO), o qual por sua vez, é obtido mediante a multiplicação do Custo Unitário Básico, (CUB) correspondente ao tipo da obra pela sua área total, conforme o procedimento previsto na Instrução Normativa RFB nº 971/09;

b) o arbitramento, para apuração da base subsidiária da receita bruta, através da identificação de elementos indicativos pertinentes à essa grandeza econômica, tal qual movimentação bancária e receita esperável para empreendimentos do mesmo porte.

Além disso, na execução do procedimento de aferição indireta a Fiscalização obrigatoriamente tem que seguir o procedimento previsto na Instrução Normativa nº 971/09[6] no que se refere ao cálculo de todos os elementos componentes do cálculo da base substitutiva, como o Custo Unitário Básico, (CUB), o Custo Geral da Obra (CGO) e finalmente a Remuneração da Mão de obra Total (RMT). E para tanto terá o ônus de justificar todos os enquadramentos que efetuar, no que se refere a elementos como a destinação do imóvel, o número de pavimentos, o padrão e o tipo da obra (inerentes à definição do CUB), bem como demonstrar a aplicação dos percentuais vinculados ao cálculo da RMT e também as deduções obrigatórias, como dos recolhimentos a título de contribuições previdenciárias comprovadamente efetuadas

---

[6] Instrução Normativa nº 971/09 – artigos 343 a 379.

pelo contribuinte, a remuneração referente à mão de obra terceirizada utilizada, e também do montante correspondente a 5% (cinco por cento) do valor da nota fiscal ou da fatura de aquisição de concreto usinado, de massa asfáltica ou de argamassa usinada, utilizados inequivocamente na obra, independentemente de apresentação do comprovante de recolhimento das contribuições sociais.

O fato de o contribuinte ter dado ensejo à aferição indireta de forma alguma lhe retira o direito a que o cálculo da base de cálculo substitutiva seja efetuado conforme o procedimento previsto na norma regulamentar, com a demonstração passo a passo pela Fiscalização, além, claro, do direito de impugnar o lançamento, caso considere que houve erro na apuração e consequentemente no lançamento dos valores de contribuição.

A partir desse contexto normativo, que traz pressupostos e parâmetros de observância obrigatória para que o procedimento de aferição indireta seja válido, passa-se a breve análise da sua interpretação jurisprudencial.

13.3. Aferição indireta – análise jurisprudencial

Conforme já demonstrado, a aferição indireta é modalidade excepcional de lançamento tributário, apenas aplicável quando há completa impossibilidade de o Fisco determinar o valor pago a título de salário, e, consequentemente, determinar o valor da contribuição previdenciária devida.

Não é por outro motivo a jurisprudência administrativa reconhece a ilegalidade do arbitramento quando é possível se deduzir da documentação do contribuinte as informações especificamente referentes à apuração da base de cálculo do tributo sob investigação, senão vejamos:

VALORES OBTIDOS DA CONTABILIDADE. ARBITRAMENTO, INOCORRÊNCIA. Não se verifica arbitramento do tributo quando os valores que compõem a base de cálculo são obtidos diretamente da escrita contábil do contribuinte. (CARF, Acórdão nº 2401-01.508, Segunda Seção, Primeira Turma da Quarta Câmara, Sessão de 01.12.2010)

Por outro lado, a aferição indireta de forma alguma é uma sanção. O procedimento não pode ter qualquer conotação de penalização do contribuinte. Constitui-se, tão somente, em método de fixação de base de cálculo substitutiva de contribuição previdenciária, uma vez comprovada a impossibilidade de se obter tal resultado através de provas diretas. Ou seja, não se pode lançar mão da aferição indireta como forma de penalizar o contribuinte por algum vício existente na sua contabilidade, caso este não seja vinculado à apuração da base de cálculo, ou mesmo que pertinente, não seja de tal monta que impeça a sua identificação.

Nesse sentido, cite-se a doutrina do Professor, Ex-Auditor Fiscal da Receita Federal do Brasil e Ex-Presidente da 10ª Junta de Recursos do Conselho de Recursos da Previdência Social – MPS, Fábio Zambitte Ibrahim,[7] a respeito da aferição indireta:

> Naturalmente, trata-se de regra excepcional, somente aplicável na impossibilidade da identificação da base de cálculo real.
>
> [...]
>
> Como a contribuição não tem efeito de penalidade, não poderá a SRFB estipular valor irreal como sanção, já que esta somente poderá ser feita pela multa decorrente do descumprimento de obrigação acessória, a ser cobrada mediante auto de infração.

A jurisprudência do Conselho Administrativo de Recursos Fiscais (CARF) reconhece a excepcionalidade da aferição indireta, que somente pode ser efetivada quando o contribuinte não apresente as informações e documentos efetivamente necessários à identificação das remunerações pagas, ou pertinentes ao seu faturamento ou lucro. Vejamos:

> AFERIÇÃO INDIRETA. PROVAS. AUSÊNCIA DE REQUISITOS. IMPROCEDÊNCIA. Se, no exame da escrituração contábil e de qualquer outro documento da empresa, a fiscalização constatar que a contabilidade não registra o movimento real de remuneração dos segurados a seu serviço, do faturamento e do lucro, serão apuradas, por aferição indireta, as contribuições efetivamente devidas. Entretanto o mecanismo de aferição indireta da base de cálculo do tributo configura-se em exceção, que só deve ser utilizado nas estritas determinações da legislação. Segundo a lei regencial há de realizar a aferição indireta quando ocorrer recusa ou sonegação de documentos e informações, bem como sendo eles insuficientes, bem como se ocorrer no exame da escrituração contábil e de qualquer outro documento da empresa, a fiscalização constatar que a contabilidade não registra o movimento real de remuneração dos segurados a seu serviço, do faturamento e do lucro. No presente caso, na análise do Relatório Fiscal e das provas constantes dos autos não se encontram qualquer fato narrado e tão pouco prova cabal de que haja uma definição de que a documentação apresentada i) não preencheu as formalidades legais ou ii) continha informação diversa da realidade ou iii) omitiu informação verdadeira. Há de destacar que o próprio agente autuador apresenta dúvida se os documentos eram suficientes ou não, bem como não demonstrou cabalmente que havia informação diversa da realidade e ou que houve omissão de informação da Recorrente. [...]. (Acórdão nº 2301-003.754, Segunda Seção, Terceira Câmara, Primeira Turma Ordinária, Sessão de 15.10.2013)

---

[7] IBRAHIM, Fábio Zambitte. *Curso de Direito Previdenciário*. 17. ed. Rio de Janeiro: Impetus, 2012, p. 398.

O entendimento do CARF é iterativo que somente a efetiva e comprovada falta de documentação que permita o aferimento da base de cálculo das contribuições previdenciárias permite o seu arbitramento. E também não pode o Fisco desconsiderar o conjunto da documentação apresentada pelo contribuinte, quando estas informações permitem a identificação da base de cálculo real:

LANÇAMENTO POR ARBITRAMENTO. AFERIÇÃO INDIRETA. AUSÊNCIA DE DEMONSTRAÇÃO, PELO FISCAL AUTUANTE, DOS REQUISITOS NECESSÁRIOS. IMPOSSIBILIDADE. Apesar do método da aferição indireta ser uma prerrogativa do Fisco para os casos em que a fiscalização constatar que a contabilidade não registra o movimento real da remuneração dos segurados a seu serviço, do faturamento e do lucro, quando da lavratura do auto de infração deve ser demonstrada a presença de todos os requisitos indispensáveis para a sua validade, e não simplesmente desconsiderar parte dos documentos apresentados pela empresa. CONTRIBUIÇÕES PREVIDENCIÁRIAS. DECADÊNCIA. PAGAMENTO PARCIAL. FATO GERADOR. ART. 150, § 4º DO CTN. Havendo o recolhimento de parte dos valores devidos, deve ser aplicado o prazo decadencial previsto no art. 150, § 4º do CTN, que determina que o Fisco teria o prazo de 5 anos, a contar do fato gerador, para exigir quaisquer parcelas eventualmente faltantes. Recurso de Ofício Negado. (Segunda Seção, Quarta Câmara, Terceira Turma Ordinária, Acórdão 2402-003.342)

Reconhece também o referido Conselho Administrativo que somente as inconsistências pertinentes à identificação da remuneração paga a empregados e prestadores de serviço podem viabilizar a aferição indireta:

INCONSISTÊNCIAS NA CONTABILIDADE. ADOÇÃO DO MÉTODO DA AFERIÇÃO INDIRETA. NECESSIDADE DE CAPITULAÇÃO EXPRESSA NO AUTO DE INFRAÇÃO. Se do exame da escrituração contábil a fiscalização constatar que a contabilidade não registra o movimento real de remuneração dos segurados a seu serviço, abre-se espaço para a utilização da aferição indireta, cabendo à empresa o ônus da prova em contrário, desde que haja menção expressa no Auto de Infração sobre estar sendo adotado o método excepcional de apuração e cobrança das contribuições. (CARF, Segunda Seção, Quarta Câmara, Primeira Turma Ordinária, Acórdão nº 2401-003.321, Sessão de 21.01.2014)

No seu procedimento fiscalizatório, a Autoridade Fiscal obrigatoriamente deve analisar o contexto da atividade do contribuinte e a documentação comprobatória que este possui, notadamente a declaração das notas fiscais de empreitada e subempreitada contratadas, os respectivos valores de retenção de 11% e o seu recolhimento.

Trata-se um elemento de avaliação importantíssimo o fato de o contribuinte e os seus prestadores de serviço com cessão de mão de obra processaram regularmente as GFIP's em todos os períodos autuados, nas quais consta o total da remuneração vinculada à obra, com o respectivo lançamento dessas informações também na sua contabilidade. Da mesma forma deve se apurar se houve o recolhimento em GFIP do valor da retenção de 11%, ou atualmente de 3,5% para as empresas vinculadas à CPRB, referente a todas as notas fiscais de serviços contratados com cessão de mão de obra ou pertinentes a empreitada e subempreitadas.

É ilegal a desconsideração do conjunto das informações prestadas e pertinentes à apuração das contribuições previdenciárias, e a fundamentação da aferição indireta em suposto vício isolado de contabilidade. Cite-se novamente a jurisprudência do CARF:

DESCONSIDERAÇÃO DA CONTABILIDADE. PESSOA JURÍDICA, AFERIÇÃO INDIRETA IMPOSSIBILIDADE. NECESSIDADE DE PROVAS ROBUSTAS.
As razões apresentadas no ato fiscalizatório para a desconsideração da contabilidade devem sempre ser confrontadas com os fatos e provas suficientes para justificar o ato extremo. Não constitui ato válido a desconsideração de toda a escrita contábil do contribuinte por mero erro no preenchimento de dados fiscais, principalmente quando presentes as informações e os documentos necessários à análise e compreensão dos demonstrativos da base de cálculo do tributo. (Acórdão nº 2301-01.306, Segunda Seção, Primeira Turma da Terceira Câmara, Sessão de 24.03.2010)

Tal entendimento não poderia ser diferente, pois a aferição indireta representa técnica de constituição do crédito a que faz jus o Fisco, revestindo-se de excepcionalidade a ser aplicada quando verificada a absoluta ausência ou imprestabilidade da documentação contábil e fiscal do contribuinte.

É de se destacar que o Superior Tribunal de Justiça abona o método de "aferição indireta ou por estimativa" para apuração do *quantum debeatur*, quando, como no caso, ausente a documentação regular para vislumbrar o exato retrato da materialidade dos fatos geradores. (AgRg-REsp nº 1.121.052/SC, Rel. Min. Luiz Fux, Primeira Turma, DJ 22.03.2010).

O Superior Tribunal de Justiça também reconhece que, além da aferição indireta somente ser possível quando no momento da fiscalização não são disponibilizados os documentos que permitam à autoridade tributária aferir a base de cálculo da contribuição fiscalizada, tal contexto não elide o direito do contribuinte de produzir prova em seu favor, elidindo a base de cálculo substitutiva, via a demonstração da base de cálculo real, lastreada nos documentos necessários. Vide:

TRIBUTÁRIO. CRÉDITO PREVIDENCIÁRIO. AFERIÇÃO INDIRETA. ART. 33, § 6º, DA LEI N. 8.212/91. MEDIDA EXCEPCIONAL. CONTESTAÇÃO AO LANÇAMENTO TRIBUTÁRIO. POSSIBILIDADE. PRINCÍPIO DA VERDADE REAL. PRECEDENTES.
1. A apuração indireta do tributo prevista no art. 33, § 6º, da Lei n. 8.212/91 guarda simetria com a previsão do lançamento por arbitramento do art. 148 do CTN, bem como de outros normativos existentes no campo tributário, e representa forma de constitui-

ção do crédito tributário, revestindo-se de excepcionalidade a ser aplicada quando verificada a absoluta ausência ou imprestabilidade da documentação contábil e fiscal da empresa, constituindo irregularidade insanável.

2. A aferição indireta perpetrada pela autoridade tributária não obsta o direito do contribuinte de, em observância aos princípios do contraditório e da ampla defesa, ilidir a presunção de legitimidade dos atos fiscais na constituição por arbitramento, pois somente a irregularidade insanável, entendida como aquela que inviabiliza no todo a apuração do tributo, justifica a constituição do crédito nesta modalidade.

3. O art. 33, § 6º, da Lei n. 8.212/91 bem como o art. 148 do CTN representam a concretização normativa do princípio da verdade real em matéria tributária, dando azo para que a empresa contribuinte, rendendo homenagem ao citado princípio, possa contestar o lançamento tributário na via administrativa ou judicial.

4. Precedentes: REsp 1.201.723/RJ, Rel. Ministro Mauro Campbell Marques, Segunda Turma, julgado em 14.9.2010, DJe 6.10.2010; REsp 830.837/MS, Rel. Ministro Mauro Campbell Marques, Segunda Turma, julgado em 1º.6.2010, DJe 23.6.2010; REsp 901.311/RJ, Rel. p/ Acórdão Ministro Luiz Fux, Primeira Turma, julgado em 18.12.2007, DJe 6.3.2008; REsp 549.921/CE, Rel. Ministro Teori Albino Zavascki, Primeira Turma, julgado em 21.6.2007, DJ 1.10.2007, p. 212.

5. Com efeito, a premissa jurídica firmada no acórdão dos embargos infringentes no sentido de que "a correção das irregularidades contábeis após a fiscalização não tem o condão de invalidar a aferição indireta dos tributos devidos" se contrapõe ao entendimento colacionado nos precedentes desta Corte, negando ao contribuinte a faculdade de fazer prova apta a infirmar as presunções que servira de base de cálculo do imposto.

Recurso especial provido. (REsp 1377943/AL, Rel. Ministro HUMBERTO MARTINS, SEGUNDA TURMA, julgado em 19/09/2013, DJe 30/09/2013)

De forma coerente com os pressupostos delineados pela legislação de regência e pelo posicionamento do STJ acima demonstrado, a jurisprudência dos Tribunais pátrios também reconhece a excepcionalidade da aferição indireta, que não pode ser aplicada com base em mera irregularidade em lançamentos contábeis, na situação em que existem elementos probatórios apresentados pelo contribuinte que permitem a identificação da efetiva base de cálculo das contribuições previdenciárias.

TRIBUTÁRIO. CONTRIBUIÇÃO PREVIDENCIÁRIA. AFERIÇÃO INDIRETA. DOCUMENTAÇÃO CONTÁBIL REGULAR. DESCABIMENTO. PRECEDENTES. 1. [...] 2. Na hipótese, contudo, o laudo pericial produzido nestes autos infirma o arbitramento realizado pela autoridade fiscal, já que "constatou que a escrita contábil da empresa, em sua grande parte, merecia fé e não deveria ter sido repudiada". Precedentes desta Corte. 3. "[...] 1. Não cabe aferição indireta (arbitramento) do débito nas hipóteses em que o contribuinte apresenta elementos suficientes para apuração do valor real da base de cálculo da contribuição previdenciária. Precedentes desta Corte e do STJ. 2. A embargante carreou aos autos documentação suficiente para viabilizar uma perfeita apuração da regularidade fiscal da empresa autuada, não tendo o INSS à época, em momento algum nos autos administrativos, sinalizado a insuficiência de documentos apresentados. 3. A aferição indireta com base unicamente em suposta irregularidade nos lançamentos contábeis foi determinada de forma arbitrária pelo fiscal sem qualquer base nos fatos, consoante registrado no laudo da perícia judicial juntada ao presente feito. 4. Não se amoldando o procedimento adotado pela autoridade fazendária, para a apuração do débito, aos ditames da lei, correta a sentença ao desconstituir o lançamento tributário, posto que eivado de nulidade insanável. 5. Apelação e remessa oficial, tida por interposta, desprovidas. (AC 2004.30.00.001798-8/AC, rel. JUIZ FEDERAL CLODOMIR SEBASTIÃO REIS (CONV.), 07/06/2013 e-DJF1 P. 1239). 4. Apelação e remessa oficial não providas. (TRF da 1ª Região, AC nº 0001796-43.2004.4.01.3000/AC, Rel. Des. Federal Reynaldo Fonseca, Sétima Turma, DJ 05.09.2014)

AÇÃO ORDINÁRIA. CONTRIBUIÇÕES PREVIDENCIÁRIAS. AFERIÇÃO INDIRETA. ARTIGO 33 DA LEI N. 8.212/91. INSCRIÇÃO NO CADIN.

1. Nos procedimentos fiscalizatórios, em regra, a fiscalização deve se ater à escrita contábil e demais documentos apresentados pela empresa fiscalizada. A exceção, todavia, dá-se quando há sonegação ou recusa de apresentação da escrita contábil e/ou os documentos pertinentes, bem com quando houver desconsideração do material por erro ou irregularidade insanável. Nessa situação, pode o Fisco proceder a uma aferição indireta, arbitrando o valor devido.

2. A Autarquia procedeu à aferição indireta, desconsiderando a escrita contábil regular e os documentos apresentados pela empresa alegando que os fatos que geraram o lançamento foram motivados pela própria Autora. Contudo, não merecem prosperar as alegações, uma vez que não se verificam falhas passíveis de tornar imprestável a escrita contábil e os documentos apresentados à finalidade a que se destina, a justificar a aferição indireta procedida, já que a aferição indireta é a *ultima ratio* e somente deve ser aceita naqueles casos nos quais não resta outra alternativa, diante de irregularidades e omissões nos documentos apresentados, o que não foi, de forma alguma, comprovado pelo INSS no presente caso.

3. Diante da ilegalidade e anulação do procedimento administrativo que gerou o crédito suplementar atacado, não há falar em inscrição no Cadastro de Informações dos Órgãos Federais (CADIN). (TRF da 4ª Região, AC nº 2003.04.01.001054-4/RS, Rel. Des. Federal Maria Lúcia Luz Leiria, Primeira Turma, DJ 08.09.2004)

Também se identifiquem precedentes que invalidam a aferição indireta de contribuições previdenciárias vinculadas a obra de construção civil, quando a Fiscalização não segue os requisitos previstos pela regulamentação para aferição da Remuneração da Mão de obra Total (RMT), em face do tipo específico de construção fiscalizada.

EMBARGOS À EXECUÇÃO. CONTRIBUIÇÃO PREVIDENCIÁRIA. CONSTRUÇÃO CIVIL. AFERIÇÃO INDIRETA. I.- O método da aferição indireta para apuração de contribuições previdenciárias devidas em decorrência da execução de obra de construção civil tem natureza excepcional, só admissível nos casos e na forma previstos em lei.
2.- Em sendo o caso de aferição indireta, para empresas empreiteiras, esta deverá ser feita tomando-se em conta o tipo, porte e metragem quadrada da construção, multiplicada pelo custo unitário da construção civil, segundo a tabela vigente ao tempo dos fatos. 3.- Tratando-se de obra realizada, pela empreiteira, sem qualquer indica-

tivo de subempreitada, indevido o cálculo da contribuição segundo critérios próprios para empresa subempreiteira sem escrituração contábil. 4.- Remessa oficial improvida. (TRF4, REO 93.04.03219-9, Primeira Turma, Relator João Pedro Gebran Neto, DJ 25/08/1999)

Dessa forma, conclui-se que a apuração indireta do valor das contribuições previdenciárias é providência excepcional que representa ruptura nos procedimentos rotineiros para a aferição do montante da obrigação tributária, justificada pela existência de irregularidades insanáveis na documentação contábil apresentada pelo contribuinte.

13.4. Considerações finais

Os procedimentos fiscalizatórios, de regra, devem se ater à escrita contábil e demais documentos apresentados pela empresa. Não obstante, a lei atribui ao Fisco a prerrogativa de apurar, por aferição indireta, as contribuições efetivamente devidas, se, no exame da escrituração contábil e de qualquer outro documento da empresa, constatar que a contabilidade não registra o movimento real de remuneração dos segurados a seu serviço, ou houver sonegação ou recusa de apresentação de documentos, ou, ainda, a desconsideração do material por erro ou irregularidade insanável.

Na legislação previdenciária o arbitramento da base de cálculo das contribuições sociais está previsto, com o nome de aferição indireta, nos §§ 3º e 6º do artigo 33 da Lei nº 8.212/91.

Saliente-se que o próprio CTN, em seu artigo 148, prevê a prerrogativa do agente fiscal de arbitrar, mediante processo regular de aferição indireta, o valor ou preço de bens, direitos, serviços e atos jurídicos, sempre que estes sejam tomados por base para o cálculo do tributo, e sejam omissas, ou não mereçam fé, as declarações ou esclarecimentos prestados ou documentos expedidos pelo sujeito passivo ou pelo terceiro legalmente obrigado.

O Fisco deve evitar desconsiderar a escrita contábil por meros erros que não o prejudiquem em seu conjunto, procurando sempre elementos adicionais que possam evidenciar a base de cálculo do tributo. Até porque, se mostra despiciendo destacar que é prerrogativa da Autoridade Fiscal constituir o crédito tributário pelo lançamento, motivo pelo qual constitui ônus do Fisco proceder ao lançamento tributário com base vinculação integral do seu agente público aos termos da lei. Essa é a inteligência do disposto no artigo 142 do CTN.

Por outro lado, cumpre destacar que, a especificidade da técnica do arbitramento, tem sido sistematicamente exaltada, diante da constatação de que, lamentavelmente, referido procedimento, por vezes, é utilizado pelo Fisco de forma arbitrária e abusiva.

E com base na linha doutrinária e jurisprudencial majoritária sobre o tema, demonstrou-se que é direito de o contribuinte contraditar (ampla defesa e devido processo legal) as conclusões apresentadas pelo Fisco, via perícia técnico-contábil (artigo 18 do Decreto nº 70.235/72; artigo 5º, LV, da CF/88; e Lei nº 9.784/99), haja vista que, de fato, a aferição indireta ou o arbitramento, fundadas em presunções, indícios e estimativas, são medidas de força só excepcionalmente adotáveis, quando restar impossível ou de árdua dificuldade aferir o real estado fisco-empresarial da sociedade, ante o estado imprestável de sua escrita contábil.

14. Da ilegal utilização da ação regressiva previdenciária como uma nova fonte de custeio[1]

Em coautoria com
Raphael Silva Rodrigues

14.1. Considerações iniciais: da previsão legal da ação de indenização regressiva e os seus pressupostos autorizativos

Nos últimos tempos, tem-se observado o aumento de ações ajuizadas pelo Instituto Nacional do Seguro Social – INSS – visando ao ressarcimento das despesas relativas aos benefícios previdenciários concedidos aos segurados (aposentadoria por invalidez, auxílio-doença, auxílio-acidente ou pensão por morte), decorrentes da suposta negligência das empresas em cumprir as normas de segurança e higiene no ambiente do trabalho.

Tal pretensão se baseia na alegação de que os eventos que deram ensejo ao pagamento de benefícios decorreram da negligência do empregador na observância das normas e padrão de segurança e higiene do trabalho, conforme dispõe o art. 7º, XXII, da Constituição Federal de 1988 (CF/88) e, especificamente, os arts. 120 e 121 da Lei nº 8.213/91. Citem-se os dispositivos legais que autorizam a propositura de ação regressiva:

> Art. 7º São direitos dos trabalhadores urbanos e rurais, além de outros que visem à melhoria de sua condição social:
> [...]

---

[1] Publicado originalmente na *Revista Fórum de Direito Tributário – RFDT*, Belo Horizonte, ano 8, n. 48.

XXVIII – seguro contra acidentes de trabalho, a cargo do empregador, sem excluir a indenização a que este está obrigado, quando incorrer em dolo ou culpa;

Art. 120. Nos casos de negligência quanto às normas-padrão de segurança e higiene do trabalho indicados para a proteção individual e coletiva, a Previdência Social proporá ação regressiva contra os responsáveis.

Art. 121. O pagamento, pela Previdência Social, das prestações por acidente de trabalho não exclui a responsabilidade civil da empresa ou de outrem.

Juntamente ao incremento dessa prática, tem-se notado que várias dessas ações têm sido ajuizadas com base numa interpretação dos pressupostos e alcances da previsão legal desta espécie de ação regressiva que não nos parece juridicamente correta.

Efetivamente, a jurisprudência dos Tribunais reconhece a constitucionalidade da ação regressiva. Contudo, vincula o direito de ação à demonstração da presença no caso concreto dos pressupostos legais para o direito de regresso, decorrente da comprovada negligência do empregador no atendimento aas regras referentes à segurança e medicina do trabalho, a qual teria provocado ou contribuído para a ocorrência do infortúnio laboral. É nesse sentido o julgado abaixo colacionado:

> PREVIDENCIÁRIO E CIVIL. RESPONSABILIDADE CIVIL. ACIDENTE DE TRABALHO. AÇÃO REGRESSIVA AJUIZADA PELO INSS CONTRA O EMPREGADOR.
>
> 1. É constitucional a previsão de ressarcimento do INSS a que se refere o art. 120 da Lei 8.213/91.
>
> 2. O INSS é parte legítima para ajuizar ação contra o empregador que não observou as normas de segurança do trabalho, a fim de reaver as despesas decorrentes da concessão de benefício previdenciário aos filhos de empregado que se acidentou em serviço (art. 120 da Lei 8.213/91). Precedente desta Corte.
>
> 3. A empresa cujo empregado morreu em acidente de trabalho é parte legítima passiva em ação de regresso proposta pelo INSS. Precedente do STJ.
>
> 4. Como as provas juntadas aos autos comprovam que a Apelante agiu com culpa e nem ela mesma, em sua apelação, nega que tenha sido negligente, é de se entender que deva ressarcir o INSS pelo que a autarquia teve que pagar a título de pensão por morte aos filhos do empregado da empresa que se acidentou em serviço.
>
> 5. Nega-se provimento à apelação. (TRF da 1ª Região, AC nº 1999.38.00.021910-0, Rel. Desembargadora Maria Isabel Gallotti Rodrigues, Sexta Turma, DJ 17.10.2005)

A ação regressiva possui pressupostos de ajuizamento bem definidos pela legislação, os quais estão diretamente ligados ao seu dúplice objetivo: a) ressarcimento aos cofres públicos dos valores despendidos com benefícios previdenciários decorrentes do descumprimento das normas laborais pelo empregador; b) indução dos empregadores ao cumprimento das normas de medicina e segurança do trabalho.

A respeito, Sérgio Luís R. Marques ensina:

> A ação de regresso que o INSS começará a propor visa, não só, reaver do responsável pelo infortúnio do trabalho o que efetivamente se despendeu, mas objetiva, precipuamente, forçar as empresas a tomar as medidas profiláticas de higiene e segurança do trabalho. A fim de que a médio e curto espaço de tempo o número de acidentes de trabalho diminua. Aliás, tal meta é de interesse não só do acidentado, como de toda a sociedade, que vê estirpado de seu âmago indivíduo, muitas vezes, no limiar de sua capacidade produtiva, com prejuízos para todos. (in ação regressiva e o INSS. RPS 187/478)

Acerca do caráter indenizatório da ação regressiva, lecionam Carlos Alberto Pereira e João Batista Lazzari:

> O caráter da ação é indenizatório, visando estabelecer a situação existente antes do dano – restitutio in integrum – ou impor condenação equivalente, diferentemente da concessão do benefício previdenciário, em que se visa à compensação mediante a prestação previdenciária. Manual de Direito Previdenciário, 3.ª edição, São Paulo: LTr, p. 435)

A própria Lei nº 8.213/91 confirma a vinculação do direito de regresso a um fato típico (descumprimento de normas de medicina e segurança do trabalho), inclusive tipificando a atitude negligente do empregador em contravenção penal:

> Art. 19. Acidente do trabalho é o que ocorre pelo exercício do trabalho a serviço da empresa ou pelo exercício do trabalho dos segurados referidos no inciso VII do art. 11 desta Lei, provocando lesão corporal ou perturbação funcional que cause a morte ou a perda ou redução, permanente ou temporária, da capacidade para o trabalho.
> § 1º A empresa é responsável pela adoção e uso das medidas coletivas e individuais de proteção e segurança da saúde do trabalhador.
> § 2º Constitui contravenção penal, punível com multa, deixar a empresa de cumprir as normas de segurança e higiene do trabalho.

Assim, a ação regressiva previdenciária é instrumento processual que visa à devolução aos cofres públicos da verba que foi despendida com o pagamento de benefícios previdenciários aos trabalhadores pelo fato das empresas não respeitarem as normas de segurança e saúde do trabalho.

Antes de qualquer coisa, ressalta-se que não está a defender neste artigo a inconstitucionalidade e/ou ilegalidade da medida processual em comento, mas sim o de contribuir para o estabelecimento de jurisprudência que consolide os seus pressupostos e abrangência, contribuindo tanto para o estímulo ao respeito das regras trabalhistas, quanto para a segurança jurídica dos empregadores com relação às possíveis consequências da forma como organizam as suas atividades.

14.2. Da prescrição do direito de pleitear a restituição dos créditos exigidos pelo INSS em sede de ação regressiva

Considerando-se a natureza dos créditos pleiteados pelo INSS em sede da ação regressiva de indenização, cumpre relembrar que a prescrição desse tipo de demanda não tinha prazo específico no Código Civil de 1916, sendo aplicável à época o prazo previsto no seu art. 177, *caput*, senão veja-se:

> Art. 177. As ações pessoais prescrevem, ordinariamente, em 20 (vinte) anos, as reais em 10 (dez), entre presentes, e entre ausentes, em 15 (quinze), contados da data em que poderiam ter sido propostas.

Com o advento do novo Código Civil (CC/02), houve estipulação de prazo prescricional para a ação de indenização, determinando o art. 206, § 3º, V:

> Art. 206. Prescreve:
> [...]
> § 3º Em três anos:
> [...]
> V – a pretensão de reparação civil;

Com base no teor dos dispositivos legais acima transcritos, é de se concluir que o novo Código Civil reduziu o prazo de 20 para 03 anos, sem, contudo, afastar as regras de transição contidas no CC/02. Assim determina o art. 2.028 do CC/02:

> Art. 2.028. Serão os da lei anterior os prazos, quando reduzidos por este Código, e se, na data de sua entrada em vigor, já houver transcorrido mais da metade do tempo estabelecido na lei revogada.

Desta forma, levando-se em consideração a regra de transição, se no dia 11.01.2003 (data da entrada em vigor do CC/02) já tiver decorrido mais de dez anos do fato, continua a ser aplicado o art. 177 do CC/16; se não, aplica-se o prazo do art. 206, § 3º, V, do CC/02. Ou seja, se na data da entrada em vigor do CC/02 (11.01.2003) tiver transcorrido mais da metade do prazo prescricional estabelecido na legislação vigente à época da concessão dos auxílios previdenciários, há que se aplicar o prazo previsto no art. 177 do CC/16. Caso contrário, deve ser aplicado o prazo previsto no inciso V do § 3º do art. 206 do CC/02 (03 anos), conforme dispõe o art. 2.028 do novo Código Civil.

Nessa seara, vigora o princípio da *actio nata*, onde deve ser considerada a premissa de que o prazo prescricional só começa a correr quando o titular do direito violado toma conhecimento do fato e da extensão de suas consequências. Nesse sentido, o art. 189 do CC/02 dispõe que "violado o direito, nasce para o titular a pretensão, a qual se extingue, pela prescrição, nos prazos a que aludem os arts. 205 e 206".

Na prevalência do referido princípio, o prazo prescricional da pretensão do INSS tem início com a lesão do direito subjetivo, consistente no pagamento de benefício previdenciário vinculado a evento decorrente da negligência com relação ao cumprimento de normas vigentes por parte do empregador. O conhecimento do referido dano se dá pela perícia do INSS ou pelo afastamento do empregado.

Coadunando com tal entendimento, ainda que por analogia, o Superior Tribunal de Justiça já se posicionou nesse sentido:

ADMINISTRATIVO – RESPONSABILIDADE CIVIL DO ESTADO – AÇÃO DE INDENIZAÇÃO – PRAZO PRESCRICIONAL – TERMO INICIAL – PRINCÍPIO DA *ACTIO NATA* – DATA DA VIOLAÇÃO DO DIREITO – INTERRUPÇÃO – AJUIZAMENTO DE DEMANDA – PRECEDENTES.
1. A orientação jurisprudencial do Superior Tribunal de Justiça é no sentido de que o termo inicial do prazo prescricional para a propositura de ação de indenização, pelo princípio da *actio nata*, ocorre com a violação do direito, segundo o art. 189 do novo Código Civil.
2. Se houver pendência de ação judicial, nos termos do art. 202, I, do novo Código Civil e do art. 219 do CPC, aplicável ao mandado de segurança, a contagem do prazo prescricional fica interrompida.
Agravo regimental improvido. (STJ, AgRg no REsp nº 1.060.334/RS, Rel. Ministro Humberto Martins, Segunda Turma, DJ 23.04.2009)

Por se tratar de pedido de indenização afeto à matéria decorrente da relação de trabalho, destaca-se que não é diferente o posicionamento que tem sido sustentado pela jurisprudência trabalhista, senão veja-se:

DANO MORAL – PRESCRIÇÃO – *ACTIO NATA*. A fluência do prazo prescricional se dá no momento em que a parte tem ciência do dano o que, no presente caso, ocorreu no início de 2004, segundo o depoimento pessoal do reclamante, porquanto foi nesta data que ele notou a presença dos sintomas da doença profissional que o acometeu, significando dizer que a patologia já existia, desde então. É a *actio nata*, data em que seu direito se tornou exigível, pelo conhecimento que teve de que a sua saúde já estava comprometida. Não é razoável que a inércia do trabalhador lhe favoreça, devendo-se aplicar os preceitos do artigo 189 do Código Civil, ou seja, se ele já tinha meios de averiguar a existência, ou não, da doença não poderia ter esperado tanto tempo para pretender a reparação por prejuízos morais e materiais. Isto, porque, nos termos do artigo mencionado acima, "violado o direito, nasce para o titular a pretensão, a qual se extingue, pela prescrição, nos prazos a que aludem os arts. 205 e 206". (TRT 3ª Região, RO nº 00194-2008-090-03-00-8, Rel. Desembargador Bolívar Viégas Peixoto, Terceira Turma, DJ 25.05.2009)

ACIDENTE DE TRABALHO – REPARAÇÃO – PRESCRIÇÃO – Pedido de indenização decorrente de acidente de trabalho ocorrido sob a égide do artigo 177 do antigo

Código Civil, sem possibilidade de aplicação da norma revogada, a teor da regra de transição inscrita no artigo 2.028 do CCB vigente – não transcorridos mais de dez anos do suposto evento danoso –, observa a nova prescrição de três anos, contada de sua implementação, em 12.01.2003. Assim, ainda que inaplicável a prescrição definida pelo art. 7º, XXIX, da Constituição Federal, é inatendível pretensão indenizatória aforada após o transcurso da nova prescrição de três anos referida no art. 206, § 3º, inciso V, do Código Civil de 2002, prazo específico previsto legalmente para a hipótese. (TRT 3ª Região, RO nº 01052-2008-094-03-00-3, Rel. Desembargadora Emília Facchini, Nona Turma, DJ 30.09.2009)

Nesse contexto, não é correto posicionamento que tem sido defendido pelo INSS em diversos processos, no sentido de que o prazo prescricional se iniciaria de eventos relacionados à reclamatória trabalhista proposta pelo segurado, como perícia efetuada nos autos ou sentença. O direito de ação da Autarquia não pode estar vinculado a ato que poder ser implementado ou não por terceiro, sendo que o seu direito é totalmente autônomo ao do empregado, não estando vinculado a qualquer reconhecimento em processo trabalhista.

Portanto, após a vigência do Código Civil de 2002, o instituto da prescrição do direito do INSS pleitear a restituição dos créditos relativos aos benefícios previdenciários concedidos aos segurados, tem o seu escopo nos termos do art. 206, § 3º, V, do CC/02.

14.3. Pressupostos ao dever de indenizar

A ação regressiva deverá estar fundamentada em prova real da negligência ou desrespeito da empresa às normas de segurança do trabalho e ao nexo entre o fato identificado e o evento acidentário. Como se trata de análise de um contexto jurídico (normas de segurança de trabalho) e fático (comprovação cumprimento ou não dessas normas) e de nexo (relação entre o evento e o suposto descumprimento) é esperável a existência de controvérsias sobre a legalidade de cobranças entre as entidades patronais e o INSS.

Nos termos dos arts. 186 e 927 do CC/02, a obrigação de reparar o dano pressupõe a sua ocorrência, o dolo ou culpa e o nexo de causalidade (ato ilícito). Por se tratar de reparação civil de natureza subjetiva, todos os requisitos se revelam indispensáveis para que se configure o dever de indenizar, como se verá a seguir.

Dispõem os dispositivos do CC/02 acima citados:

Art. 186. Aquele que, por ação ou omissão voluntária, negligência ou imprudência, violar direito e causar dano a outrem, ainda que exclusivamente moral, comete ato ilícito.

> Art. 927. Aquele que, por ato ilícito (arts. 186 e 187), causar dano a outrem, fica obrigado a repará-lo.

A conduta pressupõe uma ação ou omissão voluntária, contrária ao direito. A exteriorização da conduta humana (elemento objetivo), quando revestida de dolo ou culpa (elemento subjetivo), enseja o dever de indenizar. Já o dano pressupõe a comprovação de um efetivo prejuízo, de ordem patrimonial ou moral, causado à vítima e decorrente da conduta ilícita praticada pelo agente. A relação entre os dois primeiros requisitos é se compreende por nexo causal.

Caio Mário da Silva Pereira disserta acerca do conceito e dos requisitos essenciais da responsabilidade civil:

> Em princípio, a responsabilidade civil pode ser definida como fez o nosso legislador de 1916: a obrigação de reparar o dano imposta a todo aquele que, por ação ou omissão voluntária, negligência ou imprudência, violar direito ou causar prejuízo a outrem (Código Civil, art. 159). Deste conceito extraem-se os requisitos essenciais: a) em primeiro lugar, a verificação de uma conduta antijurídica, que abrange comportamento contrário a direito, por comissão ou por omissão, sem necessidade de indagar se houve ou não o propósito de malfazer; b) em segundo lugar, a existência do dano, tomada a expressão no sentido de lesão a um bem jurídico, seja este de ordem material ou imaterial, de natureza patrimonial ou não-patrimonial; c) e em terceiro lugar, o estabelecimento de um nexo de causalidade entre uma e outra, de forma a precisar-se que o dano decorre da conduta antijurídica, ou, em termos negativos, que sem a verificação do comportamento contrário ao direito não teria havido o atentado ao bem jurídico. (Instituições de Direito Civil, v. 1, Rio de Janeiro: Forense, 1991, p. 457)

Ao ajuizar uma ação regressiva de indenização, o INSS tem argumentado perante o Judiciário que os supostos danos sofridos pelos segurados decorrem da completa inobservância das empresas as normas de segurança e higiene do ambiente de trabalho, motivo pelo qual as concessões dos benefícios previdenciários se concretizam em razão de atos ilícitos praticados pelas empresas. Todavia, o simples afastamento e a consequente aposentadoria por invalidez dos segurados, por si só, não indicam e muito menos comprovam a negligência por parte das empresas. É plenamente factível que, mesmo as empresas tendo tomado todas as medidas de controle e prevenção a acidentes de trabalho exigidos pela legislação de regência, ocorram eventos acidentários. O risco é inerente a toda atividade econômica, inclusive por isso as empresas recolhem a contribuição ao RAT, sendo que as normas de segurança e medicina do trabalho visam na verdade direcionar as atividades de forma a minorar esse risco, não tendo a pretensão de afastá-lo totalmente.

A obrigação das empresas de manter sistemas de controle e orientação objetivando impedir a ocorrência de acidentes do trabalho, tais como a Comissão Interna de Prevenção de Acidentes – CIPA –,

Programa de Prevenção de Riscos Ambientais – PPRA –, Programa de Controle Médico de Saúde Ocupacional – PCMSO – e a adoção de Equipamentos de Proteção Individual – EPIs –, têm exatamente o condão de provar o atendimento das obrigações impostas pelas normas de segurança e saúde do trabalho. Citem-se, a título exemplificativo, as Normas Regulamentadoras (NRs) n°s 01 e 09 do Ministério do Trabalho e Emprego:

> 1.7 Cabe ao empregador:
> a) cumprir e fazer cumprir as disposições legais e regulamentares sobre segurança e medicina do trabalho;
> b) elaborar ordens de serviço sobre segurança e saúde no trabalho, dando ciência aos empregados por comunicados, cartazes ou meios eletrônicos;
> c) informar aos trabalhadores:
> I. os riscos profissionais que possam originar-se nos locais de trabalho;
> II. os meios para prevenir e limitar tais riscos e as medidas adotadas pela empresa;
> III. os resultados dos exames médicos e de exames complementares de diagnóstico aos quais os próprios trabalhadores forem submetidos;
> IV. os resultados das avaliações ambientais realizadas nos locais de trabalho.
> d) permitir que representantes dos trabalhadores acompanhem a fiscalização dos preceitos legais e regulamentares sobre segurança e medicina do trabalho.
> 9.1.1 Esta Norma Regulamentadora – NR estabelece a obrigatoriedade da elaboração e implementação, por parte de todos os empregadores e instituições que admitam trabalhadores como empregados, do Programa de Prevenção de Riscos Ambientais – PPRA, visando à preservação da saúde e da integridade dos trabalhadores, através da antecipação, reconhecimento, avaliação e conseqüente controle da ocorrência de riscos ambientais existentes ou que venham a existir no ambiente de trabalho, tendo em consideração a proteção do meio ambiente e dos recursos naturais.
> (...)
> 9.3.1 O Programa de Prevenção de Riscos Ambientais deverá incluir as seguintes etapas:
> a) antecipação e reconhecimentos dos riscos;
> b) estabelecimento de prioridades e metas de avaliação e controle;
> c) avaliação dos riscos e da exposição dos trabalhadores;
> d) implantação de medidas de controle e avaliação de sua eficácia;
> e) monitoramento da exposição aos riscos;
> f) registro e divulgação dos dados.
> (...)
> 9.3.2 A antecipação deverá envolver a análise de projetos de novas instalações, métodos ou processos de trabalho, ou de modificação dos já existentes, visando a identificar os riscos potenciais e introduzir medidas de proteção para sua redução ou eliminação.
> 9.3.3 O reconhecimento dos riscos ambientais deverá conter os seguintes itens, quando aplicáveis:
> a) a sua identificação;

b) a determinação e localização das possíveis fontes geradoras;

c) a identificação das possíveis trajetórias e dos meios de propagação dos agentes no ambiente de trabalho;

d) a identificação das funções e determinação do número de trabalhadores expostos;

e) a caracterização das atividades e do tipo da exposição;

f) a obtenção de dados existentes na empresa, indicativos de possível comprometimento da saúde decorrente do trabalho;

g) os possíveis danos à saúde relacionados aos riscos identificados, disponíveis na literatura técnica;

h) a descrição das medidas de controle já existentes.

(...)

9.5.2 Os empregadores deverão informar os trabalhadores de maneira apropriada e suficiente sobre os riscos ambientais que possam originar-se nos locais de trabalho e sobre os meios disponíveis para prevenir ou limitar tais riscos e para proteger-se dos mesmos.

Para que se possa validamente imputar a responsabilidade às empresas, é fundamental a existência da comprovação de que a negligência no cumprimento das normas pelo empregador tenha causado ou contribuído fortemente para o evento acidentário e, consequentemente, ao dano suportado pelo INSS (pagamento de benefícios previdenciários). Assim, a caracterização do nexo causal exige que o resultado danoso guarde relação direta com o ato praticado pelo agente, tratando-se, na verdade, de uma relação de causa e efeito.

E para a ocorrência do pressuposto da ação de regresso previdenciária, tem que existir uma determinada norma reguladora de conduta da empresa, referente à medicina e segurança do trabalho, vigente no período em que se deu o evento previdenciário, que inequivocamente tenha sido descumprida pelo empregador. Sendo que, além disso, deve ser aferível que o descumprimento causou ou contribuiu massivamente para a ocorrência do evento.

A falta da existência que regule a atividade ou situação laboral vinculada ao evento acidentário ou a prova do seu descumprimento esvaziam o direito do INSS ao regresso.

Efetivamente, o risco é inerente a qualquer atividade laborativa, pois o que a Constituição Federal de 1988 e a Lei nº 8.213/91 exigem das empresas é a realização de condutas que visem minimizar as variáveis previsíveis tendentes a lesar o trabalhador dentro do ambiente laboral, conforme vem reconhecendo a jurisprudência ao analisar o cabimento do regresso pleiteado judicialmente. Cite-se:

DIREITO PREVIDENCIÁRIO. ACIDENTE DE TRABALHO. VERBAS SECURITÁRIAS. ART. 120 DA LEI 8.213/91. CONSTITUCIONALIDADE, EM TESE. CULPA DO EM-

PREGADOR. DESCARACTERIZAÇÃO. OBRIGAÇÃO DE RESSARCIMENTO AO INSS. AFASTAMENTO, NO CASO.
1. (...)
2. Dispõe o art. 120 da Lei n. 8.213/91 que, "nos casos de negligência quanto às normas padrão de segurança e higiene do trabalho indicados para a proteção individual e coletiva, a Previdência Social proporá ação regressiva contra os responsáveis". Esse o dispositivo que os primeiros apelantes alegam ser inconstitucional.
3. A Constituição prevê, de fato, "seguro contra acidentes do trabalho, a cargo do empregador, sem excluir indenização a que este está obrigado, quando incorrer em dolo ou culpa" (art. 7º, XXVIII). Não está aí prevista ação regressiva com objetivo de ressarcimento à entidade securitária pelo que houver desembolsado em razão de acidente do trabalho ocorrido por culpa do empregador, mas não há impedimento a que tal ressarcimento seja instituído por lei. É o chamado "espaço de conformação" que se reserva à legislação ordinária (Cf., em situação semelhante, acórdão da Corte Especial no Incidente de Inconstitucionalidade n. 2000.38.00.034572-0/MG).
4. Por mais que o responsável por obra de construção civil tome medidas preventivas contra acidentes, permanecerá sempre uma margem de risco que só pode ser prevenida pela diligência e cautela de cada empregado. O cuidado que o infeliz vítima não teve (colocando a cabeça para dentro do poço do elevador) é semelhante ao que se recomenda a uma pessoa ao atravessar a rua.
5. O principal fator (causa imediata) do acidente foi, pois, a falta de cuidado do operário. Poder-se-ia entender que a vítima apenas contribuiu para o acidente, caso em que haveria responsabilidade parcial do empregador, mas não é razoavelmente previsível que um operário vá colocar a cabeça para dentro do poço do elevador da obra sem certificar-se de sua aproximação.
6. Fossem as empresas construtoras responsabilizadas em todas as semelhantes situações, tornar-se-ia economicamente desinteressante a atividade ou os custos, repassados para o produto, elevariam desmedidamente os preços para os consumidores.
7. É para cobrir essa álea natural da atividade que se instituiu o seguro contra acidente do trabalho. Entendeu o MM. Juiz que "somente a ausência total de negligência por parte das rés (caso fortuito, força maior ou culpa exclusiva da vítima) é que as isentaria da responsabilidade". Mas tal assertiva é típica da responsabilidade objetiva, que não é o caso.
8. Provimento à apelação dos réus; prejudicada a apelação do autor; invertidos os ônus da sucumbência. (TRF da 1ª Região, AC nº 2004.01.00.000393-3, Rel. Desembargador Federal João Batista Moreira, Quinta Turma, DJ 26.02.2010)

A inerência do risco da atividade laboral, mesmo com o cumprimento de todas as normas regulatórias, justifica a cobrança da Contribuição sobre os Riscos Ambientais do Trabalho (RAT), cuja definição da alíquota devida por cada empresa, e que varia de 1% a 3%, é vinculado ao grau de risco preponderante da sua atividade (leve, médio ou grave). Além disso, a recente entrada em vigor do Fator Acidentário Previdenciário (FAP) trabalha para a individualização do grau de risco potencial de cada empresa, inclusive com possibilidade de majoração em até cem por cento da alíquota do RAT.

Já havendo uma específica fonte de arrecadação para o custeio do pagamento dos custos previdenciários decorrentes da acidentalidade inerente à atividade produtiva, é despropositada a tentativa de se utilizar a ação regressiva previdenciária como pura e simples nova fonte de custeio através da deturpação ou ilegal extensão do seu âmbito de aplicação.

14.4. Ônus da prova em sede da ação regressiva

Ao contrário do que tem sido pleiteado pelo INSS quando do ajuizamento da ação regressiva de indenização, denota-se a sua nítida intenção de transferir a responsabilidade do ônus probatório que lhe cabe a terceiros, impondo ao empregador é irrazoável exercício da prova negativa.

Tem-se verificado o ajuizamento de ações com base pura e simples em condenações trabalhistas prolatadas em processos nos quais não se discutiu ou comprovou a existência do descumprimento de norma de medicina do trabalho, e decorrentes apenas da comprovação da existência de nexo entre o trabalho e o evento acidentário. Nessas demandas, não existe um conjunto probatório mínimo por parte do INSS no que se refere à alegada negligência do empregador.

Segundo dispõe o art. 333, I, do CPC, "o ônus da prova incumbe ao autor quanto ao fato constitutivo do seu direito", sendo que tão somente quando comprovados os elementos da responsabilidade civil subjetiva, fundada na teoria da culpa, quais sejam: culpa, dano e nexo causal, conforme estabelecido pelo no art. 186 do CC/02, é que surge o dever de indenizar no mundo jurídico.

Tendo em vista que a responsabilização autorizadora do direito de regresso não é objetiva, mas deriva da culpa dos responsáveis pelo evento danoso, compete ao INSS demonstrar e provar que a entidade patronal não observou as normas padrão para a segurança individual e coletiva de seus funcionários. Tem-se, pois, que ficar devidamente comprovado que as normas técnicas, os cuidados exigidos pelo serviço não foram observados e também que não houve orientação aos seus empregados para evitarem acidentes decorrentes da atividade laborativa.

Ora, para se verificar a culpa das empresas no caso em análise não basta à alegação de que a condenação na esfera trabalhista constitui pressuposto para que também haja sua condenação na esfera cível/previdenciária, pois cabe ao Ministério do Trabalho e/ou ao INSS a obrigação de provar o desatendimento dos arts. 120 e 121 da Lei nº 8.213/91, sob pena de se desvirtuar a finalidade constitucional da ação regressiva.

É nesse sentido a jurisprudência do Tribunal Regional Federal da 1ª Região:

> RESPONSABILIDADE CIVIL SUBJETIVA (CÓDIGO CIVIL, ART. 159). AUSÊNCIA DE PROVA DA RESPONSABILIDADE DA RÉ.
> 1. A responsabilidade civil da empresa ou de outrem, por acidente de trabalho, prevista no artigo 121 da Lei 8.213/91 é subjetiva, ou seja, exige a demonstração de culpa ou dolo (Código Civil, art. 159). Precedente desta Corte.
> 2. Não tendo sido produzida qualquer prova, a não ser documentação narrativa do acidente, é indevida a indenização, uma vez que não foi demonstrada a culpa da ré pela ocorrência do acidente. Precedente desta Corte.
> 3. Apelação a que se nega provimento. (TRF da 1ª Região, AC nº 96.01.41789-3, Rel. Juiz Federal Convocado Leão Aparecido Alves, Terceira Turma Suplementar, DJ 11.03.2002).
>
> INSS – PEDIDO DE INDENIZAÇÃO COM FUNDAMENTO NA LEI Nº 8.213/91 – FALTA DE PROVA – IMPROCEDÊNCIA.
> 1. Se o INSS não demonstra a culpa da empresa por acidente de trabalho, é incabível a indenização com apoio no artigo 121, da Lei nº 8.213/91.
> 2. Apelação e remessa, esta considerada interposta, desprovidas. (TRF da 1ª Região, AC nº 1999.01.00.023525-4, Rel. Juiz Federal Convocado Evandro Reimão dos Reis, Terceira Turma Suplementar, DJ 23.05.2002)

A Instrução Normativa INSS/PRES nº 31/08,[2] ao disciplinar os procedimentos para aplicação do Nexo Técnico Previdenciário entre o agravo à saúde do segurado e o trabalho por ele exercido, necessário para concessão de benefícios por incapacidade laboral, estabelece que a perícia médica do INSS, quando constatar indícios de culpa ou dolo por parte do empregador em relação à causa geradora dos benefícios

---

[2] "Art. 12. A perícia médica do INSS, quando constatar indícios de culpa ou dolo por parte do empregador, em relação aos benefícios por incapacidade concedidos, deverá oficiar à Procuradoria Federal Especializada-INSS, subsidiando-a com evidências e demais meios de prova colhidos, notadamente quanto aos programas de gerenciamento de riscos ocupacionais, para as providências cabíveis, inclusive para ajuizamento de ação regressiva contra os responsáveis, conforme previsto nos arts. 120 e 121 da Lei nº 8.213/91, de modo a possibilitar o ressarcimento à Previdência Social do pagamento de benefícios por morte ou por incapacidade, permanente ou temporária. Parágrafo único. Quando a perícia médica do INSS, no exercício das atribuições que lhe confere a Lei nº 10.876/04, constatar desrespeito às normas de segurança e saúde do trabalhador, fraude ou simulação na emissão de documentos de interesse da Previdência Social, por parte do empregador ou de seus prepostos, deverá produzir relatório circunstanciado da ocorrência e encaminhá-lo, junto com as evidências e demais meios de prova colhidos, à Procuradoria Federal Especializada-INSS para conhecimento e providências pertinentes, inclusive, quando cabíveis, representações ao Ministério."

concedidos por incapacidade, deverá oficiar a Procuradoria Especializada do INSS, com a apresentação de evidências e demais meios de prova colhidos, para que seja ajuizada ação regressiva contra os responsáveis, a fim de possibilitar o ressarcimento à Previdência Social do pagamento de benefícios por morte ou por incapacidade permanente ou temporária.

Portanto, não pode o INSS simplesmente transferir a obrigação de indenizar aos empregadores, que, ao instalarem os equipamentos de segurança devidos e cumprirem as regras trabalhistas, se eximem por completo do dever de reparar dano supostamente resultante da relação laboral dos seus empregados.

14.5. Conclusão

Pelas razões expostas, chega-se às conclusões:

a) a ação regressiva é instrumento processual que visa à devolução aos cofres públicos da verba que o Poder Público despendeu com pagamento de benefícios previdenciários à trabalhadores pelo fato das empresas não respeitarem as normas de segurança e saúde do trabalho;

b) o direito de regresso surge da negligência do empregador, que, ao, não cumprir as normas de prevenção de acidentes do trabalho, acaba criando um ambiente propício ao acontecimento destes acidentes, conforme dispõem os arts. 7º, XXII, da CF/88, 120 e 121 da Lei nº 8.213/91;

c) com a vigência do Código Civil de 2002 (11.01.2003), o instituto da prescrição do direito do INSS pleitear a restituição dos créditos relativos aos benefícios previdenciários concedidos aos segurados, tem o seu fundamento insculpido no art. 206, § 3º, V, do CC/02, sem, contudo, se olvidar das regras de transição contidas no art. 2.028 do CC/02;

d) no campo da responsabilidade civil, o que se tem visto no cotidiano forense é a propositura de ações de regresso sem que o INSS tenha se desincumbido do seu ônus probatório (art. 333, I, do CPC), apenas limitando-se a simplórias alegações de que os empregadores concorrem com culpa, na modalidade de negligência, para os eventos danosos ocorridos com os seus segurados, o que por si só não tem o condão de presumir a responsabilidade daqueles, ainda mais que, como visto, em matéria de indenização, a responsabilidade é subjetiva.

15. A inconstitucional majoração da alíquota do RAT por reenquadramento dos riscos da atividade econômica

Em coautoria com
Tathiana de Souza Pedrosa Duarte

15.1. Introdução

O seguro acidentário previdenciário tem base constitucional no inciso XXVIII do artigo 7º, no inciso I do artigo 195, e no inciso I do artigo 201 da CF/88. Trata-se de garantia concedida ao empregado de seguro contra acidente do trabalho às expensas do empregador, mediante pagamento de um adicional à contribuição sobre a folha de salários e demais rendimentos do trabalho, com administração atribuída à Previdência Social.

Por meio do recolhimento da contribuição previdenciária sobre os Riscos Ambientais do Trabalho (RAT), os empregadores contribuem para o custeio das despesas arcadas pelo sistema de seguridade com as várias formas de assistência prestadas ao segurado ou aos seus familiares, como compensação aos danos causados por acidentes no ambiente de trabalho.

A contribuição ao RAT tem sua base legal no inciso II do artigo 22 da Lei nº 8.212/91, que estabelece as suas alíquotas básicas de 1%, 2% e 3%, conforme o grau de risco acidentário vinculado à atividade preponderante de cada empresa contribuinte, e determina os parâmetros gerais para o enquadramento das empresas no grau de risco da atividade:

Art. 22. A contribuição a cargo da empresa, destinada à Seguridade Social, além do disposto no art. 23, é de:

(...)

II – para o financiamento do benefício previsto nos arts. 57 e 58 da Lei nº 8.213, de 24 de julho de 1991, e daqueles concedidos em razão do grau de incidência de incapacidade laborativa decorrente dos riscos ambientais do trabalho, sobre o total das remunerações pagas ou creditadas, no decorrer do mês, aos segurados empregados e trabalhadores avulsos:

a) 1% (um por cento) para as empresas em cuja atividade preponderante o risco de acidentes do trabalho seja considerado leve;

b) 2% (dois por cento) para as empresas em cuja atividade preponderante esse risco seja considerado médio;

c) 3% (três por cento) para as empresas em cuja atividade preponderante esse risco seja considerado grave.

(...)

§ 3º O Ministério do Trabalho e da Previdência Social poderá alterar, com base nas estatísticas de acidentes do trabalho, apuradas em inspeção, o enquadramento de empresas para efeito da contribuição a que se refere o inciso II deste artigo, a fim de estimular investimentos em prevenção de acidentes.

O § 3º do art. 22 da Lei 8.212/91 outorgou ao Poder Executivo, por meio do Ministério do Trabalho e da Previdência Social, a competência para alterar o enquadramento das empresas para fins de recolhimento da contribuição ao RAT, desde que essa alteração seja efetuada com base nas estatísticas de acidentes do trabalho, apuradas em inspeção.

Ou seja, o Poder Executivo está obrigado a utilizar como critério para o enquadramento, e eventual alteração do grau de risco acidentário leve, médio ou grave, de cada atividade econômica, as estatísticas de acidentes de trabalho.

A Administração Federal, contudo, nos Decretos editados após a publicação da Lei nº 8.212/91, não se desincumbiu da indicação obrigatória dos critérios claros, baseados em estatísticas acidentárias, que fundamentaram o enquadramento e reenquadramento das atividades econômicas nos gr..... risco acidentário. Os decretos apenas apresentaram anexos listando as atividades econômicas e seus respectivos graus de risco, sem, contudo, apresentar quaisquer justificativas técnicas.

Da mesma forma, a Instrução Normativa RFB Nº 971/2009, que atualmente regulamenta a cobrança das contribuições previdenciárias, limita-se a dispor, no seu art. 72, § 1º, sobre a responsabilidade do contribuinte pelo seu correto enquadramento no grau de risco correspondente à sua atividade preponderante (que ocupa o maior número de empregados e trabalhadores avulsos), conforme a relação contida no Anexo V do Decreto n° 3.048/99 (Regulamento da Previdência Social – RPS).[1]

Já o Anexo V do Decreto n° 3.048/99 traz a "Relação de Atividades Preponderantes e Correspondentes Graus de Risco", vinculando a cada atividade econômica classificada em Subclasse do CNAE o correspondente grau de risco leve, médio e alto, mas sem apontar qualquer critério que tenha sido utilizado para esse enquadramento.

A fixação das alíquotas da Contribuição ao RAT, a ser aplicado por cada contribuinte para o cálculo do valor a ser recolhido, por ato infralegal, via vinculação de grau de risco à cada atividade econômica, já foi no passado objeto de controvérsia judicial entre contribuintes e a União Federal.

Esta controvérsia foi dirimida pelo Pleno do Supremo Tribunal Federal, no julgamento do Recurso Extraordinário n° 343.446/SC, quando a Corte decidiu que as Leis n°s 7.787/89 e 8.212/91, ao instituírem

---

[1] Art. 72. As contribuições sociais previdenciárias a cargo da empresa ou do equiparado, observadas as disposições específicas desta Instrução Normativa, são: (...) § 1° A contribuição prevista no inciso II do *caput* será calculada com base no grau de risco da atividade, observadas as seguintes regras: I – o enquadramento nos correspondentes graus de risco é de responsabilidade da empresa, e deve ser feito mensalmente, de acordo com a sua atividade econômica preponderante, conforme a Relação de Atividades Preponderantes e Correspondentes Graus de Risco, elaborada com base na CNAE, prevista no Anexo V do RPS, que foi reproduzida no Anexo I desta Instrução Normativa, obedecendo às seguintes disposições: a) a empresa com 1 (um) estabelecimento e uma única atividade econômica, enquadrar-se-á na respectiva atividade; b) a empresa com estabelecimento único e mais de uma atividade econômica, simulará o enquadramento em cada atividade e prevalecerá, como preponderante, aquela que tem o maior número de segurados empregados e trabalhadores avulsos; c) a empresa com mais de 1 (um) estabelecimento e com mais de 1 (uma) atividade econômica deverá somar o número de segurados alocados na mesma atividade em toda a empresa e considerar preponderante aquela atividade que ocupar o maior número de segurados empregados e trabalhadores avulsos, aplicando o correspondente grau de risco a todos os estabelecimentos da empresa, exceto às obras de construção civil, para as quais será observado o inciso III deste parágrafo; d) os órgãos da Administração Pública Direta, tais como Prefeituras, Câmaras, Assembleias Legislativas, Secretarias e Tribunais, identificados com inscrição no CNPJ, enquadrar-se-ão na respectiva atividade, observado o disposto no § 9°; e e) a empresa de trabalho temporário enquadrar-se-á na atividade com a descrição "7820-5/00 Locação de Mão de Obra Temporária" constante da relação mencionada no caput deste inciso. II – considera-se preponderante a atividade econômica que ocupa, na empresa, o maior número de segurados empregados e trabalhadores avulsos, observado que: a) apurado na empresa ou no órgão do poder público, o mesmo número de segurados empregados e trabalhadores avulsos em atividades econômicas distintas, considerar-se-á como preponderante aquela que corresponder ao maior grau de risco; b) não serão considerados os segurados empregados que prestam serviços em atividades-meio, para a apuração do grau de risco, assim entendidas aquelas que auxiliam ou complementam indistintamente as diversas atividades econômicas da empresa, tais como serviços de administração geral, recepção, faturamento, cobrança, contabilidade, vigilância, dentre outros. III – a obra de construção civil edificada por empresa cujo objeto social não seja construção ou prestação de serviços na área de construção civil será enquadrada no código CNAE e grau de risco próprios da construção civil, e não da atividade econômica desenvolvida pela empresa; os trabalhadores alocados na obra não serão considerados para os fins do inciso I. IV – verificado erro no autoenquadramento, a RFB adotará as medidas necessárias à sua correção e, se for o caso, constituirá o crédito tributário decorrente. (destacou-se)

a contribuição para o Seguro de Acidente do Trabalho – SAT –,[2] não criaram uma nova fonte de custeio para a Seguridade Social, uma vez que a base de cálculo dispostas nas referidas leis se amolda ao conceito de folha de salários previsto no art. 195, I, da Constituição Federal. Além disso, exteriorizou o entendimento de que seria constitucional a definição de "atividade preponderante" e "graus de risco leve, médio e grave" por decreto emanado pelo Poder Executivo, tendo em vista que a efetiva aplicação da lei exige a aferição de dados e elementos que estão fora da esfera de conhecimento do legislador.

E nesse sentido a Lei nº 8.212/91, ao fixar parâmetros e padrões, teria deixado para o Executivo delimitar os conceitos necessários à aplicação concreta da norma. O que, na opinião exteriorizada pelos Ministros do STF,[3] seria razoável, já que inviável a edição de uma nova lei toda vez que fosse necessário reclassificar os graus de risco, razão pela qual a delegação era não somente válida, mas necessária.

Exatamente com base na referida decisão do STF, a Administração Pública Previdenciária se considera competente para alterar a classificação de risco das atividades econômicas, entretanto, sem apresentar qualquer fundamento estatístico ou de outra natureza empírica, para sustentar a majoração da alíquota do RAT. Tal providência tem sido efetuada por alterações do Anexo V do Regulamento da Previdência Social (Decreto nº 3.048/99), o qual determina o grau de risco para cada atividade econômica.

As duas últimas alterações ocorreram em 2007 (Decreto nº 6.042/2007) e 2009 (Decreto nº 6.957/2009), sempre com a justificativa lacônica de que: "O Ministério do Trabalho e da Previdência Social poderá alterar, com base nas estatísticas de acidentes do trabalho, apuradas em inspeção, o enquadramento de empresas para efeito da contribuição".

Entretanto, conforme será demonstrado nesse artigo, as alterações das alíquotas da Contribuição do RAT efetuadas pelos Decretos nos 6.042/2007 e 6.957/2009, extrapolaram o limite constitucional

---

[2] Antiga denominação da Contribuição ao RAT

[3] Cite-se trecho do voto do Ministro Carlos Velloso nos autos do RE nº 343.446/SC: "Finalmente, esclareça-se que as leis em apreço definem (...) satisfatoriamente todos os elementos capazes de fazer nascer uma obrigação válida. O fato de a lei deixar para o regulamento a complementação dos conceitos de 'atividade preponderante' e 'graus de risco leve, médio ou grave', não implica ofensa ao princípio da legalidade tributária. (...) No caso, o § 3º do art. 22 da Lei nº 8.212/91, estabeleceu que o Ministro do trabalho e Previdência Social poderá alterar com base nas estatísticas de acidente do trabalho, apuradas em inspeção, o enquadramento de empresas para efeito de contribuição a que se refere o inciso II deste artigo, a fim de estimular investimentos em prevenção de acidentes. Da leitura conjugada do inciso II, alíneas 'a', 'b', 'c' do art. 22, com o § 3º, do mesmo artigo, vê-se que a norma primária, fixando a alíquota, delegou ao regulamento alterar, com base em estatística, o enquadramento referido nas mencionadas alíneas. A norma primária, pois, fixou padrões e, para sua boa aplicação em concreto, cometeu ao regulamento as atribuições mencionadas".

determinado pelo Supremo Tribunal Federal, para validar a delegação efetuada pela Lei n° 8.212/91, implicando em direta e inconstitucional violação aos princípios constitucionais da legalidade e tipicidade tributárias (artigo 150, I, da Constituição Federal).

15.2. Contribuição sobre o grau de incidência de incapacidade laborativa decorrente dos Riscos Ambientais do Trabalho – RAT

A Contribuição Seguro Acidente do Trabalho – SAT –, cuja nomenclatura original foi alterada para Grau de Incidência de Incapacidade Laborativa decorrente dos Riscos Ambientais do Trabalho – sendo exigido com base GILRAT, mais comumente chamado de Contribuição a RAT, sempre com a base legal de incidência no art. 22, inciso II, da Lei n° 8.212/91.

Trata-se de uma contribuição a cargo do empregador pessoa jurídica, exigido em face do risco advindo das atividades desempenhadas pelas empresas, cuja base de cálculo é a totalidade das remunerações pagas aos segurados empregados e trabalhadores avulsos, destinada ao financiamento da aposentadoria especial e dos benefícios concedidos em decorrência dos riscos ambientais de trabalho.

A contribuição ao RAT tem a sua arrecadação vinculada ao custeio do segundo acidentário previsto no art. 7°, XXVIII, da Constituição Federal de 1988, *verbis*:

> Art. 7º São direitos dos trabalhadores urbanos e rurais, além de outros que visem à melhoria de sua condição social:
> (...)
> XXVIII – seguro contra acidentes de trabalho, a cargo do empregador, sem excluir a indenização a que este está obrigado, quando incorrer em dolo ou culpa;

O RAT, por estar vinculado ao programa assistencial dedicado a enfermos ou acidentados em decorrência do trabalho, englobou o conceito emanado pela Constituição Federal coerente com o princípio da dignidade da pessoa humana e nos valores sociais do trabalho e da livre iniciativa (CF, art. 1°, III e IV).

Sua instituição obedeceu, ainda, ao ditame constitucional do art. 201, inciso I e § 10, *verbis*:

> Art. 201. A previdência social será organizada sob a forma de regime geral, de caráter contributivo e de filiação obrigatória, observados critérios que preservem o equilíbrio financeiro e atuarial, e atenderá, nos termos da lei, a: (Redação dada pela Emenda Constitucional nº 20, de 1998)

I – cobertura dos eventos de doença, invalidez, morte e idade avançada; (Redação dada pela Emenda Constitucional nº 20, de 1998)

(...)

§ 10. Lei disciplinará a cobertura do risco de acidente do trabalho, a ser atendida concorrentemente pelo regime geral de previdência social e pelo setor privado. (Incluído dada pela Emenda Constitucional nº 20, de 1998).

Verifica-se que a contribuição ao RAT se enquadra no figurino legal de tributo, e, em face da sua destinação específica, com natureza de contribuição social e sob este aspecto está submetido às regras do Sistema Constitucional Tributário, principalmente aos princípios da legalidade, isonomia, vedação ao confisco e segurança jurídica.

A alíquota do RAT é determinada pela atividade econômica preponderante de cada contribuinte, determinada pelo respectivo enquadramento na Classificação Nacional de Atividades Econômicas – CNAE –, constante do anexo V do Decreto nº 3.048/99.

O contribuinte deverá considerar como sua atividade preponderante, nos termos da Instrução Normativa nº 971/2009, aquela que ocupa, no estabelecimento, o maior número de segurados empregados e trabalhadores avulsos, observado que na ocorrência de mesmo número de segurados empregados e trabalhadores avulsos em atividades econômicas distintas, será considerada como preponderante aquela que corresponder ao maior grau de risco.

Assim, a alíquota básica do RAT (1%, 2% e 3%) é determinada pelo enquadramento de risco da atividade econômica no anexo V do Decreto nº 3.048/99, as partir do CNAE principal indicado por cada pessoa jurídica.

A alíquota básica do RAT a ser aplicada por cada contribuinte é, ainda, alterada anualmente pela aplicação do Fator Acidentário de Prevenção (FAP), instituído pelo artigo 10 da Lei nº 10.666/03. Trata-se de um sistema que busca aferir o risco de acidentalidade individual de cada contribuinte, via um sistema de índices de gravidade, custo e frequência, a partir do qual se determina um modulador da alíquota básica do RAT, que poderá ser reduzida, em até cinquenta por cento, ou aumentada, em até, cem por cento.

15.3. Reenquadramento do grau de risco efetuado pelo Decreto nº 6.957/09

O Executivo editou o Decreto nº 3.048/99, com a mensuração do risco inerente de cada atividade (anexo V), de acordo com a exposição àqueles que esta impõe e a indicação dos agentes patogênicos laborais (anexos II e IV), que ensejaram a classificação do grau de risco.

O referido decreto discriminou as diversas atividades laborais, levando em consideração a exposição por elas imposta aos diversos fatores nocivos já mencionados, atribuindo o grau de risco laboral delas decorrente, de 1%, 2% ou 3%, sendo que 1% para atividades de grau de risco leve, 2% para atividades de grau médio e 3% para atividades de grau grave, o que leva, consequentemente, à aplicação das alíquotas 1%, 2% ou 3%, respectivamente.

E através do Anexo V do Decreto n° 3.048/99 vinculou as alíquotas do RAT (Risco Ambiental de Trabalho), a cada atividade representada pelo CNAE – Cadastro Nacional de Atividade Econômica.

Segundo a Administração Federal, a modificação dos graus de risco previstos no anexo V do Decreto n° 3.048/99, efetuada em 2007, teria decorrido de estudos técnicos, que teriam levado em conta os dados colhidos em organismo que monitoram o risco laboral, informações do sistema DATAPREV, através dos quais são administrados os mais de 24 milhões de benefícios assistenciais e previdenciários vinculados ao Ministério da Previdência Social, dentre os quais auxílio-acidente, auxílio-doença e aposentadoria por invalidez.

Dessa forma, supostamente o reenquadramento das atividades teria ocorrido em face de levantamentos internos feitos pelo Ministério da Previdência Social no que diz respeito às atividades que mais afastam indivíduos de seus postos de trabalho, afastamentos estes custeados pela Previdência Social. Entretanto, essa justificativa, conforme Alessandra Dabul[4] não passa de suposição:

> A justificativa aqui trazida não passa de suposição, uma vez que não se encontra um texto legal ensejador de tal prática e, de fato, o critério de periculosidade e de exposição ao risco parece ter sido deixado de lado ao se implementar esta nova classificação, atribuindo-se alíquotas majoradas às atividades até então consideradas de risco leve.

E a análise mais consistente do contexto desta alteração, em 2007, já levava à conclusão de que a Administração Pública Previdenciária se utilizou da possibilidade de reenquadramento administrativo do grau de risco das atividades econômicas para majorar a alíquota do RAT, transformando-o em mecanismo puro e simples de aumento de arrecadação.

Tal contexto ficou ainda mais patente quando passados menos de dois anos, em 2009, a Administração Federal, por meio do Decreto

---

[4] DABUL, Alessandra. A chamada flexibilização das alíquotas da contribuição ao Seguro Acidente do Trabalho – SAT. *Revista Dialética de Direito Tributário*, São Paulo, n. 143, p. 15-28, ago. 2007.

nº 6.957, novamente procedeu ao reenquadramento do grau de risco das atividades, alterando substancialmente o anexo V do Decreto nº 3.048/99, de forma a, preponderantemente, majorar o RAT das empresas.

Novamente, a explicação da Administração Pública para a majoração se fundamentou na suposta contabilização cada vez mais precisa dos acidentes de trabalho e doenças laborais, vinculados às respectivas atividades das empresas.

Entretanto, não é isso que se verificou. Conforme estudo elaborado pela Confederação Nacional das Indústrias e citado pelo jurista Andrei Pitten Velloso[5] ao analisar a majoração promovida pelo Decreto nº 6.957/2009, o referido decreto foi basicamente um instrumento de majoração das alíquotas básicas do RAT.

> (...) o Decreto 6.957/2009 alterou a alíquota aplicável a inúmeras categorias econômicas, visando majorar a carga tributária de muitas empresas, sem apresentar qualquer estudo técnico ou mesmo motivação idônea a sustentar tal alteração.
> De acordo com estudo elaborado pela Confederação Nacional das Indústrias, o Decreto 6.957/2009 enquadrou 56,1% das atividades econômicas na faixa de risco grave, multiplicando em mais de cinco vezes o percentual de atividades em tal faixa, que no regime do Decreto 6.042/2007 era de apenas 10,6%. Até mesmo serviços de tradução foram enquadrados na categoria de risco grave de acidentes de trabalho.
> (...)
> Enquanto 67% das atividades econômicas tiveram sua alíquota básica majorada, apenas 4% tiveram-na reduzida.

O Juiz Federal Andrei Pitten Velloso, na obra *Aspectos controvertidos da contribuição acidentária (SAT/RAT): inconstitucionalidade do FAP e do arbitrário reenquadramento das empresas*,[6] comenta as alterações promovidas pelo Decreto nº 6.957/09, que majorou a contribuição ao RAT exigida de inúmeras empresas, confirmando o seu nítido caráter arrecadatório, diante da ausência de estudo técnico ou motivação idônea a sustentar tal alteração.

Segundo o autor, o citado estudo elaborado pela Confederação Nacional das Indústrias apontou que o Decreto nº 6.957/09 enquadrou 56,1% das atividades econômicas no grau de risco grave, multiplicando em mais de cinco vezes o percentual de atividades vinculados a seu nível de risco, que no regime anterior, era de apenas 10,6% das atividades econômicas.

---

[5] VELLOSO, Andrei Pitten. Aspectos controvertidos da contribuição acidentária (SAT/RAT): inconstitucionalidades do FAP e do arbitrário reenquadramento das empresas. *Contribuições Previdenciárias sobre a remuneração*. In: Leandro Paulsen, Alessandro Mendes Cardoso (Orgs.). Porto Alegre: Livraria do advogado: 2013. p. 127-171

[6] Ibidem.

Assim, das 1.301 atividades listadas, 866 tiveram sua alíquota majorada em relação àquela que havia sido definida no ano de 2007. Além disso, 67% das atividades econômicas tiveram a alíquota majorada e apenas 4% tiveram-nas reduzidas.

Com isso, no período de dois anos (2007 para 2009), a proporção de atividades com grau de risco grave simplesmente se inverteu: eram 138 com grau de risco grave em 2007 e agora são 760 com grau de risco grave. Contudo, num lapso tão pequeno de tempo, não se visualiza uma piora nas condições de trabalho dos ramos de atividade econômica que justificasse essas alterações.

Isso num contexto em que os decretos que antecederam o Decreto nº 6.957/2009, bem como as demais regulamentações veiculadas pela Receita Federal, também não contemplaram qualquer justificativa ou indicação de critérios definidores da classificação das atividades conforme os graus de risco previstos na Lei.

Portanto, a vinculação do grau de risco às atividades econômicas e suas alterações, sendo a última a determinada pelo Decreto nº 6.957/2009, não foram efetivadas com base em critérios técnicos informados aos contribuintes que, por essa razão, não conseguem aferir se este enquadramento está efetivamente sustentado em estatísticas de acidente de trabalho, e se positivo, qual seria a fonte estatística utilizada, (em manifesta contrariedade ao já transcrito § 3º do art. 22 da Lei nº 8.212/91).

Os exemplos abaixo, extraídos do Anexo V do Regulamento da Previdência Social, confirmam a total falta de critério e razoabilidade do Poder Executivo na classificação das atividades econômicas em graus de risco leve, médio e grave.

Qual seria a justificativa para que o comércio varejista de doces, balas, bombons e semelhantes seja enquadrado no grau de risco grave (3%), enquanto o comércio de armas e munições e de fogos de artifício e artigos pirotécnicos sejam enquadrados no grau de risco médio (2%)?

4721-1/04	Comércio varejista de doces, balas, bombons e semelhantes	3
4789-0/09	Comércio varejista de armas e munições	2
4789-0/06	Comércio varejista de fogos de artifício e artigos pirotécnicos	2

E qual seria o critério adotado para se enquadrar as *holdings* de instituições não financeiras no risco grave de acidentes do trabalho (3%), e as holdings de instituições financeiras no grau de risco médio (2%)?

| 6461-1/00 | Holdings de instituições financeiras | 2 |
| 6462-0/00 | Holdings de instituições não financeiras | 3 |

E o critério técnico para o enquadramento da atividade de decoração de interiores no grau máximo de risco (3%), e a de manutenção de aeronaves na pista no grau mínimo (1%)?

| 7410-2/02 | Decoração de interiores | 3 |
| 3316-3/02 | Manutenção de aeronaves na pista | 1 |

A resposta é clara: NÃO HÁ CRITÉRIO DEFINIDO OU QUALQUER RAZOABILIDADE!

As citadas normas infralegais não trazem em seu bojo ou indicam expressamente qual a base empírica e estatística que fundamentaria a alteração dos graus de risco vinculados à dezenas de atividades econômicas.

A única base estatística à disposição dos contribuintes, mas que não está indicada nos decretos alteradores do RAT, é o Anuário Estatístico de Acidentes do Trabalho (AEAT), que apresenta informações acerca da acidentalidade nacional, revistas ano a ano.

E mesmo a análise dos dados do Anuário não dá substrato à alteração promovida pela Administração Federal em 2007 e 2009, já que não há correlação entre a evolução estatísticas da acidentalidade das diversas subclasses do CNAE, e os graus de risco vinculados às mesmas para cálculo do RAT. Inclusive, porque, pelo anuário, percebe-se que várias atividades obtiverem sucesso no combate ao acidente do trabalho, eis que houve diminuições significativas, mas esses dados não se refletiram no anexo V do Decreto n° 3.048/99, conferida pela redação do Decreto n° 6.957/2009.

Observa-se assim que a majoração promovida pelo Decreto n° 6.957/2009 não está fundamentada em dados estatísticos acidentários e/ou financeiros que comprovem o aumento dos custos no custeio de aposentadorias especiais e afastamentos por acidentes de trabalho vinculado a trabalhadores das atividades (CNAE's), que foram majorados no seu grau de risco.

A única base de dados disponível para essa análise é o "Anuário Estatístico da Previdência Social", que de qualquer forma é insuficiente para dar suporte válido para a majoração operada pelo Poder Executivo, principalmente porque após a imposição do NTEP (Nexo Técnico Epidemiológico Previdenciário), passou-se a considerar como acidente de trabalho diversas doenças que não surgiram em virtude do trabalho em si.

Cumpre ressaltar que, apesar do § 3° do art. 22 da Lei n° 8.212/91, permitir que o Ministério da Previdência e Assistência Social – MPAS – possa alterar, com base nas estatísticas de acidentes do trabalho, apuradas em inspeção, o enquadramento de empresas para efeito da contribuição, essa intenção do legislador já foi alcançada com o FAP (Fator Acidentário Previdenciário) em 2008, eis que esse mecanismo funciona como indicador de desempenho das empresas em relação aos acidentes de trabalho, ao melhorar ou piorar o RAT das empresas através da aferição do Nexo Técnico Epidemiológico Previdenciário – NTEP –, gravidade e custo.

Ou seja, desde 2008, com a implementação do FAP, não seria mais necessária a alteração de alíquota, com a alteração do Anexo V de Decreto n° 3.048/99, eis que o Fator Acidentário Previdenciário alcançaria o teor da norma, que determina a possibilidade de alteração das alíquotas em função das estatísticas de acidentes do trabalho, apuradas em inspeção.

A União Federal claramente buscou um aumento linear da arrecadação da contribuição ao RAT, via o artificial reenquadramento do grau de risco das empresas. Tal procedimento deturpou, inclusive, a lógica do FAP, de premiar as empresas que melhor controlam a sua acidentalidade, comparada com as demais que exploram a mesma atividade. Qual a lógica de uma empresa com bons níveis de controle de acidentalidade ter um FAP redutor de 50%, se anteriormente a sua alíquota básica do RAT foi majorada em 50% ou 100%.

A Administração Pública Previdenciária, ao efetuar a majoração dos graus de risco do RAT sem fundamento em critérios técnicos específicos e colocados à disposição para contraditório pelos contribuintes, ou mesmo com base exclusivamente no Anuário Estatístico da Previdência Social, ofende o princípio da igualdade tributária e demonstra principalmente a arbitrariedade, eis que (i) os únicos dados divulgados dizem respeito ao número de acidentes registrados, não havendo qualquer divulgação sobre os custos com os benefícios acidentários e o volume de recursos necessários para se cobrir a despesa com esses segurados acidentados; e (ii) o aumento do número de acidentes de trabalho, por si só, não pode fundamentar a majoração dos graus de risco, uma vez que não comprova o aumento efetivo do grau de risco da atividade.

A irrazoabilidade e quebra da isonomia do reenquadramento/ majoração é também visualizável tendo em vista: a) se identificarem atividades econômicas com números de acidentalidade muito próximos, mas com grande disparidade no grau de risco vinculado aos respectivos CNAES; b) agravamento do grau de risco de atividades econômicas em que os níveis de acidentalidade têm-se reduzido nos últimos anos, o que decorre da melhoria do controle de acidentalidade pelas empresas vinculadas.

Existe ainda a desproporcionalidade de enquadramento de risco no âmbito do próprio INSS, já que os graus de risco de acidentalidade vinculados pela Norma Regulamentadora nº 4,[7] para fins de determinação do número de profissionais dos Serviços Especializados em Engenharia de Segurança e em Medicina do Trabalho (SESMT), são diferentes daqueles previstos no Anexo V do RPS. Alguns exemplos: Os Bancos Múltiplos, sem carteira comercial (CNAE 6422-1), está vinculada ao grau de risco 1 da NR 4 e ao grau 3 no RPS. A atividade de Design e decoração de interiores (CNAE 74.10-2) também está vinculada ao grau de risco 1 na NR 4 e ao grau de 3 no RPS. Exemplos assim se multiplicam nessa comparação.

Ao efetuar a majoração da alíquota do RAT, via reenquadramento do grau de risco das atividades econômicas, através de ato infralegal, sem substrato empírico válido, a Administração Tributária viola o princípio da legalidade tributária, tratando a Contribuição ao RAT como verdadeiro "cheque em branco" para a administração pública, podendo ser utilizado discricionariamente como meio de aumentar a arrecadação.

Como a Lei nº 8.212/91 determinou a análise das estatísticas de acidentes de trabalho como parâmetro geral para a vinculação entre atividades e graus de risco, caberia aos Decretos regulamentadores da aludida Lei indicar esses critérios, o que nunca foi feito, seja pelo Decreto nº 6.957/09, ou pelo os que o antecederam, ou pelas INs nos 971/09 e 1.027/2010, o que demonstra que todos os veículos normativos estão em manifesta contrariedade à referida lei.

Justamente nesse sentido foi a manifestação do Plenário do Supremo Tribunal Federal que, suscitado a apreciar a constitucionalidade da outorga ao Poder Executivo para a fixação das alíquotas e conceitos de "atividade preponderante" e "grau de risco" para fins da contribuição ao SAT,[8] apesar de tê-la considerado constitucional, expressamente vinculou a sua validade à observância dos "*Standards* ou padrões que limitem a ação do delegado*" de forma que "não se chegue a violentar o sentido emanado no texto legal".

No voto proferido no julgamento do RE nº 343.446, o Ministro-Relator Carlos Velloso, utilizando-se do trabalho doutrinário do Ministro Aliomar Baleeiro, aponta limites à atuação do Poder Executivo,

---

[7] <http://www.mtps.gov.br/images/Documentos/SST/NR/NR4.pdf>.
[8] Atualmente denominada contribuição ao SAT.

relativos à impossibilidade de inovação da ordem jurídica fora dos limites da Lei:

> (...) Votando no Supremo Tribunal Federal, o Ministro Aliomar Baleeiro traçou os contornos desse regulamento, exatamente como admitido pelo Direito Brasileiro: se a lei fixa exigências taxativas, é exorbitante o regulamento que estabelece outras, como é exorbitante o regulamento que faz exigências que não se contém nas condições exigidas pela lei.

O Ministro Carlos Velloso aplicou o entendimento no referido *leading case* no julgamento do RE nº 343.446:

> No caso, o § 3º do art. 22 da Lei 8.212/91, estabeleceu que o Ministério do Trabalho e da Prev. Social "poderá alterar, com base nas estatísticas de acidentes do trabalho, apuradas em inspeção, o enquadramento de empresas para efeito da contribuição a que se refere o inciso II deste artigo, a fim de estimular investimentos em prevenção de acidentes". Da leitura conjugada do inc. II, alíneas a, b e c, do art. 22, com o § 3º, do mesmo artigo, vê-se que a norma primária, fixando a alíquota, delegou ao regulamento alterar, com base em estatística, o enquadramento referido nas mencionadas alíneas. A norma primária, pois, fixou os padrões e, para a sua boa aplicação em concreto, cometeu ao regulamento as atribuições mencionadas.

Ou seja, no julgamento do RE nº 343.446, o Plenário do Supremo Tribunal Federal expressamente condicionou a validade da regulamentação da matéria pelo Poder Executivo à observância dos parâmetros previstos na lei (relativos à observância da estatística dos acidentes de trabalho).

Assim, a fixação das alíquotas de RAT, por meio da vinculação da empresa ao grau de risco correspondente à sua atividade econômica, somente será legal se estiver de acordo com os parâmetros previstos na lei (estatísticas de acidente de trabalho), e somente será constitucional se os critérios adotados na vinculação (dentro dos parâmetros previstos na Lei) forem justificados e em patamares razoáveis e proporcionais.

Somente se adequa ao princípio da legalidade (arts. 97 do CTN[9] e 150, I, da CF/88),[10] a vinculação fundamentada, por exemplo, na evolução do nível de acidentalidade de cada atividade, apurada mediante

---

[9] Art. 97. Somente a lei pode estabelecer: I – a instituição de tributos, ou a sua extinção; II – a majoração de tributos, ou sua redução, ressalvado o disposto nos artigos 21, 26, 39, 57 e 65; III – a definição do fato gerador da obrigação tributária principal, ressalvado o disposto no inciso I do § 3º do artigo 52, e do seu sujeito passivo; IV – a fixação de alíquota do tributo e da sua base de cálculo, ressalvado o disposto nos artigos 21, 26, 39, 57 e 65; V – a cominação de penalidades para as ações ou omissões contrárias a seus dispositivos, ou para outras infrações nela definidas; VI – as hipóteses de exclusão, suspensão e extinção de créditos tributários, ou de dispensa ou redução de penalidades.

[10] Art. 150. Sem prejuízo de outras garantias asseguradas ao contribuinte, é vedado à União, aos Estados, ao Distrito Federal e aos Municípios: I – exigir ou aumentar tributo sem lei que o estabeleça.

análise das estatísticas oficiais. Além disso, o Decreto deveria indicar de forma expressa quais são esses índices e estatísticas utilizados para fins de aferição do grau de risco da atividade.

Para se aferir a razoabilidade, por exemplo, o critério para a vinculação não poderá considerar exclusivamente o número absoluto de acidentes comparativamente ao período anterior, sem levar em consideração, também, o volume da atividade exercida. Isso porque, naturalmente, no caso de atividade em expansão, o aumento do número absoluto de acidentes não indica o grau mais elevado do risco, a não ser que, proporcionalmente, esse número também tenha sido elevado, tendo em vista a evolução do número dos empregados alocados na atividade.

Além disso, é necessário que o Poder Executivo especifique, também, as faixas de acidentalidade (considerando-se, por exemplo, a razão entre o número de empregados/número de acidentes vinculados a determinada atividade) correspondentes a cada grau de risco. Ou seja, é necessário que o Poder Executivo torne objetivo o critério do enquadramento da atividade econômica nos graus de riscos previstos na legislação.

Um exemplo de critério a ser adotado seria o que determinasse o enquadramento da atividade em grau leve quando ocorressem acidentes de trabalho com até 10% dos empregados em determinado período, grau médio quando o número de acidentes atingisse 20% dos funcionários, e grau de risco grave se atingisse mais de 20% dos funcionários.

O que não se pode admitir, por exemplo, é que determinada atividade, à qual tenha sido vinculada a ocorrência de 1.000 (mil) acidentes em determinado ano, seja classificada como de grau elevado, exclusivamente em razão do número absoluto dos acidentes, sem se considerar o número de funcionários que exerceram a atividade nesse período. Isso porque, ainda que relevante, o número exemplificativo de 1.000 (mil) acidentes pode corresponder a menos de 0,1%, caso a atividade preponderante empregue cerca de um milhão de trabalhadores.

Ocorre que, desde a instituição da contribuição ao RAT pelo Decreto 3.048/99, não há nenhuma indicação de critérios objetivos, as alíquotas foram alteradas primeiramente pelo Decreto nº 6.042/07 e, posteriormente, pelo vigente Decreto nº 6.957/09, sem que se aponte qual estatística justifique essa alteração, e nem mesmo como os eventuais números de acidentes são considerados para a vinculação da atividade à alíquota da contribuição ao RAT, de forma a outorgar racionalidade ou proporcionalidade à classificação do risco das atividades econômicas.

Portanto, como os Decretos emanados pelo Poder Executivo e as Instruções Normativas editadas pela Receita Federal se restringiram a alterar as alíquotas do grau de risco de cada atividade sem qualquer justificativa ou critério, a exigência do RAT, tal como se apresenta atualmente, é manifestadamente ilegal, uma vez que afronta diretamente a Lei 8.212/91, em razão da não observação dos parâmetros previstos no seu art. 22, § 3º.

Além disso, a aludida exigência padece de inconstitucionalidade, na medida em que a fixação das alíquotas pelo Poder Executivo, sem a indicação dos critérios objetivos para tanto, viola o princípio da tipicidade tributária, além de ser irrazoável e desproporcional, conforme o entendimento firmado pelo Supremo Tribunal Federal, no julgamento do RE nº 343.446, além de afrontar os princípios da publicidade e da motivação dos atos administrativos, previstos no art. 37 da CF/88.

Conforme já exposto, o Supremo Tribunal Federal considerou constitucional a delimitação das alíquotas do RAT por Decretos, via a possibilidade de delegação ao Poder Executivo para fins de definição de grau de risco, nos termos do voto proferido nos autos do Recurso Extraordinário nº 343.446/SC:

> Finalmente, esclareça-se que as leis em apreço definem (...) satisfatoriamente todos os elementos capazes de fazer nascer uma obrigação tributária válida. O fato de a lei deixar para o regulamento a complementação dos conceitos de "atividade preponderante" e "grau de risco leve, médio e grave", não implica ofensa ao princípio da legalidade tributária, C.F. art. 150, I.

Entretanto, o que foi efetivamente definido pelo Supremo Tribunal Federal é a possibilidade de Decretos complementarem o conceito de 'atividade preponderante' e 'grau de risco leve, médio e grave', mas, não de permitir que o Poder Executivo utilize essa delegação para desonerar atividades perigosas e onerar outras que não necessitam de um seguro propriamente dito, desvirtuando o próprio conceito de grau de grau de risco entendido anteriormente.

Nesse ponto, cite-se mais um exemplo extraído do anexo I da Instrução Normativa nº 975/2009: o CNAE 1830-3/03 (Reprodução de software em qualquer suporte) manteve a alíquota de 1%, enquanto o CNAE 2621-3 (Fabricação de equipamentos de informática) teve seu grau de risco alterado de 1% para 2%, passando a grau de risco moderado. E o CNAE 6611-8/01 (bolsa de valores) manteve o seu grau de risco em leve (1%).

Ora, no voto do Ministro Carlos Velloso, relator do Recurso Extraordinário nº 343.446/SC, extrai-se que os graus de risco podem ser alterados desde que realizados estudos e inspeções, *verbis*:

> Ministério do Trabalho e da Previdência Social poderá alterar com base nas estatísticas de acidentes de trabalho, apuradas em inspeção, o enquadramento de empresas para efeito da contribuição a que se refere o inciso II deste artigo, a fim de estimular investimentos em prevenção de acidentes. Da leitura conjugada do inciso II, alínea "a", "b" e "c" do art. 22, com o § 3º, do mesmo artigo, vê-se que a norma primária, fixando a alíquota, delegou ao regulamento alterar, com base em estatística, o enquadramento referido nas mencionadas alíneas. A norma primária, pois fixou os padrões e, para a sua boa aplicação em concreto, cometeu ao regulamento as atribuições mencionadas.

É certo e razoável que aquele contribuinte que não invista nas boas condições ambientais para seus empregados deva ter carga tributária superior àquele que investe e reduz o número de afastamentos em face das condições ambientais. Mas tal justiça só se alcança se for analisado contribuinte por contribuinte, empresa por empresa e não de forma global e geral, alterando tão somente o anexo V do Decreto nº 3.048/99, de forma aleatória.

Nesse sentido, veja-se a lição de Humberto Ávila:[11]

> O Estado não pode justificar a tributação com base direta e exclusiva no princípio da solidariedade social. Isso porque o poder de tributar, na Constituição Brasileira, foi delimitado, de um lado, por meio de regras que descrevem os aspectos materiais das hipóteses de incidência e, de outro, por meio da técnica da divisão de competências em ordinárias e residuais.

Apesar do dever de toda a sociedade custear a Previdência Social, tal custeio deve se pautar em três critérios na definição de Marco Aurélio Greco,[12] quais sejam: necessidade, adequação e proibição do excesso. E sobre esse último critério entende o autor que:

> Se a contribuição destina-se a custear benefícios de seguridade social, cumpre existir uma proporção entre benefício e custeio, critério que está, em certa medida, consagrado no § 5º do artigo 195 da CF/88, pois, assim como não cabe a criação de um benefício sem a respectiva fonte de custeio, também não tem sentido existirem fontes que não sejam para atender a benefícios existentes.

Assim, sem a inspeção, particular, há um aumento genérico da carga tributária, principalmente para aqueles contribuintes que apresentam históricos de afastamentos de seus funcionários em decorrência de acidentes de trabalho, que não condiz com o aumento das

---

[11] ÁVILA, Humberto. Limites à tributação com base na Solidariedade Social. In: *Solidariedade Social e Tributação*. Coord. Marco Aurélio Greco e Marciano Seabra de Godoi. São Paulo: Dialética, 2005, p.69.
[12] GRECO, Marco Aurélio. *Contribuições*: uma figura "sui generis". São Paulo: Dialética, 2000.

alíquotas de forma genérica, o que demonstra o excesso firmado pelo Poder Executivo ao fomentar a majoração de alíquota de forma genérica, baseado em metodologia que não corresponde à realidade.

Conforme já consignado, alteração das alíquotas, da forma como foi feita, sem a observância dos critérios estabelecidos em Lei faz com que a contribuição ao RAT se transforme em verdadeiro "cheque em branco" para a administração pública, podendo ser utilizada como mero meio de aumento de arrecadação, de natureza extrafiscal, o que não pode ser admitido e foi expressamente afastado pelo Supremo Tribunal Federal.

Esse foi também o entendimento da Primeira Turma do Superior Tribunal de Justiça que, em recente julgamento, ao apreciar a legalidade do Decreto 6.957/09, afastou o reenquadramento do grau de risco para a atividade levada à sua apreciação (indústria de autopeças), devido ao fato de o Poder Executivo não ter demonstrado os parâmetros utilizados para majorar a alíquota da contribuição.

Ressalte-se que no caso julgado pelo STJ, mesmo após a intimação da Procuradoria da Fazenda Nacional, para demonstrar as razões que levaram à referida majoração, nada restou comprovado nos autos. Em outros processos, a PGFN e o INSS têm indicado que a base empírica para o reenquadramento do RAT, estaria na Portaria Interministerial nº 254/09.[13] Ou seja, as majorações decorreriam da medida dos índices de frequência, custo e gravidade utilizados pela Portaria para cálculo do FAP. Ocorre que este critério não é pertinente a este objetivo. Os índices de frequência, custo e gravidade se referem ao cálculo do FAP, não sendo razoável utilizá-los também para a majoração da alíquota básica. Além disso, a margem amostral é bastante pequena (os índices foram calculados considerando apenas os eventos de 2008 e 2007). Além disso, não foram disponibilizados para avaliação e crítica dos setores econômicos os números que deram origem aos referidos índices. Por fim, existem outros parâmetros oficiais que deveriam ser considerados para essa avaliação, como os números do Anuário Estatístico da Previdência Social e os números apresentados pelo Ministério do Trabalho para a definição dos graus de risco pelo NR nº 4.

O posicionamento do Superior Tribunal de Justiça é claro no sentido de que a Lei nº 8.212/91 exige que o reenquadramento do grau de risco seja feito com base na comprovação estatística, feita por inspeção, que ateste a alteração da frequência ou da gravidade dos acidentes do trabalho. Considerando que o Poder Regulamentar da administração

---

[13] <http://www3.dataprev.gov.br/sislex/paginas/65/MF-MPS/2009/254.htm>.

pública encontra limites no princípio da legalidade, a expedição de ato normativo que venha a regulamentar tal questão deve se vincular fielmente à Lei que se encontra atrelado, sendo que "qualquer expedição de decreto, pelo Poder Executivo, que não obedeça aos ditames legais, configura evidente abuso do poder regulamentar".

Diante da inexistência de provas que demonstrassem o reenquadramento do contribuinte em grau de risco diverso, concluiu-se pela alteração prejudicial imotivada da sua condição e, consequentemente, pelo abuso do exercício do poder regulamentar.

Veja-se trecho do voto do Ministro Napoleão Nunes Maia Filho no citado julgamento do Recurso Especial n° 1.425.090/PR, cujo acórdão foi publicado 09.10.2014.

> 10. O enquadramento de uma empresa em determinado nível de risco, contudo, não é algo imodificável: ao contrário, pode ser modificada – para um grau maior ou menor – pelo próprio Executivo, desde que uma inspeção apure estatisticamente a alteração da frequência, e da gravidade dos acidentes do trabalho, bem como dos custos correspondentes.
>
> 11. Observa-se, assim, que, a despeito de o art. 22, § 3º, da Lei 8.212/91 permitir ao Poder Executivo promover o adequado reenquadramento da empresa, tal ato administrativo encontra-se estritamente subordinado às exigências legais constantes na lei cuja aplicação é almejada e da qual aquele é dependente. E assim é, porque o Poder Regulamentar da Administração encontra limites no princípio da legalidade, mormente quando se leva em consideração a natureza de fonte secundária de Direito, característica do regulamento, cuja expedição destina-se à fiel execução da lei a que se encontra atrelado.
>
> 12. Dessa maneira, qualquer expedição de decreto, pelo Poder Executivo, que não obedeça aos ditames legais, configura evidente abuso do poder regulamentar, viabilizando-se, destarte, sua sindicabilidade pelo Poder Judiciário. (...)
>
> 23. Conforme já mencionado anteriormente, o reenquadramento da Empresa em nível diverso do grau de risco anteriormente fixado exige do Poder Executivo, em atendimento ao princípio da legalidade, comprovação estatística, feita por inspeção, que ateste a alteração da frequência ou da gravidade dos acidentes do trabalho, hábil a implicar majoração dos custos correspondentes.
>
> (...)
>
> 27. Nesse descortino, ausente a comprovação de elementos estatísticos que justifiquem a majoração dos custos dos benefícios acidentários, decorrentes do aumento da frequência ou da gravidade dos acidentes de trabalho, de rigor o restabelecimento da Sentença de fls. 261/267, uma vez que a inexistência de provas de tal natureza configura alteração prejudicial imotivada da condição da empresa e, consequentemente, abuso do exercício do poder regulamentar.
>
> (...)
>
> 29. Ante o exposto, dá-se provimento ao Recurso Especial, para restabelecer a Sentença de fls. 261/267, que declarou o direito da autora de continuar a recolher a contribuição ao SAT/RAT com a alíquota de 2%.

A fixação das alíquotas de RAT, por meio da vinculação da empresa ao grau de risco correspondente à atividade econômica, somente será legal se estiver de acordo com os parâmetros previstos na lei (estatísticas de acidente de trabalho), e somente será constitucional se os critérios adotados na vinculação (dentro dos parâmetros previstos na Lei) forem justificados e em patamares razoáveis e proporcionais.

Como tal pressuposto de validade jurídica não foi cumprido pelos Decretos n°s 6.042/2007, 6.957/2009, que ao alterarem o Decreto nº 3.048/99, reenquadraram o grau de risco da maior parte das atividades econômicas, o Poder Judiciário deve reconhecer a sua inconstitucionalidade/ilegalidade.

16. Tratamento previdenciário sobre os pagamentos de abono de férias e bônus de admissão, demissão e retenção

Em coautoria com
Tathiana de Souza Pedrosa Duarte

16.1. Considerações iniciais

O presente trabalho tem como objetivo analisar o tratamento previdenciário dispensado aos pagamentos realizados pelas empresas a seus empregados, a título de abono de férias e dos bônus de admissão, demissão e retenção, com base na interpretação da legislação de regência, bem como no atual estágio da jurisprudência administrativa e judicial.

Conforme se abordará detalhadamente, tanto o abono férias quanto nos bônus de admissão/demissão e retenção tem como objetivo, a recompensa aos empregados, em decorrência de atitudes meritórias, reconhecidas pelo empregador. Além de recompensar o empregado, o seu pagamento também visa estimular o corpo de colaboradores a buscar o melhor desempenho possível, visando à consecução dos objetivos da empresa.

Como mecanismos de gestão corporativa, os referidos "bônus" começaram a ser implementados pelas empresas brasileiras, a partir da década de 1990. Ocorre que a legislação trabalhista e previdenciária ainda não conseguiu regular essas figuras, gerando controvérsia interpretativa sobre a sua natureza e desdobramento, o que implica insegurança jurídica para os empregadores e custos para os envolvidos e para a própria sociedade, com a movimentação dos aparatos envolvidos nos contenciosos administrativos e judiciais, gerados por essa situação.

E sem a pretensão de esgotar a análise do tema, buscaremos identificar a natureza jurídica do abono de férias e dos bônus de admissão, demissão e retenção, em face da legislação existente, avaliando criticamente o tratamento que as jurisprudências administrativa e judicial lhes têm dedicado.

16.2. Natureza jurídica dos pagamentos realizados a título de abono de férias e do bõnus de admissão, demissão e retenção

Para a definição do tratamento, em termos de custeio previdenciário, dos pagamentos efetuados pelos empregadores a título de abono de férias e dos bônus de admissão, demissão e retenção, é necessário se definir a correta base de incidência das contribuições previdenciárias sobre a remuneração.

A competência para a instituição dessas contribuições encontra-se na alínea "a" do inciso I do artigo 195 da Constituição Federal:

> Art. 195. A seguridade social será financiada por toda a sociedade, de forma direta e indireta, nos termos da lei, mediante recursos provenientes dos orçamentos da União, dos Estados, do Distrito Federal e dos Municípios, e das seguintes contribuições sociais:
> - do empregador, da empresa e da entidade a ela equiparada na forma da lei, incidentes sobre:
> a) a folha de salários e demais rendimentos do trabalho pagos ou creditados, a qualquer título, à pessoa física que lhe preste serviço, mesmo sem vínculo empregatício;

O aspecto material da norma de incidência das contribuições previdenciárias sobre a remuneração está prevista no artigo 22 da Lei nº 8.212/91[1] como "o total das remunerações pagas, devidas ou creditadas a qualquer título, durante o mês, aos segurados empregados e

---

[1] Art. 22. A contribuição a cargo da empresa, destinada à Seguridade Social, além do disposto no art. 23, é de: I – vinte por cento sobre o total das remunerações pagas, devidas ou creditadas a qualquer título, durante o mês, aos segurados empregados e trabalhadores avulsos que lhe prestem serviços, destinadas a retribuir o trabalho, qualquer que seja a sua forma, inclusive as gorjetas, os ganhos habituais sob a forma de utilidades e os adiantamentos decorrentes de reajuste salarial, quer pelos serviços efetivamente prestados, quer pelo tempo à disposição do empregador ou tomador de serviços, nos termos da lei ou do contrato ou, ainda, de convenção ou acordo coletivo de trabalho ou sentença normativa. (...) III – vinte por cento sobre o total das remunerações pagas ou creditadas a qualquer título, no decorrer do mês, aos segurados contribuintes individuais que lhe prestem serviços;

trabalhadores avulsos que lhe prestem serviços, destinadas a retribuir o trabalho, qualquer que seja a sua forma".

Em face da sua vinculação aos princípios da legalidade, tipicidade e capacidade contributiva, a incidência das contribuições previdenciárias somente pode ocorrer sobre valores que compõem estritamente à base de incidência prevista na Lei n° 8.212/91, interpretada consoante à específica regra constitucional de competência.

Nesse contexto, a "folha de salários" foi expressamente indicada pela redação original do artigo 195 da Constituição Federal como base da incidência das contribuições previdenciárias, trazendo para o campo fiscal o instituto justrabalhista do "salário", de conteúdo bem definido. E a alteração do dispositivo constitucional pela Emenda Constitucional n° 20/98, implicou na extensão do conceito de salário ou remuneração para abarcar todos os ganhos habituais do empregado ou prestador de serviço, independentemente do título a que está vinculado.

A partir da competência constitucional outorgada à União Federal, o artigo 28 da Lei n° 8.212/91 definiu o conceito de "salário de contribuição", como base de cálculo das contribuições previdenciárias devidas pelo empregador, (20% sobre a folha de salários), contribuição sobre o Grau de Incidência de Incapacidade Laborativa decorrente dos *Riscos Ambientais do Trabalho* – RAT –, e das contribuições destinadas a outras entidades e fundos (INCRA, FNDE, SEBRAE, etc).

O salário de contribuição compreende a soma das remunerações pagas ao empregado ou ao trabalhador avulso, correspondendo à contraprestação do trabalho ou dos serviços contratados, *verbis*:

> Art. 28. Entende-se por salário-de-contribuição:
>
> I – para o empregado e trabalhador avulso: a remuneração auferida em uma ou mais empresas, assim entendida a totalidade dos rendimentos pagos, devidos ou creditados a qualquer título, durante o mês, destinados a retribuir o trabalho, qualquer que seja a sua forma, inclusive as gorjetas, os ganhos habituais sob a forma de utilidades e os adiantamentos decorrentes de reajuste salarial, quer pelos serviços efetivamente prestados, quer pelo tempo à disposição do empregador ou tomador de serviços nos termos da lei ou do contrato ou, ainda, de convenção ou acordo coletivo de trabalho ou sentença normativa;

O referido artigo é compatível com a definição de salário do art. 457 da CLT, *verbis*:

> Art. 457. Compreendem-se na remuneração do empregado, para todos os efeitos legais, além do salário devido e pago diretamente pelo empregador, como contraprestação do serviço, as gorjetas que receber.

§ 1º Integram o salário não só a importância fixa estipulada, como também as comissões, percentagens, gratificações ajustadas, diárias para viagens e abonos pagos pelo empregador.

§ 2º Não se incluem nos salários as ajudas de custo, assim como as diárias para viagem que não excedam de 50% (cinqüenta por cento) do salário percebido pelo empregado.

§ 3º Considera-se gorjeta não só a importância espontaneamente dada pelo cliente ao empregado, como também aquela que fôr cobrada pela emprêsa ao cliente, como adicional nas contas, a qualquer título, e destinada a distribuição aos empregados.

Assim, as **verbas** recebidas em decorrência do trabalho têm **natureza** salarial e compõem o salário de contribuição sempre que habituais e com cunho remuneratório do esforço em prol de uma utilidade material ou imaterial que tem a fonte pagadora como beneficiária direta ou indireta.

A jurisprudência e a doutrina entendem de forma pacífica que as verbas passíveis de tributação devem ser "habituais" e "remuneratórias" do trabalho ou serviço prestado. A ausência de alguma dessas características afasta a incidência das contribuições previdenciárias, sob pena de ofensa ao limite da competência constitucional (art. 195, I, 'a' da CF) e da sua própria regra de incidência (Lei 8.212/91).

Inclusive, a própria Lei nº 8.212/91, no § 9º do seu artigo 28 já elenca diversas verbas, que por não possuírem as referidas qualidades, não integram o salário de contribuição.[2] A listagem trazida pela

---

[2] § 9º Não integram o salário-de-contribuição para os fins desta Lei, exclusivamente: a) os benefícios da previdência social, nos termos e limites legais, salvo o salário-maternidade; b) as ajudas de custo e o adicional mensal recebidos pelo aeronauta nos termos da Lei nº 5.929, de 30 de outubro de 1973; c) a parcela "in natura" recebida de acordo com os programas de alimentação aprovados pelo Ministério do Trabalho e da Previdência Social, nos termos da Lei nº 6.321, de 14 de abril de 1976; d) as importâncias recebidas a título de férias indenizadas e respectivo adicional constitucional, inclusive o valor correspondente à dobra da remuneração de férias de que trata o art. 137 da Consolidação das Leis do Trabalho-CLT; e) as importâncias: 1. previstas no inciso I do art. 10 do Ato das Disposições Constitucionais Transitórias; 2. relativas à indenização por tempo de serviço, anterior a 5 de outubro de 1988, do empregado não optante pelo Fundo de Garantia do Tempo de Serviço-FGTS; 3. recebidas a título da indenização de que trata o art. 479 da CLT; 4. recebidas a título da indenização de que trata o art. 14 da Lei nº 5.889, de 8 de junho de 1973; 5. recebidas a título de incentivo à demissão; 6. recebidas a título de abono de férias na forma dos arts. 143 e 144 da CLT; 7. recebidas a título de ganhos eventuais e os abonos expressamente desvinculados do salário; 8. recebidas a título de licença-prêmio indenizada; 9. recebidas a título da indenização de que trata o art. 9º da Lei nº 7.238, de 29 de outubro de 1984; f) a parcela recebida a título de vale-transporte, na forma da legislação própria; g) a ajuda de custo, em parcela única, recebida exclusivamente em decorrência de mudança de local de trabalho do empregado, na forma do art. 470 da CLT; h) as diárias para viagens, desde que não excedam a 50% (cinqüenta por cento) da remuneração mensal; i) a importância recebida a título de bolsa de complementação educacional de estagiário, quando paga nos termos da Lei nº 6.494, de 7 de dezembro de 1977; j) a participação nos lucros ou resultados da empresa, quando paga ou creditada de acordo com lei específica; l) o abono do Programa de Integração Social-PIS e do Programa de Assistência ao Servidor Público-PASEP; m) os valores correspondentes a transporte, alimentação e habitação fornecidos pela empresa ao empregado contratado para trabalhar em localidade distante da de

norma não é *numerus clausus*, já que outras verbas ou pagamentos com outras nomenclaturas, que também não tenham os requisitos da habitualidade e remuneração contraprestativa do serviço ou trabalham também estão fora do campo de incidência.

A habitualidade, no que se refere aos empregados celetistas, é um elemento imprescindível para que determinada verba integre formal ou tacitamente ao contrato de trabalho, como bem destaca Wladimir Novaes Martinez:[3]

> Aspecto quantitativo importante é a habitualidade dos pagamentos componentes do salário-de-contribuição. A exemplo das formas salariais ou remuneratórias, as parcelas só têm sentido se ingressos de forma permanente (a fortiori, mensalizadas).
> (...)
> A habitualidade comparece com a exigência dos costumes. Com o decurso do tempo o trabalhador conta com os rendimentos e o seu nível e com isso acaba por estabelecer o seu degrau social. Por esse motivo, parcelas eventuais, como as gratificações não-ajustadas, não devem integrar o salário-de-contribuição.

Entretanto, não existe consenso entre contribuintes e autoridades fiscais do que configura ou não determinado tipo de pagamento como "habitual". Enquanto os contribuintes, normalmente, entendem como habituais aquelas verbas cujo pagamento se repete com regularidade para o empregado; as autoridades fiscais, geralmente, consideram como habitual a verba cuja expectativa de pagamento é inerente ao contrato de trabalho. A base desse entendimento está no fato de que

---

sua residência, em canteiro de obras ou local que, por força da atividade, exija deslocamento e estada, observadas as normas de proteção estabelecidas pelo Ministério do Trabalho; n) a importância paga ao empregado a título de complementação ao valor do auxílio-doença, desde que este direito seja extensivo à totalidade dos empregados da empresa; o) as parcelas destinadas à assistência ao trabalhador da agroindústria canavieira, de que trata o art. 36 da Lei nº 4.870, de 1º de dezembro de 1965; p) o valor das contribuições efetivamente pago pela pessoa jurídica relativo a programa de previdência complementar, aberto ou fechado, desde que disponível à totalidade de seus empregados e dirigentes, observados, no que couber, os arts. 9º e 468 da CLT; q) o valor relativo à assistência prestada por serviço médico ou odontológico, próprio da empresa ou por ela conveniado, inclusive o reembolso de despesas com medicamentos, óculos, aparelhos ortopédicos, despesas médico-hospitalares e outras similares, desde que a cobertura abranja a totalidade dos empregados e dirigentes da empresa; r) o valor correspondente a vestuários, equipamentos e outros acessórios fornecidos ao empregado e utilizados no local do trabalho para prestação dos respectivos serviços; s) o ressarcimento de despesas pelo uso de veículo do empregado e o reembolso creche pago em conformidade com a legislação trabalhista, observado o limite máximo de seis anos de idade, quando devidamente comprovadas as despesas realizadas; t) o valor relativo a plano educacional que vise à educação básica, nos termos do art. 21 da Lei nº 9.394, de 20 de dezembro de 1996, e a cursos de capacitação e qualificação profissionais vinculados às atividades desenvolvidas pela empresa, desde que não seja utilizado em substituição de parcela salarial e que todos os empregados e dirigentes tenham acesso ao mesmo; u) a importância recebida a título de bolsa de aprendizagem garantida ao adolescente até quatorze anos de idade, de acordo com o disposto no art. 64 da Lei nº 8.069, de 13 de julho de 1990; v) os valores recebidos em decorrência da cessão de direitos autorais; x) o valor da multa prevista no § 8º do art. 477 da CLT.

[3] Comentários à Lei Básica da Previdência Social, LTR, Tomo I, 4ª edição, p. 316.

o item 7, da alínea "e" do § 9º do artigo 28 da Lei nº 8.212/91, excluir as gratificações e abonos "eventuais" do salário de contribuição. Assim, o critério de integração ou não ao salário de contribuição seria a "eventualidade" e não a "habitualidade".

No âmbito do Conselho Administrativo de Recursos Fiscais vem preponderando a linha interpretativa defendida pelo Fisco. Os precedentes mais recentes esposam o entendimento de que a "habitualidade" não está ligada à repetição para o empregado do recebimento de determinada verba, mas sim da vinculação desta ao contrato de trabalho, gerando válida expectativa de recebimento. Citem-se, a título exemplificativo:

> HABITUALIDADE. O conhecimento prévio de que tal pagamento será realizado quando implementada a condição para seu recebimento retira-lhe o caráter da eventualidade, tornando-o habitual. (CARF, Acórdão 2301-003.612, 18.02.14)
>
> SALÁRIO INDIRETO. PRÊMIOS. NÃO EVENTUALIDADE. O conceito de eventualidade está associado a um acontecimento incerto, casual, fortuito e não a um acontecimento descontínuo. Os prêmios não coadunam com o conceito de eventualidade, pois estão atrelados a eventos certos e previsíveis, sendo devidos quando da implementação da condição estipulada pelo empregador. (CARF, Acórdão 2402-004.546, 10.02.2015)

A Câmara Superior de Recursos Fiscais, no Acórdão nº 9202. 003.044, também já decidiu que pagamento não eventual é todo aquele que o empregado possa prever o seu recebimento, desde que cumpra os requisitos estipulados para tanto. Veja-se:

> SALÁRIO-DE-CONTRIBUIÇÃO. PAGAMENTO EM PECÚNIA. INEXIGÊNCIA DO REQUISITO HABITUALIDADE. PRÊMIO POR TEMPO DE SERVIÇO. CARÁTER NÃO EVENTUAL. No campo de incidência das contribuições previdenciárias encontram-se: a) a totalidade dos rendimentos pagos, devidos ou creditados a qualquer título, durante o mês, destinados a retribuir o trabalho, inclusive gorjetas (salário em espécie); e b) os ganhos habituais sob a forma de utilidades (salário in natura). A totalidade dos rendimentos pagos, devidos ou creditados a qualquer título, durante o mês, destinados a retribuir o trabalho, independentemente de serem ou não habituais, encontram-se no campo de incidência das contribuições previdenciárias. As importâncias recebidas a título de ganhos eventuais encontram-se excluídas da sua base de cálculo por se tratarem de importâncias atingidas pela isenção. Está sendo criada uma grande confusão ao tentarem comparar os conceitos de "habitualidade com o de não eventualidade" ou o "não habitualidade com o de eventualidade". A habitualidade, como requisito para que a prestação in natura, integre o salário-de-contribuição, diz respeito a freqüência da concessão da referida prestação. Já a eventualidade, como elemento caracterizador da isenção prevista no art. 28, § 9º, alínea "e", item "7", ou seja, que decorram de importâncias recebidas a títulos de ganhos eventuais, dizem respeito a ocorrência de caso fortuito. No presente caso há de se assinalar, primeiramente, que foram realizados pagamentos em pecúnia, o que afasta a necessidade de se indagar a habitualidade com que o pagamento foi realizado. Em segundo lugar, então, há de se averiguar

se as importâncias foram recebidas a título de ganhos individuais. Não me parece que os pagamentos sob exame, ou seja, os efetuados a título de prêmio aos empregados que completarem 25, 35 e 40 anos de serviço na empresa e proporcionalmente aqueles demitidos após terem completado 15 anos de serviço, decorram de caso fortuito, ante a exata previsibilidade de sua ocorrência. Recurso especial negado.

Contudo, ainda deve se acompanhar a jurisprudência do CARF, para se confirmar se a citada decisão da CSRF efetivamente pacificou o entendimento administrativo sobre a matéria. Isso porque existem precedentes de Turmas do CARF que trazem entendimento diverso, vinculando o conceito de "eventualidade" a de "habitualidade", e consequentemente, à existência ou não de petição no pagamento de determinada verba.

Cite-se o acórdão nº 2403.002.244, da Terceira Turma, da Quarta Câmara, da Segunda Seção, proferido em 15.08.13. No referido julgamento, a Turma avaliou Auto de Infração Previdenciário sobre valores pagos a título de Bônus Gerencial pagos nos meses de março de 2008, abril de 2009 e julho de 2009.

E diferentemente do entendimento dos acórdãos supracitados, decidiu-se que "fere o postulado da razoabilidade, afirmar que existe periodicidade anual para o caso em análise, tendo como parâmetro base temporal analisada pelo fiscal, em 05 (cinco) anos de apuração, apenas foi constatado o pagamento em 03 (três) meses, um em 2008 e outros dois 2009, apenas".

Reconhecendo que a "habitualidade" é requisito indispensável para a inclusão de verba no salário de contribuição, a Lei n. 8.212/91 expressamente reconhece que estão fora de incidência os valores: "recebidas a título de ganhos eventuais e os abonos expressamente desvinculados do salário".

O objetivo do legislador seria tão somente tributar aquela parcela recebida pelo trabalhador que realmente compõe o padrão normal de vida do empregado, sejam recebidos em pecúnia ou in natura.

Por outro lado, como é usual, o Poder Judiciário vem construindo a sua jurisprudência, sem levar muito em conta a evolução do tema na esfera administrativa.

O Superior Tribunal de Justiça, órgão responsável por consolidar a interpretação da Lei n. 8.212/91, reconhece a vinculação da tributação aos requisitos da habitualidade e contraprestabilidade. Citem-se:

Provido o recurso ao entendimento de que, para os efeitos da legislação trabalhista e previdenciária social, não incide a contribuição previdenciária sobre o abono único concedido ao empregado por força de convenção coletiva, não-habitual e não-inte-

grante de sua remuneração. (REsp nº 434.471/MG, Rel. Ministra Eliana Calmon, Segunda Turma, DJ 14.02.2005)
TRIBUTÁRIO. AGRAVO REGIMENTAL NO RECURSO ESPECIAL. CONTRIBUIÇÃO COBRADA PELO SENAI. ABONO PREVISTO EM ACORDO COLETIVO DE TRABALHO. PAGAMENTO EM PARCELA ÚNICA. EVENTUALIDADE. NÃO-INCIDÊNCIA DA CONTRIBUIÇÃO EM QUESTÃO.
1. De acordo com o § 9º, alínea e, item 7, do art. 28 da Lei nº 8.212/91, não integram o salário-de-contribuição, exclusivamente para os fins desta Lei, as importâncias "recebidas a título de ganhos eventuais e os abonos expressamente desvinculados do salário" (grifou-se).
2. Tendo em vista que a Lei nº 8.212/91 aplica-se, no que couber, à contribuição social devida ao SENAI, contribuição que, aliás, tem a mesma base utilizada para o cálculo das contribuições previdenciárias incidentes sobre a remuneração paga ou creditada a segurados, então no caso deve ser observada a jurisprudência do STJ, que se firmou no sentido de que não incide contribuição previdenciária sobre o abono previsto em acordo coletivo de trabalho e recebido em parcela única durante o ano (ou seja, importância recebida a título de ganho eventual).
3. Ainda que o Tribunal de origem haja reconhecido a natureza remuneratória dos abonos estipulados nos acordos coletivos de trabalho, visto que tais abonos foram previstos nas cláusulas dos acordos coletivos que tratam de reajuste salarial ou, então, nas cláusulas referentes a vale-refeição/alimentação, é fato incontroverso nos autos, inclusive consignado no acórdão recorrido, que os abonos foram recebidos pelos empregados dos Correios em parcela única (ou seja, foram recebidos a título de ganhos eventuais, sem habitualidade).
(...)
5. Agravo regimental não provido.
(AgRg no REsp 1386395/SE, Rel. Ministro MAURO CAMPBELL MARQUES, SEGUNDA TURMA, julgado em 19/09/2013, DJe 27/09/2013)

A jurisprudência trabalhista, por sua vez, também é iterativa no sentido de que os abonos e os bônus que não tenham a característica da habitualidade, NÃO INTEGRAM o salário do trabalhador:

COMPLEMENTAÇÃO DE APOSENTADORIA. ABONO. SALÁRIO. ACORDO COLETIVO. INTEGRAÇÃO. 1. Não ostenta natureza salarial abono instituído por acordo coletivo de trabalho, pago em uma só parcela de uma única vez, e cuja cláusula expressamente estabelece a sua natureza indenizatória. A natureza salarial de uma parcela supõe periodicidade, uniformidade e habitualidade no pagamento do referido título. (E-RR – 724660/2001 – DJ 10.12.2004)

Cite-se, pela sua precisão, o voto do Ilustre Ministro Relator:

É certo que a CLT prevê em seu art. 457, § 1º, que o abono constitui parcela de natureza salarial, todavia não é a denominação, mas as características da parcela que determinam a sua natureza jurídica.
Vale registrar, a propósito, o entendimento de ARNALDO SUSSEKIND sobre o assunto:
Cumpre acentuar, todavia, que os prêmios instituídos com a denominação de abonos, desde que caracterizados os elementos configuradores da liberalidade patronal, não

integram os salários. Eles serão, na realidade, prêmios e não abonos, embora como tais denominados (in *Instituições de Direito do Trabalho*, p. 376).

Na hipótese vertente, conforme explicitado, embora nominada de abono, a vantagem instituída na norma coletiva não ostenta caráter salarial, porquanto foi concedida mediante pagamento único.

Dessa forma, entendo que o abono concedido aos ativos apenas uma única vez e em uma só parcela não ostenta natureza salarial, razão pela qual indevida qualquer repercussão na remuneração dos empregados.

Entendimento contrário conduziria, necessariamente, à inobservância da norma coletiva em apreço, pois conceder-se-ia caráter salarial à parcela nitidamente paga com cunho indenizatório, ensejando, inclusive, violação ao art. 7º, inciso XXVI, da Constituição Federal. Assim, a eventualidade do pagamento do referido abono instituído por norma coletiva impede que tal benefício seja estendido compulsoriamente aos inativos.

Nesse sentido, inclusive, vem se pautando a jurisprudência desta Eg. Corte, como ilustram os seguintes julgados: ERR 9927/02-900-07-00.0, Rel. Min. Carlos Alberto Reis de Paula, DJ 17.09.04; ERR 590154/99, Rel. Min. Carlos Alberto Reis de Paula, DJ 06.09.01; ERR 553441/99, Rel. Min. Carlos Alberto Reis de Paula, DJ 22.09.00; RR 1631/02-007-08-00.7, 4ªT, Rel. Min.Milton de Moura França, DJ 28.05.04.

Já o requisito do caráter contraprestativo decorre da própria previsão de incidência do artigo 22 da Lei n. 8.212/91, que integra ao salário de contribuição aquelas verbas "destinadas a retribuir o trabalho, qualquer que seja a sua forma".

Desta forma, deve haver uma correlação real entre o valor pago e o trabalho/serviço prestado pelo beneficiário. E por esse motivo não são integrantes do salário de contribuição as verbas de caráter indenizatório (como, por exemplo, o aviso prévio indenizado e as férias não gozadas), as de cunho estritamente social (como o terço constitucional de férias e os auxílios doença e acidente), as disponibilizadas estritamente para viabilizar a consecução do trabalho (cessão de veículo e combustível utilizados no trabalho), e aqueles não contraprestativas e/ou eventuais (caso de abonos e bônus).

Contudo, também no que se refere ao Judiciário não é possível se afirmar que está pacificado o entendimento sobre o pressuposto da "habitualidade", na definição do salário de contribuição. Mas é sim viável se argumentar, que vem prevalecendo o entendimento de que é a repetição do pagamento, em determinado lapso de tempo, que configura a habitualidade.

Consideramos que é esta a melhor definição de "habitualidade", considerada a correta interpretação da legislação previdenciária e trabalhista; no que estamos suportados também por conceituada doutrina e fundamentada jurisprudência.

Nesse contexto, passa-se a analisar a repercussão previdenciária no pagamento do abono férias, e dos bônus de admissão, demissão, retenção, com o intuito de verificar se estes valores comporiam ou não o salário de contribuição, base de cálculo das contribuições sociais em questão.

16.3. Abono de férias

O Abono de férias, concedido nos termos do art. 144 da CLT, não possui natureza salarial desde que disposto em contrato (contrato, regulamento ou acordo coletivo) e não excedente à 20 dias de salário. Verbis:

> Art. 144. O abono de férias de que trata o artigo anterior, bem como o concedido em virtude de cláusula do contrato de trabalho, do regulamento da empresa, de convenção ou acordo coletivo, desde que não excedente de vinte dias de salário, não integrarão a remuneração do empregado para efeitos da legislação trabalhista.

Nos termos expressos do artigo 144 da CLT, o abono de férias, desde que não excedente a vinte dias de salário, não integra a remuneração do trabalho.

A desvinculação do abono de férias do salário é também reconhecida pela legislação previdenciária, consoante o disposto no item 6 da alínea "e" do § 9º do art. 28 da Lei nº 8.212/91

> Art. 28 – Entende-se por salário-de-contribuição:
> (...)
> § 9º Não integram o salário-de-contribuição para os fins desta Lei, exclusivamente:
> (...)
> e) as importâncias:
> (...)
> 6. recebidas a título de abono de férias na forma dos arts. 143 e 144 da CLT;

A título de reforço sobre o fato de que se os abonos férias não excederem os limites da legislação trabalhista não comporão a base de cálculo das exações em questão, cite-se o magistério do Professor Sérgio Pinto Martins:[4]

> 4. Os abonos de férias não excedentes de 20 dias do salário (art. 144 da CLT), não integrarão a remuneração do empregado para os efeitos da legislação do trabalho e previdência social (alínea "d", do § 9º, do art. 28 da Lei nº 8.212).
> Declara o art. 144 da CLT que o abono de férias correspondente à conversão de 1/3 do período de férias a que tiver direito o empregado, bem como o concedido em virtude de cláusula do contrato de trabalho, de regulamento da empresa, de convenção ou

---

[4] MARTINS, Sérgio Pinto. Direito de Seguridade Social, Atlas, São Paulo, 7. Ed., 1997, pág. 121

acordo coletivo, desde que não exceda 20 dias do salário, não integra a remuneração do empregado para os efeitos trabalhistas e previdenciários. Excedendo de 20 dias haverá a incidência da contribuição previdenciária;

Neste mesmo sentido, o Professor Valentin Carrion[5] que, em seus comentários ao art. 144 da CLT, assevera que o abono de férias não excedente a 20 (vinte) dias de salário "não sofrerá incidência de contribuições da Previdência Social nem da legislação do trabalho".

Contudo, normalmente os instrumentos de negociação coletiva firmados entre empresas e sindicatos vinculam o pagamento do Abono de Férias à critérios de assiduidade do empregado. E essa vinculação tem sido alegada pela Fiscalização Tributária como elemento descaracterizador do Abono de Férias, que se transformaria em um tipo de Prêmio Assiduidade.

Sobre o entendimento fiscal, cite-se a seguinte decisão de Delegacia da Receita Federal de Julgamento:

> Contribuições Sociais Previdenciárias. ABONO DE FÉRIAS. O abono ou gratificação de férias concedido em virtude de fatores como eficiência, assiduidade, pontualidade, tempo de serviço e produção, estabelecido ou não em cláusula contratual ou convenção coletiva de trabalho, integra o salário-de-contribuição. (Delegacia da Receita Federal de Julgamento em Belo Horizonte / 8ª Turma / DECISÃO 02-37862 – 07/03/2012)

Localizam-se precedentes do CARF com o mesmo entendimento. Vide o trecho abaixo do Acórdão nº 2402-004.882:[6]

> 37. Como se constata da leitura da cláusula acima, o pagamento do referido abono está condicionado ao número de faltas que os empregados tiverem durante o período aquisitivo de férias podendo inclusive nem ser pago, caso as faltas excedam a 3 (três) no período de apuração. Na verdade, trata-se do pagamento de uma gratificação vinculada à assiduidade dos segurados empregados e não do pagamento efetuado segundo o disposto no art.144 da Consolidação das Leis do Trabalho (CLT). 37. Como se constata da leitura da cláusula acima, o pagamento do referido abono está condicionado ao número de faltas que os empregados tiverem durante o período aquisitivo de férias, podendo inclusive nem ser pago, caso as faltas excedam a 3 (três) no período de apuração. Na verdade trata-se do pagamento de uma gratificação vinculada à assiduidade dos segurados empregados e não do pagamento efetuado segundo o disposto no art.144 da Consolidação das Leis do Trabalho (CLT).
> (...)
> 41. No entanto, vê-se que trata-se claramente de uma gratificação por assiduidade, não se enquadrando como abono pecuniário de que trata os artigos 143 e144 da CLT, que faculta ao empregado converter 1/3 (um terço) do período de férias a que tiver

---

[5] CARRION. Valentin. *Comentários à Consolidação das Leis do Trabalho*. 23. ed. São Paulo: Saraiva, 1988, p. 153.

[6] Conselho Administrativo de Recursos Fiscais – CARF – 2ª Seção – Quarta Câmara, Segunda-turma.

direito em abono pecuniário, no valor da remuneração que lhe seria devida nos dias correspondentes.

42. Sendo assim, a referida gratificação concedida ao trabalhador resta incluída no salário de contribuição para fins de incidência de contribuições previdenciárias, nos termos do art. 28, inciso I, da Lei 8.212/91.

Contudo, o referido entendimento é equivocado. O fato de o pagamento do Abono de Férias estar vinculado a requisito de assiduidade do empregado, na mesma sistemática já prevista pela legislação referente às férias, não lhe retira a natureza de verba não inclusa na remuneração e no salário de contribuição. O artigo 130 da CLT[7] expressamente proporcionaliza o direito às férias à níveis de assiduidade de cada empregado.

E ainda mais relevante, o fato de que o artigo 144 da CLT institui como único requisito para a confirmação da natureza de abono de férias, que o pagamento efetuado não excedente a vinte dias de salário do trabalhador. Não existe qualquer vedação na norma trabalhista de que esse abono esteja vinculado a critério para o seu recebimento. Ainda mais quando o critério em questão, a assiduidade, é compatível com o instituto trabalhista das férias.

Da mesma forma, a alínea "e" do § 9º do artigo 28 da Lei nº 8.212/91, ao excluir o abono de férias do salário de contribuição, trouxe como única condição, de que este seja pago nos termos do artigo 144 da CLT.

E não tendo a norma de isenção instituído determinado requisito para a sua eficácia, é legalmente vedado ao seu aplicador instituí-lo por mero exercício de interpretação. O artigo 111 do Código Tributário Nacional[8] é expresso ao determinar que a interpretação das normas isentivas é obrigatoriamente literal.

Sobre o dispositivo do CTN, o Superior Tribunal de Justiça teve oportunidade de consignar, corretamente, que "A interpretação a que se refere o art. 111 do CTN, é a literal, que não implica, necessariamente,

---

[7] Art. 130. Após cada período de 12 (doze) meses de vigência do contrato de trabalho, o empregado terá direito a férias, na seguinte proporção: I – 30 (trinta) dias corridos, quando não houver faltado ao serviço mais de 5 (cinco) vezes; II – 24 (vinte e quatro) dias corridos quando houver tido 6 (seis) a 14 (quatorze) faltas; III – 18 (dezoito) dias corridos, quando houver tido de 15 (quinze) a 23 (vinte e três) faltas; IV – 12 (doze) dias corridos, quando houver tido de 24 (vinte e quatro) a 32 (trinta e duas) faltas. § 1º É vedado descontar, do período de férias, as faltas do empregado ao serviço. § 2º O período das férias será computado, para todos os efeitos, como tempo de serviço.

[8] Art. 111. Interpreta-se literalmente a legislação tributária que disponha sobre: I – suspensão ou exclusão do crédito tributário; II – outorga de isenção; III – dispensa do cumprimento de obrigações tributárias acessórias.

diminuição do seu alcance, mas sim sua exata compreensão pela literalidade da norma".[9]

O antigo Conselho de Contribuintes do Ministério da Fazenda (atual CARF), em decisão paradigmática,[10] reconheceu a impossibilidade de a Fiscalização instituir discricionariamente outro requisito para o abono de férias. Cite-se trecho da ementa do acórdão nº 206-00479:

> O abono de férias de que trata o artigo 143 da CLT, bem como o concedido em virtude de cláusula do contrato de trabalho, do regulamento da empresa, de convenção ou acordo coletivo, desde que não excedente de vinte dias do salário, não integrarão a remuneração do empregado para os efeitos da Legislação do Trabalho.
>
> A Lei 8.212/91 dispõe em seu art. 28, § 9º Não integram o salário-de-contribuição para os fins desta Lei, as importâncias recebidas a título de abono de férias na forma dos arts. 143 e 144.
>
> Nesse caso a única exigência legal é a previsão em contrato de trabalho, regulamento ou acordo ou convenção coletiva. Dessa forma, os critérios a serem utilizados para a concessão do benefício podem ser estabelecidos dentro do poder diretivo do empregador ou pela vontade das partes. Não cabe a autoridade previdenciária fixar critérios para a eficácia do dispositivo, se nem mesmo a legislação trabalhista ou previdenciária o fez.
>
> § 9º Não integram o salário-de-contribuição para os fins desta Lei, as importâncias recebidas a título de abono de férias na forma dos arts. 143 e 144 da CLT;

Este entendimento foi recentemente reiterado pela 2ª Turma da Câmara Superior de Recursos Fiscais do Conselho Administrativo de Recursos Fiscais,[11] quando, através do acórdão nº 9202-00.485, decidiu que não incide contribuição previdenciária sobre o abono assiduidade concedido nos termos do art. 144 da CLT. Veja-se ementa:

> ABONO DE FÉRIAS.
>
> O abono de férias de que trata o artigo 143 da CLT, bem como o concedido em virtude de cláusula do contrato de trabalho, do regulamento da empresa, de convenção ou acordo coletivo, desde que não excedente de vinte dias do salário, não integrarão a remuneração do empregado para os efeitos da Legislação do Trabalho. Recurso especial negado.

A decisão administrativa é incisiva ao decidir que "não cabe a autoridade previdenciária fixar critérios para a eficácia do dispositivo, se nem mesmo a legislação trabalhista ou previdenciária o fez".

---

[9] REsp 1471576/RS, Rel. Ministro MAURO CAMPBELL MARQUES, SEGUNDA TURMA, julgado em 27/10/2015, DJe 09/11/2015.

[10] Terceiro Conselho de Contribuintes, Processo 36308.000452/2005-05, Acórdão nº 206-00479 de 15.02.2008.

[11] CSRF, Acórdão nº 9202-00.485, sessão de 10/12/14.

E retirando qualquer dúvida sobre o equívoco do entendimento fiscal, o Superior Tribunal de Justiça vem decidindo que mesmo o chamado "abono assiduidade" não é tributável pelas contribuições previdenciárias. Cite-se:

TRIBUTÁRIO. CONTRIBUIÇÃO PREVIDENCIÁRIA. SALÁRIO-DE-CONTRIBUIÇÃO. ABONO-ASSIDUIDADE. CARÁTER INDENIZATÓRIO. NÃO INCIDÊNCIA.

1. O abono-assiduidade, conquanto premiação, não é destinado a remuneração do trabalho, não tendo natureza salarial. Deveras, visa o mesmo a premiar aqueles empregados que se empenharam durante todo ano, não faltando ao trabalho ou chegando atrasado, de modo a não integrar o salário propriamente dito.

2. A Corte Especial, em casos análogos, sedimentou o entendimento segundo o qual a conversão em pecúnia do abono-assiduidade não gozado não constitui remuneração pelos serviços prestados, não compondo, destarte, o salário-de-contribuição. Precedentes: REsp 496.408 – PR, 1ª Turma, Relatora MINISTRA DENISE ARRUDA, DJ de 06 de dezembro de 2004 e REsp 389.007 – PR, 1ª Turma, Relator, MINISTRO GARCIA VIEIRA, 15 de abril de 2002).

3. É assente no STJ que a contribuição previdenciária patronal somente incide sobre determinada verba, quando esta referir-se à remuneração por serviços prestados, não estando albergadas, deste modo, as indenizações. Precedentes: AgRg no AG 782-700 – PR, 2ª Turma, Relator Ministro FRANCISCO PEÇANHA MARTINS, DJ de 16 de maio de 2005; ERESP 438.152 – BA, 1ª Seção, Relator Ministro CASTRO MEIRA, DJ de 25 de fevereiro de 2004.

4. Recurso especial provido. (STJ, REsp nº 749.467/RS, Rel. Ministro Luiz Fux, Primeira Turma, DJ 27.03.2006)

PROCESSUAL CIVIL E TRIBUTÁRIO. INEXISTÊNCIA. CONTRIBUIÇÃO PREVIDENCIÁRIA. ABONO-ASSIDUIDADE. EMBARGOS DE DECLARAÇÃO. AUSÊNCIA DE OMISSÃO.

1. Não se configura a ofensa ao art. 535 do Código de Processo Civil, uma vez que o Tribunal a quo julgou integralmente a lide e solucionou a controvérsia, tal como lhe foi apresentada.

2. É firme no Superior Tribunal de Justiça o entendimento de que não incide Contribuição Previdenciária sobre abono-assiduidade e licença-prêmio não gozada convertida em pecúnia.

3. Agravo Regimental não provido.

(AgRg no AREsp 464.314/SC, Rel. Ministro HERMAN BENJAMIN, SEGUNDA TURMA, julgado em 06/05/2014, DJe 18/06/2014)

Portanto, os valores pagos a título de abonos de férias, previstos em contrato, regulamento da empresa ou em acordo ou convenção coletiva de trabalho, não superiores a 20 dias de salário do empregado, mesmo quando vinculado a critério de assiduidade, adéquam-se à previsão constantes dos artigos 144 da CLT e alínea "e" do § 9º do artigo 28 da Lei nº 8.212/91, e não são passíveis de inclusão no salário de contribuição.

16.4. Bônus de admissão, demissão e retenção

Os bônus de admissão, demissão e retenção consistem em pagamento de valores de forma discricionária pelo empregador, de forma não habitual e não diretamente contraprestativa do trabalho, vinculando-se à circunstância ou característica específicas do empregado.

16.4.1. Bônus de admissão

O pagamento de bônus de contratação ou luvas (*hiring bonus*) é um procedimento lícito e regular, utilizado normalmente por empresas que atuam em mercados bastante competitivos, com o objetivo de viabilizar a contratação de profissionais, que por suas características e/ou experiência laboral, são disputados no mercado de trabalho.

O bônus é normalmente acordado entre a empresa e o candidato a empregado no momento da seleção e formalizado através de uma Carta de Contratação assinado pelo setor responsável e enviada ao Setor de Recursos Humanos, e o seu pagamento é efetuado em uma única parcela no mês seguinte à contratação, ou pagamento dividido em duas parcelas, uma no ato da contratação e outra após um ano de permanência na empresa.

O bônus de contratação implica o pagamento de uma verba para a atração do profissional, e não integra o contrato de trabalho, já que se trata de pagamento único e que não remunera o trabalho prestado. No primeiro mês de trabalho na empresa, o funcionário recebe o seu salário (contraprestação do serviço prestado, nos termos do contrato de trabalho fixado entre as partes) acrescido do bônus de contratação. A partir do segundo mês, a remuneração ficará restrita ao salário, não havendo mais o pagamento desse bônus.

Exatamente por estar dissociado da efetiva prestação do trabalho, o bônus de contratação não pode ser equiparado, por exemplo, ao bônus de desempenho. Já que nesse segundo caso o pagamento decorre não apenas pela prestação do trabalho, mas principalmente pela forma que esse dá (aferimento de metas ou obtenção de resultado extraordinário).

Faltam, então, ao bônus de contratação as características da contraprestabilidade, já que o seu nascimento se dá por fator anterior ao labor (a contratação) e também da habitualidade. Interessante, nesse caso, nas duas interpretações da habitualidade. Isso porque não irá se repetir o seu recebimento e também não no contrato de trabalho qualquer estipulação que dê ao empregado a expectativa de recebê-lo novamente. Até porque a contratação ocorre apenas uma vez no curso do contrato de trabalho.

Tais características o retiram, claramente, do conceito de remuneração, para fins de integração ao salário de contribuição. Inclusive o mesmo não integrará nenhum consectário do trabalho, como férias e 13º salário, e também não possuirá repercussão na aposentadoria do segurado.

A jurisprudência administrativa do CARF possui precedentes reconhecendo ausência da contraprestação no caso de bônus de contratação:

> BÔNUS DE CONTRATAÇÃO. *HIRING BONUS*. GANHO EVENTUAL. NÃO INCIDÊNCIA DE CONTRIBUIÇÕES PREVIDENCIÁRIAS. Pagamento do bônus de contratação, luvas ou *hiring bonus*. Utilização pelas empresas com objeto de atrair grandes profissionais. Serve como forma de compensar, indenizar aquele profissional, incentivando pedido de demissão de outra empresa. Trata-se de verba indenizatória, até porque não há prestação de serviço que justifique a incidência de contribuição previdenciária prevista no inciso III, do artigo 22, da Lei 8.212/91. Recurso Voluntário Provido Crédito Tributário Exonerado (CARF – Recurso Voluntário – PTA nº 16327.721611/2013-75, Acórdão 2403-002.938, Rel. Marcelo Magalhães Peixoto, Sessão de Julgamento 11.02.2015)

> BÔNUS DE CONTRATAÇÃO. OCORRÊNCIA. Para identificar se há incidência de contribuição previdenciária, necessário verificar se se trata de pagamento indenizatório ou remuneratório. Há de comprovar a retribuição do capital pelo trabalho para que configure a incidência de contribuição previdenciária. No caso em exame verificou-se que o pagamento de bônus de contratação não remunera o trabalho, mas gratifica eventualmente funcionário pela excelência de sua competência laboral, não impondo contraprestação de trabalho. Não havendo, portanto, fato gerador. (CARF – Recurso Voluntário PTA nº 17546.000495/2007-97, Acórdão nº 2301-004.364, Rel Wilson Antônio de Souza Corrêa, sessão de julgamento em 12.03.2015)

Contudo, existe risco de questionamento pela Fiscalização, já que a Receita Federal do Brasil segue a linha de entendimento de que "eventual" seriam apenas os pagamentos dissociados da dinâmica da relação de trabalho existente, o que não abarcaria os bônus pagos pelas empresas.

> BÔNUS DE PERMANÊNCIA – GRATIFICAÇÕES E PRÊMIOS – PAGAMENTO POR LIBERALIDADE – NATUREZA SALARIAL O pagamento de bônus ou gratificações possuem nítida natureza salarial, uma vez que pagos em decorrência do atingimento de metas, ou mesmos de pactos realizados em decorrência de contratos de trabalho. (CARF, 2401-003.021, 15.08.2013)

Apesar do entendimento da Receita Federal do Brasil, há sólidos argumentos jurídicos para defender a ilegalidade da exigência de contribuição previdenciária sobre o bônus admissão, pela não absorção dessa verba ao conceito de remuneração, tendo em vista as suas peculiaridades e a não presença dos pressupostos da habitualidade e contraprestabilidade.

16.4.2. Bônus demissão (não concorrência)

Trata-se de estipulação contratual que formaliza negócio jurídico sinalagmático, através do qual o empregado que está saindo da empresa se compromete, mediante o recebimento de determinada quantia, em não concorrer com o seu ex-empregador, num prazo de tempo determinado.

Sérgio Pinto Martins[12] define a cláusula de não concorrência como sendo "a obrigação pela qual o empregado se compromete a não praticar pessoalmente ou por meio de terceiro ato de concorrência para o empregador".

A cláusula de não concorrência teve sua origem no mercado empresarial no direito norte-americano, havendo precedentes famosos sobre contendas que envolviam a sua análise. Adriana Carrera Calvo[13] cita alguns desse *cases*, no seu artigo intitulado "Os aspectos legais e a validade da cláusula de não concorrência no Brasil":

> William Redmond Jr., Diretor Geral das Operações Californianas da Pepsi, aceitou, em 1994, o cargo de Diretor Executivo Operacional da divisão mundial Gatorade da Quaker Oats. Logo após o seu desligamento, a Pepsi Co. ajuizou um processo contra o ex-empregado, alegando que ele assinara contrato de confidencialidade e não-concorrência. Redmond era co-responsável pelo plano de marketing de refrigerantes da empresa. A sentença judicial não só obrigou Redmond a não trabalhar para referia empresa durante 6 (seis) meses, como também o proibiu de revelar o plano da PepsiCo. aos seus novos patrões [...]. Em muitos casos americanos, os tribunais se colocam a favor dos empregadores: "estão dispostos a colocar o trabalhador de lado durante determinado período de tempo, até que a informação que ele possui envelheça", afirma Theodore Rogers Jr., sócio de uma grande firma de advogados nos EUA.

A concorrência é tema complexo, que extrapola os limites do Direito do Trabalho, despertando a preocupação de outros ramos do Direito, como o Direito Civil, Comercial, Penal, e, também, o Previdenciário.

---

[12] MARTINS, Sergio Pinto. *Direito do Trabalho*. 24. ed. São Paulo: Atlas, 2008, p. 11.

[13] CALVO, Adriana Carrera. Os aspectos legais e a validade da cláusula de não-concorrência no Brasil. Jus Navigandi, Teresina, ano 9, n. 616, 16 mar. 2005. Disponível em: <https://jus.com.br/artigos/6450/os-aspectos-legais-e-a-validade-da-clausula-de-nao-concorrencia-no-brasil.> Acesso em: 10 julho 2016.

O Direito do Trabalho prevê a impossibilidade de concorrência durante o contrato de trabalho, conforme disciplina o art. 482, alínea *c*, da CLT.[14] Encerrado o contrato de trabalho, não há qualquer impedimento legal que impeça que o ex-advogado concorra com o seu empregador. Mas também inexiste vedação, que livremente, as partes compactuem a sua extensão para período após a finalização da relação laboral.

No aspecto tributário, a Receita Federal do Brasil tem entendido que o pagamento em pecúnia ao empregado visando a indenizá-lo pelo período que estará impedido de trabalhar em empresa concorrente constitui acréscimo patrimonial, provocando a incidência de imposto de renda, nos termos da Solução de Consulta Cosit n° 118/2012.

No aspecto previdenciário, deve-se levar em consideração a presença ou não de alguns pressupostos, para se verificar se há ou não há incidência de contribuição previdenciária. Aspectos como: limite material, espacial e temporal, e o valor pago a título de indenização ao empregado pela redução do seu direito de buscar nova colocação laboral.

O limite material diz respeito às atividades específicas que terão o seu exercício vedado. Tal requisito é de suma importância, pois não se pode vedar o exercício de toda e qualquer atividade, sob pena de estar sendo violado o princípio da liberdade de trabalho.

O aspecto territorial deve levar em conta o mercado que se pretende proteger, limitando-se, assim, a abrangência do pacto ao território que o empregador exerça sua atividade comercial.

Outro requisito a ser observado é a limitação temporal da vigência da cláusula de não concorrência. A mesma não pode ter eficácia ilimitada ou mesmo com limite que se apresente irrazoável, sob pena de ser considerada inválida, por cercear o direito à liberdade de trabalho do ex-empregado.

Alguns doutrinadores chegam a defender a aplicação, por analogia, do prazo máximo dos contratos por prazo determinado, que é de 2 anos. Outros buscam no art. 1.147 do Código Civil o prazo de 5 anos, que é o utilizado pelo direito empresarial.

Em relação à compensação financeira em função do acordo de não competição, deve haver equilíbrio entre as prestações dos contratantes, devendo a retribuição ser proporcional à restrição imposta,

---

[14] Art. 482. Constituem justa causa para rescisão do contrato de trabalho pelo empregador: a) ato de improbidade; b) incontinência de conduta ou mau procedimento; c) negociação habitual por conta própria ou alheia sem permissão do empregador, e quando constituir ato de concorrência à empresa para a qual trabalha o empregado, ou for prejudicial ao serviço.

não devendo estar vinculada ao montante da remuneração recebida pelo empregado durante a vigência do contrato.

Já sobre a natureza da verba, existem duas correntes, uma defendendo a sua natureza salarial e outra que diz ser o caráter nitidamente indenizatório.

Estevão Mallet[15] é da corrente de que o pagamento de não competição possui natureza indenizatória, veja-se:

> Reveste-se o crédito conferido ao empregado, outrossim, de natureza indenizatória, como explicitado em alguns sistemas jurídicos. [...] Indeniza-se, isso sim, a limitação à liberdade de trabalho. [...] não constitui, em conseqüência, base de incidência de contribuições previdenciárias ou imposto de renda, à semelhança dos valores conferidos em programas de incentivo à rescisão de contrato de trabalho.

Já Sérgio Pinto Martins[16] entende que a natureza da referida verba é salarial e que se deve observar como parâmetro para a instituição exatamente "o valor da última remuneração do empregado, multiplicado pelo número de meses em que deixará de exercer outra atividade".

O Tribunal Superior do Trabalho (TST), ao julgar o Agravo de Instrumento em Recurso de Revista n° 161300-87.2005.5.01.0051, entendeu que a verba intitulada "indenização de não competição" (cláusula de *non compete*) não está sujeita à contribuição previdenciária:

> AGRAVO DE INSTRUMENTO. RECURSO DE REVISTA. INDENIZAÇÃO DE NÃO COMPETITIVIDADE. CONTRIBUIÇÃO PREVIDENCIÁRIA. INCIDÊNCIA. 1. (...). 2. A parcela – indenização de não competitividade – paga pelo empregador como garantia de que o trabalhador por determinado tempo não promova ações que provoquem o desvio da sua clientela é uma espécie de quarentena e o seu pagamento não representa a contraprestação do trabalho prestado, como estabelecido nos arts. 195 I, *a*, da Constituição Federal e 28, I, da Lei 8.212/9 para a incidência da contribuição previdenciária, mas sim uma indenização como garantia do silencio do empregado, em relação a informações que possam comprometer o desempenho da empresa. 3. Nesse contexto, inviável o seguimento do recurso de revista. Agravo de instrumento conhecido e não provido.
> (AIRR – 161300-87.2005.5.01.0051, Relator Ministro: Hugo Carlos Scheuermann, Data de Julgamento: 14/11/2012, 1ª Turma, Data de Publicação: DEJT 23/11/2012)

O Superior Tribunal de Justiça, por sua vez, julgou o Recuso Especial n° 1.102.575, pela sistemática dos recursos repetitivos, decidindo que as importâncias pagas por liberalidade do empregador não possuiriam natureza indenizatória, incidindo no caso o Imposto de Renda:

---

[15] MALLET, Estêvão. *Cláusula de não-concorrência em contrato individual de trabalho*. Revista LTr: legislação do trabalho. São Paulo: LTr, 10/2005. p. 1165.
[16] MARTINS, 2008, p. 124.

PROCESSUAL CIVIL. VIOLAÇÃO AOS ARTIGOS 458 E 535, DO CPC. NÃO OCORRÊNCIA. TRIBUTÁRIO. RESCISÃO DO CONTRATO DE TRABALHO. INDENIZAÇÃO POR LIBERALIDADE DO EMPREGADOR. NATUREZA REMUNERATÓRIA. IMPOSTO DE RENDA. INCIDÊNCIA. RECURSO ESPECIAL REPRESENTATIVO DE CONTROVÉRSIA. ART. 543-C, DO CPC.
2. As verbas concedidas ao empregado por mera liberalidade do empregador quando da rescisão unilateral de seu contrato de trabalho implicam acréscimo patrimonial por não possuírem caráter indenizatório, sujeitando-se, assim, à incidência do imposto de renda. (...)
3. Recurso especial parcialmente conhecido e, nessa parte, provido.
Acórdão submetido ao regime do art. 543-C do CPC e da Resolução STJ 08/2008.
(REsp 1102575/MG, Rel. Ministro MAURO CAMPBELL MARQUES, PRIMEIRA SEÇÃO, julgado em 23/09/2009, DJe 01/10/2009)

Não há, portanto, consenso doutrinário ou jurisprudencial sobre a questão. Consideramos, contudo, que a melhor interpretação é a de que o bônus de não concorrência não integra ao salário de contribuição, já que é decorrente de contexto extracontrato de trabalho, visando produzir efeitos após o seu encerramento, o que lhe retira os requisitos da habitualidade e contraprestabilidade.

Entretanto, a matéria ainda demanda efetiva consolidação jurisprudencial, para que possa haver mais segurança jurídica para os contribuintes quanto ao tratamento a ser dado a esta espécie de pagamento.

16.4.3. *Bônus retenção*

O bônus de retenção é um procedimento lícito e regular, utilizado pelas empresas, com o precípuo escopo de possibilitar-lhes a retenção de profissionais estratégicos e que são normalmente disputados no mercado de trabalho.

Entendemos que o bônus de retenção possui natureza não salarial, eis que o recebimento do bônus não gerará direito de integração ao contrato de trabalho, e que o seu pagamento não implica qualquer obrigação do empregador de repetir no futuro a concessão do referido bônus.

É evidente o caráter sinalagmático do negócio jurídico estabelecido entre empresa e seu empregado, no qual deverá estar estipulada a obrigação do funcionário de efetuar a devolução do valor do bônus, caso não seja cumprido a obrigação de permanência nos quadros da empresa no período acordado. Tal pactuação comprova a falta de vinculação ao serviço prestado, sendo uma forma de "indenização" pela limitação do empregado do exercício do seu direito de rescindir o contrato de trabalho.

Mas é importante destacar que o pagamento do valor do bônus de retenção em valor muito alto, comparado à remuneração do colaborador, pode implicar entendimento de que trataria de meio indireto de pagamento de parte da remuneração do trabalho, enfraquecendo a sua natureza não remuneratória.

Por estar dissociado da efetiva prestação do trabalho, o bônus de retenção não pode ser equiparado, por exemplo, ao bônus de desempenho. Já que nesse segundo caso o pagamento decorre não só da prestação do trabalho, mas principalmente da forma que esse ocorre, implicando necessariamente o aferimento de metas.

Por isso, o bônus de retenção estaria abarcado pela previsão constante do item 7 da alínea "e" do § 9º do artigo 28 da Lei nº 8.212/91, que exclui da incidência das contribuições previdenciárias: as parcelas "recebidas a título de ganhos eventuais e os abonos expressamente desvinculados do salário".

Contudo, a Receita Federal do Brasil considera que os pagamentos efetuados no contexto do contrato de trabalho integram o salário de contribuição, com exceção das exclusões legais. Sendo que o pagamento de bônus de retenção não teria a mesma natureza dos "ganhos eventuais" e "gratificações dissociadas do salário" previstos na norma de exoneração do trabalho.

Assim, em breves linhas, entendemos que não há falar na incidência das contribuições previdenciárias sobre os valores pagos a título de bônus de retenção, por seu pagamento não possuir as características de contraprestação e habitualidade.

Impressão:
Evangraf
Rua Waldomiro Schapke, 77 - POA/RS
Fone: (51) 3336.2466 - (51) 3336.0422
E-mail: evangraf.adm@terra.com.br